Allgemeine Gerichtsordnung

für die Preußischen Staaten

vom 6. Juli 1793

und

Preußische Konkursordnung

vom 8. Mai 1855.

Text-Ausgabe der noch gültigen Vorschriften mit Anmerkungen und Sachregister

von

F. Vierhaus,

Landrichter, zur Zeit kommissarischem Hülfsarbeiter im Reichs-Justizamt.

Berlin und Leipzig

Verlag von J. Guttentag (D. Collin).

1883.

Vorrede.

Die Allgemeine Gerichtsordnung für die Preußischen Staaten vom 6. Juli 1793 hat auch seit dem 1. Oktober 1879 ihre Geltung nicht gänzlich verloren. Der zweite Theil derselben besteht, wenn auch vielfach durch die neuere Gesetzgebung beeinflußt, noch als Ganzes fort; aus dem ersten und dritten Theile sind eine Reihe von einzelnen Bestimmungen in Kraft geblieben. Die Herstellung einer handlichen und korrekten Ausgabe der noch gültigen Vorschriften ist daher ein unzweifelhaftes Bedürfniß. Dem vom Abgeordnetenhause bei Berathung des Ausführungsgesetzes zur Deutschen Civilprozeßordnung (durch eine Resolution vom 22. Januar 1879[1]) ausgesprochenen Wunsche nach einer Zusammenstellung jener Vorschriften im Wege der Gesetzgebung, ist seither nicht entsprochen worden. Einer derartigen offiziellen Umarbeitung des in Rede stehenden Gesetzbuchs stehen auch die gewichtigsten Gründe entgegen.

Die sonach der Wissenschaft überlassene Aufgabe, die Gestalt festzustellen, in welcher die Allgemeine Gerichtsordnung gegenwärtig noch gilt, hat Basch[2] bereits zu lösen unternommen. Die Methode seines Werks wie die Ausführung im einzelnen haben den Widerspruch der Kritik hervorgerufen.[3] Auch der Verfasser hegt, auf Grund sorgfältiger Benutzung, in beiden Richtungen gegen das Basch'sche Buch die erheblichsten Bedenken, obwohl er die Verdienstlichkeit desselben als eines ersten

---

[1] Stenographische Berichte, 13. Legislaturperiode III. Session 1878/79 S. 814.

[2] Die Allgemeine Gerichtsordnung für die Preußischen Staaten (Theil I—III) in ihrer heutigen Gestalt und Geltung. Mit Anmerkungen. Berlin 1880 (H. W. Müller).

[3] E.(ccius) in den Beiträgen zur Erläuterung des deutschen Rechts, Bd. 24 S. 779 ff.

Versuches auf diesem Gebiete ebenso bereitwillig anerkennt, als er gern einräumt, daß die nachstehende Ausgabe ohne diesen Vorgang nur mit erheblich größerem Aufwand von Zeit und Mühe herzustellen gewesen wäre. Worin der Verfasser grundsätzlich wie im einzelnen von Basch abweicht, ergiebt die Vergleichung beider Bücher. Praktisch wurde namentlich die größtmögliche Konzentration, und in Folge derselben thunlichst handliche, gedrängte Form und Wohlfeilheit, unbeschadet der Vollständigkeit, erstrebt. Von einem Abdrucke der ergänzenden neueren Gesetze, wie ihn Basch, wenigstens theilweise, bietet, ist abgesehen, weil bei der fragmentarischen Natur der einzelnen aufrecht erhaltenen Bestimmungen auch die Sammlung jener Gesetze nothwendig einen unvollständigen Karakter tragen würde. Die Aufnahme der Konkursordnung vom 8. Mai 1855 hingegen erschien zweckmäßig, weil sie, ebenso wie die Allgemeine Gerichtsordnung selbst, ein umfassendes Gesetzeswerk bildet, von welchem nur vereinzelte Vorschriften in Geltung geblieben sind.

Die Anmerkungen beschränken sich auf Erörterungen über die heutige Geltung der einzelnen Vorschriften in der, durch Zweck und Umfang des Buches bedingten, knappen Form. Verweisungen auf die bereits anderwärts sich findende literarische Behandlung der einschlägigen Fragen — wobei thunlichste Vollständigkeit erstrebt wurde — zeigen für Einzelstudien den Weg. Eine Verweisung auf die Ausführungen bei Basch erschien nicht erforderlich, weil die zu vergleichende Stelle seines Buches bereits aus der auch von ihm eingehaltenen Legalordnung von selbst folgt; bemerkt werden muß in dieser Hinsicht nur, daß er die Konkursordnung vom 8. Mai 1855 in Theil I Tit. 50 der Allgemeinen Gerichtsordnung aufgenommen hat.

Berlin, 15. November 1882.

Der Verfasser.

Inhaltsverzeichniß.

Erklärung der Abkürzungen und Verweisungen.

A. = Anmerkung.
Anh. = Anhang zur Allgemeinen Gerichtsordnung.
d. T. = dieses Titels.
vb. m. = verbunden mit.

AG. = Ausführungsgesetz, insbesondere
AG. CPO. = Ausführungsgesetz zur Deutschen Civilprozeßordnung vom 24. März 1879 (GS. S. 281).
AG. GVG. = Ausführungsgesetz zum Deutschen Gerichtsverfassungsgesetze vom 24. April 1878 (GS. S. 230).
AG. KO. = Ausführungsgesetz zur Deutschen Konkursordnung vom 6. März 1879 (GS. S. 109).
AGO. = Allgemeine Gerichtsordnung für die Preußischen Staaten.
ALR. = Allgemeines Landrecht für die Preußischen Staaten.
CPO. = Deutsche Civilprozeßordnung vom 30. Januar 1877 (RGBl. S. 83).
EG. = Einführungsgesetz, insbesondere
EG. CPO. = Gesetz, betreffend die Einführung der Civilprozeßordnung, vom 30. Januar 1877 (RGBl. S. 244).
EG. HGB. = Preußisches Einführungsgesetz zum Deutschen Handelsgesetzbuche vom 24. Juni 1861 (GS. S. 449).
EG. KO. = Gesetz, betreffend die Einführung der Konkursordnung, vom 10. Februar 1877 (RGBl. S. 390).

EG. StrGB. = Einführungsgesetz zum Strafgesetzbuche für den Norddeutschen Bund vom 31. Mai 1870 (BGBl. S. 195).

EG. StPO. = Einführungsgesetz zur der Strafprozeßordnung, vom 1. Februar 1877 (RGBl. S. 346).

GBO. = Grundbuch-Ordnung vom 5. Mai 1872 (GS. S. 446).

GEG. = Gesetz über den Eigenthumserwerb und die dingliche Belastung der Grundstücke, Bergwerke und selbstständigen Gerechtigkeiten vom 5. Mai 1872 (GS. S. 433).

GVG. = Deutsches Gerichtsverfassungsgesetz vom 27. Januar 1877 (RGBl. S. 77).

HGB. = Allgemeines Deutsches Handelsgesetzbuch (BGBl. 1869 S. 404).

HO. = Hinterlegungsordnung vom 14. März 1879 (GS. S. 249).

KO. = Deutsche Konkursordnung vom 10. Februar 1877 (RGBl. S. 351).

Pr. KO. = Preußische Konkursordnung vom 8. Mai 1855 (GS. S. 321).

StrGB. = Strafgesetzbuch für das Deutsche Reich vom 15. Mai 1871 (RGBl. 1876 S. 40).

StPO. = Deutsche Strafprozeßordnung vom 1. Februar 1877 (RGBl. S. 253).

SO. = Subhastationsordnung vom 15. März 1869 (GS. S. 421).

VO. = Vormundschaftsordnung vom 5. Juli 1875 (GS. S. 431).

WO. = Allgemeine Deutsche Wechselordnung (BGBl. 1869 S. 382).

BGBl. = Bundes-Gesetzblatt des Norddeutschen Bundes.

RGBl. = Reichs-Gesetzblatt.

GS. = Gesetz-Sammlung für die Königlich Preußischen Staaten.

JMBl. = Justiz-Ministerial-Blatt für die Preußische Gesetzgebung und Rechtspflege.

In Ermangelung der Hinzufügung einer anderen Jahreszahl beziehen sich die vier letzten Verweisungen auf den Jahrgang, welcher durch das Datum des betr. Gesetzes 2c. bestimmt wird.

Durch die bloße Anführung des Namens des Verfassers bzw. Herausgebers sind folgende Bücher bezeichnet:

Daube, das Aufgebotsverfahren nach preußischem Recht. 1881.

Dernburg, Lehrbuch des Preußischen Privatrechts. Bd. 1, 3. Aufl. 1881; Bd. 2, 3. Aufl. 1882; Bd. 3, 2. Aufl. 1881.

Förster-Eccius: Förster, Theorie und Praxis des heutigen gemeinen preußischen Privatrechts; 4. veränderte Auflage, herausgegeben von Eccius. 1880, 1881.

Gruchot: Beiträge zur Erläuterung des Deutschen Rechts, begründet von Gruchot, jetzt herausgegeben von Rassow und Küntzel.

Johow: Jahrbuch für endgültige Entscheidungen der Preußischen Appellationsgerichte, herausgegeben von Johow.

Johow u. Küntzel: Jahrbuch für Entscheidungen des Kammergerichts in Sachen der nicht streitigen Gerichtsbarkeit und in Strafsachen, herausgegeben von Johow und Küntzel.

Märcker, die Nachlaßbehandlung, das Erb- und Vormundschafts-Recht, die Hinterlegungsordnung . . . . . . für das preußische Rechtsgebiet. 9. Aufl. 1882.

Rintelen, systematische Darstellung des gesammten neuen Prozeßrechts. Bd. 3, 1882.

v. Rönne, Ergänzungen und Erläuterungen der Preußischen Rechtsbücher, und zwar:

ALR.: zum Allgemeinen Landrecht, 6. Aufl. 1874 bis 1880.

AGO.: zur Allgemeinen Gerichtsordnung, 5. Aufl. 1865.

Struckmann u. Koch, die Civilprozeßordnung für das Deutsche Reich erläutert, 3. Aufl. 1881.

v. Wilmowski, Deutsche Reichs-Konkursordnung erläutert, 2. Aufl. 1881.

v. Wilmowski u. Levy, Civilprozeßordnung und Gerichtsverfassungsgesetz für das Deutsche Reich mit Kommentar in Anmerkungen. 2. Aufl. 1881.

Dem Textabdruck ist zu Grunde gelegt:

bei der AGO. die „Neue Ausgabe" von 1816 (unter Berichtigung einzelner Druckfehler nach der amtlichen Ausgabe von 1855) mit Beibehaltung der Interpunktien und Rechtschreibung;

bei der Pr. KO. die GS.

A. Allgemeine Gerichtsordnung für die Preußischen Staaten.

Vorbemerkung.

1. Sachliche Fortdauer der Geltung.

Die Allgemeine Gerichtsordnung für die Preußischen Staaten ist durch die Reichsjustizgesetze und die zu ihrer Ausführung erlassenen Preußischen Gesetze nicht im Ganzen aufgehoben worden. Die Grundsätze, nach welchen der Umfang ihrer fortdauernden Geltung zu bemessen ist, sind für die drei Theile verschieden und bei den Vorbemerkungen vor jedem Theile besonders erörtert.

Modifikationen, welche die noch geltenden Vorschriften der AGO. erfahren haben, sind in den Anmerkungen ersichtlich gemacht. Aufgehobene Stellen sind, wenn ihre Aufnahme gleichwohl zum Verständniß der ganzen Bestimmung erforderlich war, mit eckigen Klammern [ ] eingeschlossen, Auslassungen solcher Stellen bei dem Abdruck einzelner Bestimmungen aber durch Punkte ..... angedeutet.

Die zum amtlichen Gesetzestext gehörenden Marginalien sind der Raumersparniß halber als Ueberschriften mit **halbfetter Nonpareilleschrift** gedruckt.

2. Oertlicher Geltungsbereich.

Der Geltungsbereich der noch in Kraft befindlichen Vorschriften umfaßt — abgesehen von vormals hannoverschen Gebietstheilen[1] —

[1] Mit Rücksicht auf die verhältnißmäßige Kleinheit dieser Gebietstheile ist die Darstellung der Gestalt, in welcher die AGO. dort — in wesentlicher Abweichung von ihrem übrigen Geltungsbereiche — gegenwärtig anwendbar ist, hier ausgeschlossen.

die preußischen Gebietstheile der Oberlandesgerichtsbezirke: Königsberg, Marienwerder, Berlin, Stettin (mit Ausnahme der zum Landgerichtsbezirk Greifswald gehörigen Amtsgerichtsbezirke Barth, Bergen, Franzburg, Greifswald, Grimmen, Loitz, Stralsund und Wolgast[2]), Posen, Breslau, Naumburg (mit Ausnahme der zur Provinz Hannover gehörigen Aemter Elbingerode und Hohenstein), Hamm und aus dem Oberlandesgerichtsbezirk Jena die Amtsgerichtsbezirke Schleusingen, Suhl und Ziegenrück.[3]

---

[2] wieder ausschließlich der drei zum Kreise Usedom-Wollin gehörenden Amtsbezirke Peenemünde, Crummin und Neuendorf, in welchen die AGO. gilt.

[3] Die näheren Nachweisungen über die Einführung der AGO. in den oben genannten Gebietstheilen s. bei Koch, Prozeßordnung nach ihrer heutigen Geltung (1871) S. IX f. und v. Rönne, AGO., S. 10 f.

Publikations-Patente
zur
Allgemeinen Gerichtsordnung.[1]

I.

Patent zur Publikation der revidirten Gerichts- und Prozeßordnung.

Wir Friedrich Wilhelm, von Gottes Gnaden König von Preußen rc.

Thun kund und fügen hiedurch jedermann zu wissen: Obgleich die Regeln und Grundsätze, worauf die in Unseren Staaten eingeführte gerichtliche Prozeßordnung beruhet, durch eine vieljährige Erfahrung dergestalt bewährt erfunden worden, daß nach selbiger der Zweck einer gründlichen und prompten Justizpflege vollständig erreicht werden kann; so hat dennoch Unsere fortwährende Aufmerksamkeit auf die möglichste Beförderung und Erleichterung dieses Zwecks verschiedene Deklarationen und Erläuterungen über einzelne Materien an die Hand gegeben; auch sind Uns von Unseren Landesjustizkollegiis einige Bemerkungen vorgelegt worden, welche die Hebung von Dunkelheiten oder Mißverständnissen über gewisse Stellen der Prozeßordnung, oder die Ergänzung der hie und da für besondere Fälle noch ermangelnden Vorschriften zur Absicht haben.

---

[1] Die Publikationspatente für einzelne Landestheile bieten kein allgemeines Interesse.

Wir haben daher für gut befunden, bei Gelegenheit einer ohnehin nöthig gewordenen neuen Auflage gedachter Prozeßordnung, derselben die seit ihrer ersten Publikation ergangenen besonderen Deklarationen gehörigen Orts sofort einrücken, und die nach den Bemerkungen der Collegiorum für nöthig erachteten näheren Bestimmungen einzelner Vorschriften darin ergänzen zu lassen; mithin eine revidirte Ausgabe dieser Unserer Gerichts- und Prozeßordnung zu veranstalten, deren Publikation Wir hiedurch verfügen, und sowohl Gerichte als Parteien anweisen, sich nach dem Inhalte derselben, von Zeit der Publikation an, gebührend zu achten.

Urkundlich unter Unserer Höchsteigenhändigen Unterschrift, und beigedrucktem Insiegel.

Gegeben Berlin, den 6ten Jul. 1793.

(L. S.) Friedrich Wilhelm.

II.

Wir Friedrich Wilhelm, von Gottes Gnaden König von Preußen ꝛc.

Thun kund und fügen hierdurch jedermann zu wissen:

Die Wiedereinführung Unserer Gesetze in die von Unserer Monarchie getrennt gewesenen, mit derselben wieder vereinigten Provinzen hat nicht allein das Bedürfniß einer neuen Auflage der Allgemeinen Gerichtsordnung für die Preußischen Staaten herbei geführt, sondern auch eine vollständige Publikation aller seit dem Jahre 1793 erfolgten Abänderungen, Ergänzungen und Erläuterungen der auf das Verfahren in Prozessen und bei den Handlungen der freiwilligen Gerichtsbarkeit, so wie auf die allgemeine Verfassung der gerichtlichen Behörden Bezug habenden Vorschriften nöthig gemacht. Wir haben daher die Veranstaltung treffen lassen, daß jene Abänderungen, Ergänzungen und Erläuterungen verkürzt gesammelt, der neuen Auflage der allgemeinen Gerichtsordnung, welche mit der frühern wörtlich übereinstimmt, gehörigen Orts eingeschaltet, und außerdem unter dem Titel: Anhang zur allgemeinen Gerichtsordnung für die Preußischen Staaten, besonders gedruckt worden. Dieser neuen Auflage und dem angefertigten Anhange geben Wir hierdurch Unsere Allerhöchste Sanction, und wollen, daß die darin gesammelten neueren Vorschriften von Unseren sämmtlichen Gerichten, Behörden und Unterthanen auf das genaueste befolgt werden.

Urkundlich unter Unserer Höchsteigenhändigen Unterschrift und beigedrucktem Königlichen Insiegel.

Wien, den 4ten Februar 1815.

(L. S.) Friedrich Wilhelm.

Patent
zur Publikation der neuen Auflage der allgemeinen Gerichtsordnung für die Preußischen Staaten, und des Anhanges zur allgemeinen Gerichtsordnung.

C. F. von Hardenberg. Kircheisen.
Bülow. Schuckmann. Boyen.

Erster Theil.

Prozeßordnung.

Der erste Theil der AGO. ist durch die Reichsjustizgesetze und die Preußischen Ausführungsgesetze zu denselben im Ganzen aufgehoben, und nur insoweit unberührt geblieben, als:

1. derselbe Vorschriften des bürgerlichen Rechts enthält;
2. Bestimmungen desselben auf Handlungen der freiwilligen Gerichtsbarkeit sich entweder ausschließlich beziehen oder doch anzuwenden sind;
3. die Reichsgesetzgebung die Regelung gewisser, an sich in das Gebiet der bürgerlichen Rechtsstreitigkeiten fallenden Materien der Landesgesetzgebung überlassen hat, und über dieselben in der AGO. Vorschriften sich finden,

zu 1. bis 3. unter der selbstverständlichen Voraussetzung, daß die bezeichneten Gesetze keine Modifikation herbeigeführt haben.

Die zahlreichen Vorschriften, welche nicht sowohl einen Rechtssatz oder eine Verwaltungsvorschrift für die Justizbehörden als vielmehr lediglich Belehrungen und Verweisungen auf andere Gesetzesstellen enthalten, sind, obwohl sie, soweit nicht ihr Inhalt antiquirt ist, als formell aufgehoben nicht erachtet werden mögen, nur insoweit aufgenommen, als dies zum Verständniß anderer Vorschriften unerläßlich erschien.

Einleitung in die Prozeßordnung.

I. Allgemeine Grundsätze.

§. 1. Alle Streitigkeiten über Sachen und Rechte, welche einen Gegenstand des Privateigenthums ausmachen, müssen, wenn kein gütliches Uebereinkommen Statt findet, durch richterlichen Ausspruch entschieden werden.[1]

[1] § 1 Einl. ist unberührt geblieben, da die Reichsgesetze (§ 13 GVG. und § 3 Abs. 1 EG. CPO.) den Begriff der bürgerlichen

Rechtsstreitigkeiten nicht bestimmen, vielmehr seine Festsetzung der Landesgesetzgebung überlassen. (Begründung des Entwurfs zum GVG. S. 32 f.; Protokolle der Reichsjustizkommission zum GVG. S. 469 bis 480, 577; Stenographische Berichte über die Verhandlungen des Reichstags, Session 1876/77, S. 189 f.)

IV. Folgen und Wirksamkeit der richterlichen Entscheidung.

§. 65. Die Ruhe und Ordnung in der bürgerlichen Gesellschaft gestattet es nicht, daß die Prozesse verewigt, und die von dem Richter, nach gesetzmäßiger Untersuchung, anerkannten und festgestellten Rechte der Parteien unter irgend einem Vorwande weiter angefochten werden.

§. 66. Ein unter den gesetzmäßigen Erfordernissen gefälltes rechtskräftiges Urtel sichert also den, der es erstritten hat, für immer, wider alle fernere Anfechtungen seines Gegners, und derjenigen, die an dessen Stelle treten.[1]

[1] Ueber die Rechtskraft enthält die CPO. außer der nur auf den Umfang derselben bezüglichen Vorschrift des § 293 keine Bestimmungen; es bleiben also hinsichtlich ihrer Wirkung die landesrechtlichen Bestimmungen in Geltung.

Erster Titel.

Von den Personen, welche vor Gerichten klagen und belangt werden können.[1]

[1] Durch die Bestimmungen der CPO. über die Prozeßfähigkeit (§§ 50 ff.) sind diejenigen Vorschriften d. T. unberührt geblieben, welche

a) sich nicht auf die Prozeßfähigkeit, sondern auf die Verfügungsbefugniß einer Partei in Bezug auf einen nicht zu ihrem Vermögen gehörigen Prozeßgegenstand beziehen (§§ 14, 19, 20, 22, 23 d. T.);

b) nicht die Prozeß-, sondern die Parteifähigkeit betreffen (§ 33 d. T.).

Wer überhaupt klagen, oder belangt werden könne.
Von Personen, die noch unter väterlicher Gewalt sind.

§. 14. Der Vater hingegen ist bei solchen Verhandlungen[1] die großjährigen Kinder nur alsdann zuzuziehen verbunden, wenn die Verhandlung unbewegliche Sachen, deren Pertinenzstücke, oder auch Gerechtigkeiten betrifft. (A. L. R. Th. II. Tit. II. §. 171.) Sind Vater und Kind über den Betrieb und die Fortsetzung des Prozesses nicht einverstanden, so giebt die Meinung des großjährigen Kindes, als Eigenthümers, den Ausschlag. Doch kann der Vater wegen seines eigenen dabei vorwaltenden Interesse, als Nießbraucher, den Prozeß fortsetzen; und der Gegentheil ist sich in so weit mit ihm einzulassen verbunden. (A. L. R. Th. I. Tit. XXI. §. 85.)

[1] d. h. bei Prozessen in Ansehung des nicht freien Vermögens großjähriger Hauskinder, welche der Vater als Partei führt. — Prozeßfähigkeit der großjährigen Hauskinder selbst: § 51 Abs. 2 CPO., durch welchen §§ 13, 15 d. T. aufgehoben sind.

Von Ehefrauen.

§. 19. Bei gerichtlichen Verhandlungen, welche das gesetzlich vorbehaltene Vermögen der Frau, ingleichen die zur Substanz des Eingebrachten gehörigen Grundstücke und Gerechtigkeiten, oder solche eingebrachte Kapitalien betreffen, welche auf den Namen der Frau, oder ihres Erblassers oder Geschenkgebers geschrieben sind, müssen beide Eheleute zugezogen werden;[1] zumal in allen diesen Fällen der Mann die Prozeßkosten aus seinem eigenen, oder aus dem Nießbrauche des eingebrachten Vermögens zu tragen, nach den Gesetzen verpflichtet ist. (A. L. R. Th. II. Tit. I. §. 228—230.)

[1] Soweit die Frau selbst im Rechtsstreit auftritt, bedarf es nach § 51 Abs. 2 CPO. der Zuziehung des Mannes nicht mehr; § 21 d. T. ist dadurch aufgehoben. Dagegen gelten §§ 19, 20, 22, 23 d. T. noch für den Fall, daß der Mann seinerseits in Beziehung auf das in denselben bezeichnete Vermögen die prozessuale Vertretung als Partei übernimmt. § 245 ALR. II. 1. Vgl. Dernburg Bd. 3 § 21 A. 12 (S. 66); § 37 A. 21 (S. 112).

§. 20. Wie es zu halten sey, wenn die Frau zu Prozessen, welche die Substanz des eingebrachten Vermögens betreffen, ihren Beitritt versagt, ist im Allgemeinen Landrechte bestimmt. (Th. II. Tit. I. §. 239.)[1]

[1] Vgl. A. 1 zu § 19 d. T.

§. 22. Außer diesen Fällen (§. 19.) können gerichtliche Verhandlungen, welche das Eingebrachte der Frau betreffen, auch ohne deren Zuziehung von dem Manne betrieben werden.[1]

[1] Vgl. § 247 ALR. II. 1. — Vgl. A. 1 zu § 19 d. T.

§. 23. Bei vorwaltender Gütergemeinschaft bedarf es zu Prozessen, welche das Eingebrachte der Frau betreffen, der Zuziehung der Frau nur alsdann, wenn der Gegenstand des Streits ein Grundstück, oder eine Gerechtigkeit, oder ein auf den Namen der Frau, ihres Erblassers oder Geschenkgebers, oder auf den Namen beider Eheleute geschriebenes Kapital betrifft. (Allgemeines Landrecht Th. II. Tit. I. §. 378. 379.)[1]

[1] Vgl. A. 1 zu § 19 d. T.

Von moralischen Personen.

§. 33. Kirchen, Schulen, Hospitäler und andere

Armenanstalten, und milde Stiftungen, ingleichen Stadt- und Dorfgemeinen, und überhaupt alle Korporationen und Gesellschaften, welche in den Rechten als Eine moralische Person betrachtet werden, können gleich einzelnen Personen klagen und belangt werden.[1]

[1] Bezieht sich auf die Partei-, nicht auf die Prozeßfähigkeit. — § 34 enthielt bloß eine Verweisung; Anh.-§ 4, welcher über das Erforderniß der Genehmigung zu Prozessen der Dorf- und Stadtgemeinden bestimmte, ist im größten Theile seines Geltungsbereichs aufgehoben: § 43 Nr. 1 des Ges. v. 26. Juli 1876 (GS. S. 297); er gilt nur noch in den Provinzen Posen und Westfalen.

Zweiter Titel.

Von dem Gerichtsstande.[1] [2]

[1] Die Vorschriften dieses Titels sind noch in Geltung, insofern sie materiell-rechtliche Bestimmungen enthalten. Es ist dies der Fall, soweit sie

a) die für das bürgerliche Recht maßgebenden Begriffe des Wohnsitzes bzw. der Herkunft in Ergänzung der §§ 23 ff. Einl. z. ALR. bestimmen;

b) über Begründung des Wohnsitzes Vorschriften enthalten.

Die Vorschriften der CPO. über den allgemeinen Gerichtsstand (§ 13), setzen — abgesehen von den Spezialbestimmungen in §§ 15 bis 17 — den Begriff des Wohnsitzes als im bürgerlichen Rechte gegeben voraus. Förster-Eccius § 11 A. 7 (Bd. 1 S. 56); Struckmann u. Koch, Anm. 1 zu § 13 (S. 9). Soweit dagegen in diesem Titel lediglich prozessuale Bestimmungen über den Gerichtsstand enthalten sind, ist er durch die CPO. (Buch I, Abschn. 1, Tit. 2) aufgehoben.

[2] Das Kammergericht (Beschluß vom 29. Dez. 1880, Johow u. Küntzel Bd. 2 Nr. 15 S. 30 ff.) erachtet die Vorschriften dieses Titels noch als maßgebend für die Zuständigkeit zur Vornahme von

Handlungen der freiwilligen Gerichtsbarkeit, da auf diese die CPO. sich nicht beziehe; insbesondere hält es bezüglich der Ausstellung einer Erbbescheinigung (§ 2 des Ges. v. 12. März 1869, GS. S. 473) bei einer wohnsitzlosen Person nicht § 18 CPO. (Aufenthaltsort), sondern § 16 d. T. (letzter Wohnsitz) für anwendbar. Hiergegen spricht das Bedenken, daß, wenn die in Betracht kommenden Vorschriften (wie § 2 a. a. O.) auf den „ordentlichen Gerichtsstand" einer Person Bezug nehmen, dieser prozessualische Begriff sich nach der jeweiligen Lage der Prozeßgesetzgebung bestimmt. Auch die Vorschriften dieses Titels standen in dem ersten Theile der AGO., der Prozeßordnung, und hatten keinen Bezug auf Akte der nicht streitigen Gerichtsbarkeit, wenn nicht bezüglich dieser auf den prozessualen Gerichtsstand ausdrücklich Bezug genommen war. Die Ansicht des Kammergerichts würde zu einer Zerreißung des in den einschlägigen Vorschriften als einheitlich gedachten persönlichen Gerichtsstandes führen.

A. Vom ordentlichen Gerichtsstande.

I. von dem persönlichen, welcher

1. durch den Wohnsitz des Beklagten;

§. 9. Dieser ordentliche persönliche Gerichtsstand wird jedoch noch nicht durch den bloßen Aufenthalt, sondern nur dadurch begründet, daß jemand an einem Orte seinen beständigen Wohnsitz aufgeschlagen hat. [1]

[1] Negative Bestimmung des Begriffs „Wohnsitz".

§. 10. Die Absicht, seinen beständigen Wohnsitz an einem Orte nehmen zu wollen, kann sowohl ausdrücklich, als durch Handlungen oder Thatsachen geäußert werden.

§. 11. Für eine solche stillschweigende Aeußerung ist es zu achten, wenn jemand an einem gewissen Orte ein Amt, welches seine beständige Gegenwart daselbst erfordert, übernimmt, Handel oder Gewerbe daselbst zu treiben anfängt, oder sich daselbst alles, was zu einer eingerichteten Wirthschaft gehört, anschafft.

§. 12. Auch die Uebernehmung einer Pacht, verbunden mit dem persönlichen Aufenthalte auf dem gepachteten Gute, begründet den Wohnsitz des Pächters, [in so fern nicht besondere Verabredungen wegen der Gerichtsbarkeit getroffen worden.][1] [2] [3]

[1] §§ 10 bis 12: positive Bestimmung des Begriffs „Wohnsitz".

[2] Der Passus „insofern rc." hat rein prozessuale Bedeutung. Jetzt statt dessen § 38 CPO.

[3] Von den Anh.=§§ 5 und 6 zu diesem § (Gerichtsstand des Pächters) ist der erstere durch die Beseitigung des eximirten Gerichtsstandes aufgehoben, der zweite als rein prozessualisch weggefallen.

§. 13. Das Gesinde ist in der Regel dem ordentlichen Gerichte seiner Herrschaft unterworfen.[1] Doch werden dadurch bei Dienstboten, welche noch unter väterlicher Gewalt, unter Vormundschaft, [oder unter einer Gutsherrschaft][2] stehen, die auf ihre Person sich beziehenden Rechte ihres Geburtsorts nicht verändert. (cf. §. 18 sq.)[3]

[1] Enthält den noch geltenden civilrechtlichen Satz, daß das Gesindeverhältniß einen Wohnsitz begründet.

[2] Mit dem Institut der Gutsunterthänigkeit beseitigt.

[3] Bezieht sich nicht auf den prozessualischen Gerichtsstand, sondern auf die Vorschrifen der §§ 23 ff. Einl. z. ALR.

§. 14. Außerdem kann daraus, daß jemand, selbst eine geraume Zeit hindurch, wegen seiner Geschäfte oder Gesundheit, oder wegen Studirens, oder um einem drohenden Arrest, einer Kriegs= oder andern Gefahr zu entgehen, an einem Orte sich aufhält, die Auf=

schlagung eines beständigen Wohnsitzes daselbst noch nicht gefolgert werden.[1]

[1] Vgl. A. 1 z. § 9.

§. 15. Wer an zwei verschiedenen Orten völlig eingerichtete Wirthschaften hat, und abwechselnd bald an dem einen, bald an dem andern Orte sich aufhält, oder Gewerbe treibt, muß die Gerichte beider Orte als seinen persönlichen Gerichtsstand anerkennen;[1] [und es hängt von der Wahl des Klägers ab, wo ihn derselbe belangen will.][2]

[1] Vgl. A. 1 z. § 12 d. T.

[2] Statt des Schlußsatzes jetzt: § 35 CPO.

§. 16. Der durch den Wohnort begründete persönliche Gerichtsstand verändert sich, wenn jemand diesen Ort gänzlich verläßt, und auf die §. 10 sq. beschriebene Art seinen Wohnsitz anderswo aufschlägt.[1]

[1] Dieser § ist nur noch von Bedeutung in Bezug auf die an den Wohnsitz sich knüpfenden civilrechtlichen Folgen; in prozessualer Hinsicht s. jetzt § 18 CPO. Vgl. jedoch A. 2 zur Titelüberschrift.

2. durch den Ort seiner Herkunft (begründet wird).

§. 17. So lange, bis jemand obgedachtermaßen einen eignen Wohnsitz genommen hat, bleibt er unter dem Gerichtsstande seiner Eltern. (Forum originis.)

§. 18. Ist der Vater noch am Leben, so begründet der jedesmalige Wohnsitz desselben zugleich den ordentlichen Gerichtsstand des noch unter seiner Gewalt befindlichen Kindes; ohne Rücksicht auf den Ort, wo dasselbe geboren worden, oder wo das Kind sich nur auf eine Zeitlang aufhält. [Doch müssen Kinder unterthäniger Landbewohner, ohne Rücksicht auf den Wohnsitz des Vaters, so lange sie der Unterthänigkeit für ihre Personen noch nicht entlassen worden, da, wo sie unterthänig sind, belangt werden.][1]

[1] Mit der Aufhebung der Gutsunterthänigkeit beseitigt.

§. **19**. Ist der Vater mit Zurücklassung des Kindes aus dem Lande gegangen, so wird derjenige persönliche Gerichtsstand, welchem er zuletzt vor seinem Abzuge unterworfen war, für den ordentlichen Gerichtsstand des Kindes, so lange dasselbe noch keinen eigenen Wohnsitz genommen hat, angesehen.

§. **20**. Ist der Vater bereits verstorben, so verbleibt der Gerichtsstand, unter welchem derselbe zur Zeit seines Ablebens innerhalb Landes seinen Wohnsitz hatte, der ordentliche Gerichtsstand des Kindes, so lange dasselbe noch keinen eigenen Wohnsitz genommen hat.

§. **21**. Ist der Vater unbekannt, oder das Kind nicht aus einer Ehe zur rechten Hand erzeugt, so richtet sich der Gerichtsstand eines solchen Kindes auf gleiche Art nach dem persönlichen Gerichtsstande der Mutter.[1]

[1] Die §§ 17 bis 21 d. T. gelten noch insoweit, als sie die Frage nach dem Erwerbe des Wohnsitzes bzw. der Beibehaltung desselben seitens derjenigen Personen, welche zur Begründung eines eigenen Wohnsitzes außer Stande sind, für das Civilrecht regeln; für das Prozeßrecht ist § 17 Abs. 2 CPO. an ihre Stelle getreten.

II. Vom dinglichen Gerichtsstande.

§. **121**. Der Gerichtsstand einer Erbschaft, als eines Inbegriffs von Sachen und Rechten, ist da, wo der Erblasser, zur Zeit seines Ablebens, seinen ordentlichen persönlichen Gerichtsstand gehabt hat.[1]

[1] Diese Vorschrift, im übrigen durch § 28 CPO. ersetzt, hat noch

Bedeutung für das der freiwilligen Gerichtsbarkeit angehörige Verfahren der Erbauseinandersetzung. S. unten Tit. 46. Vgl. Dernburg, Bd. 3 § 213 A. 9 (S. 589.).

Dritter Titel.

Von der Pflicht der Parteien, die Instruktion ihrer Prozesse persönlich abzuwarten; und in wie fern sie sich dabei rechtlicher Beistände, oder Bevollmächtigter, bedienen können.[1]

[1] Ueber die Pflicht zum persönlichen Erscheinen s. jetzt § 132 CPO.; über Bevollmächtigte und Beistände s. Buch I, Abschn. 2, Tit. 4 CPO. Nur die Vorschriften d. T., welche sich auf die Form der Vollmacht beziehen, sind insoweit in Kraft geblieben, als sie bestimmen, in welcher Form gewisse juristische Personen Prozeßvollmachten ausstellen; denn durch die Aufstellung des Erfordernisses der Schriftlichkeit, auf welche die Formvorschrift des § 76 CPO. sich beschränkt, wird die Frage nicht berührt, in welcher Weise juristische Personen schriftliche Willenserklärungen abgeben. Da die Vorschriften d. T. über die von Stadt- und Dorfgemeinden, Kollegien und Magistraten, Kirchen, Gilden und Gewerben, sowie von Vormündern auszustellenden Vollmachten schon vor der CPO. durch neuere Gesetze aufgehoben waren, so erübrigen nur noch die nachstehenden §§:

Von Vollmachten der Korporationen und Gemeinen, insonderheit einer geistlichen Gesellschaft;

§. 45. Bei Domkapiteln und Kollegiatstiftern müssen die Vollmachten von dem Dechanten, oder in dessen Abwesenheit von dem Senior, bei Klöstern hingegen von dem Prälaten, Abt, Probst, Prior, Guardian, oder von der Aebtissin, Priorin rc. nebst zwei Konventualen unterschrieben, und jederzeit des Domkapitels, Stifts oder Klosters gewöhnliches Insiegel beigedruckt werden.

§. 46. Sollten besondere Statuten eines oder des andern Kapitels, Stifts ꝛc. zur Gültigkeit der Vollmachten ein Mehreres erfordern, so muß diesem pünktlich nachgelebt werden. Zieht jedoch die unterlassene Beobachtung dieser besondern Form eine Nichtigkeit der Verhandlungen nach sich, so müssen die Aussteller der mangelhaften Vollmacht für allen daraus entstandenen Schaden und vergeblichen Kostenaufwand aus eigenen Mitteln einstehen.

einer Kirche, Schule oder milden Stiftung.

§. 47. Wenn für Kirchen[1], Schulen, Hospitäler, Waisen- und Wittwenanstalten, oder andere Pia corpora Vollmachten ausgestellt werden sollen, so müssen selbige von den Vorstehern oder Administratoren unterschrieben, und mit dem ihnen anvertrauten Siegel bedruckt werden.

[1] Ueber die Vollmachten von Kirchen bestimmen jetzt:

a) bezüglich der evangelischen Kirchen in den sieben östlichen Provinzen: § 22 der Kirchengemeinde- und Synodalordnung v. 10. Sept. 1873 in Verbindung mit Art. 2 des Gesetzes v. 25. Mai 1874 (GS. S. 147);

b) bezüglich des katholischen Kirchenvermögens und zwar des Pfarrvermögens: § 19 des Ges. v. 20. Juni 1875 (GS. S. 241); über die Form der Vollmachten für das Diözesan- und Stiftungsvermögen enthält das auf dessen Verwaltung bezügliche Gesetz v. 7. Juni 1876 (GS. S. 149) keine Vorschriften.

§. 48. In welchen Fällen die Vorsteher zu Prozessen eine besondere Genehmigung der der Stiftung oder Anstalt vorgesetzten obern Behörde beibringen müssen, ist in den Gesetzen bestimmt. (A. L. R. Th. II. Tit. XI. §. 652 u. f.)[1] Doch vertritt es die Stelle dieser besondern Genehmigung, wenn unter der Vollmacht von der obern Behörde attestirt wird, daß die Unterschriebene zur Ausstellung derselben berechtigt gewesen sey.

[1] Dies Erforderniß ist beseitigt für:

a) das Kirchenvermögen der evangelischen Kirche durch Art. 26 des Ges. v. 3. Juni 1876 (GS. S. 125),

b) das katholische Pfarrvermögen durch § 51 des Ges. v. 20. Juni 1875 (GS. S. 241),

c) das katholische Diözesan- und Stiftungsvermögen durch § 3 des Ges. v. 7. Juni 1876 (GS. S. 149).

Siebenter Titel.

Von Abfassung und Insinuation gerichtlicher Verordnungen.

Wirkungen einer gehörig insinuirten Citation.

§. 48. Außer den Folgen, welche eine gehörig erlassene und richtig insinuirte Vorladung, oder auch die öffentliche Bekanntmachung einer Ediktalcitation in den Intelligenzblättern der Provinz,[1] bei erfolgendem Außenbleiben des Vorgeladenen, vermöge der nach Unterschied der Fälle beigefügten gesetzmäßigen Warnung, hervorbringt, hat dieselbe auch folgende Wirkungen:

a) . . . .

b) . . . .

c) Wird die in Anspruch genommene Sache dadurch streitig (res litigiosa), und ihr Besitzer darf damit keine Veränderung vornehmen, wodurch dem Gegner, wenn er den angefangenen Prozeß gewönne, ein Nachtheil erwachsen könnte. Hieraus folgt, daß eine solche streitige Sache nicht vernichtet, veräußert, abhänden gebracht, oder durch übermäßigen Gebrauch, oder vernachlässigte Aufsicht verschlimmert werden dürfe; widrigenfalls derjenige, welcher sie zur Zeit der insinuirten Citation[2] besaß, den Gegner, wenn derselbe ein obsiegliches Urtel erhält, vollständig entschädigen, und den Werth der Sache, oder die entstandene Verschlimmerung, nach der Zeit der insinuirten Citation,[2] vergüten muß.[3]

d) Wird bei Verbindlichkeiten, zu deren Erfüllung keine gewisse Frist bestimmt war, der in Anspruch genommene in den Fall der Zögerung (in mora) versetzt, und muß sich die daraus fließenden rechtlichen Folgen gefallen lassen. (Allgem. Landrecht Th. I. Tit. XVI. §. 16 u. f. §. 64 u. f.)[4]

[1] jetzt: die Erhebung der Klage, § 239 Satz 2 CPO.

[2] jetzt: der erhobenen Klage.

[3] Diese Vorschrift einer Ersatzpflicht bei Veräußerung rc. einer res litigiosa gehört dem bürgerlichen Rechte an und ist gemäß § 239 Satz 1 CPO. durch die Bestimmungen der CPO. über Veräußerung des Streitgegenstandes (§§ 236 bis 238) unberührt geblieben. Vgl. v. Wilmowski u. Levy, A. 1 zu § 236 (S. 301); Struckmann u. Koch, A. 5 zu § 236 (S. 213); Dernburg, Bd. 1 § 132 A. 8 (S. 298).

[4] Diese Bestimmung des bürgerlichen Rechts ist gemäß § 239 Satz 1 CPO. in Kraft geblieben. — Buchst. a) und b) dieses § enthielten dagegen rein prozessualische Vorschriften.

Zehnter Titel.

Von der Instruktion der Sache zum Definitiverkenntnisse.[1]

[1] Aus diesem Titel sind außer einer Vorschrift des materiellen Rechts (§ 186) eine Reihe von Bestimmungen über die Form öffentlicher Urkunden in Kraft geblieben, weil die CPO. (§ 380) zwar die

Aufnahme in der vorgeschriebenen Form als Voraussetzung der Beweiskraft einer öffentlichen Urkunde erfordert, diese Form selbst aber nicht regelt.

---

§ 19 d. T. enthielt Vorschriften über die Nothwendigkeit der Zuziehung eines Protokollführers, welche bereits durch Anh.-§ 2 (zu § 40 d. Einl.) aufgehoben waren. Dagegen sind die Vorschriften in den zu § 19 d. T. gehörigen §§ 67 bis 73 d. Anh. über die Form der gerichtlichen Protokolle noch heute für Handlungen der freiwilligen Gerichtsbarkeit in Geltung. Vgl. hinsichtlich der §§ 68 bis 73 § 421 Abs. 2 des Anhangs (zu § 17 II 2). S. auch E. (ccius) bei Gruchot, Bd. 24 S. 781.

Anh. §. 67. Die Juden dürfen sich bei ihren Namensunterschriften keiner andern als deutscher oder lateinischer Schriftzüge bedienen.

Anh. §. 68. Personen, die nicht schreiben und Geschriebenes lesen können, müssen einen glaubhaften Mann wählen, welcher in ihrem Namen die Unterschrift verrichtet. Diese Vorschrift hat der Richter solchen Personen, deren Stand oder Ansehen es zweifelhaft macht, ob sie lesen oder schreiben können, gleich vor dem Anfange der Verhandlung bekannt zu machen, und auf deren Befolgung zu dringen.

Ist diese Vorschrift nicht befolgt, so ist die Verhandlung für die Partei, welche nicht schreiben oder Geschriebenes lesen kann, unverbindlich.

Anh. §. 69. Der zur Verhandlung zugezogene glaubhafte Mann muß in der Regel der ganzen Verhandlung beiwohnen. Kann dieses aber nicht bewirkt werden, so ist die Gegenwart desselben bei der Vorlesung und Genehmigung des Protokolls hinreichend. Auch muß die des Schreibens unerfahrenene Partei, wenn gleich in ihrem Namen die Unterschrift von einem Andern verrichtet worden, doch das Protokoll mit drei Kreuzen unterzeichnen.

Anh. §. 70. Falls die Partei unterläßt, einen glaubhaften Mann zum Zweck der zu verrichtenden Unterschrift mitzubringen, oder ihn auszuwählen sich weigert; so muß ihr der Richter einen solchen von Amts wegen zuordnen.

Justizkommissarien,[1] vereidete Protokollführer oder Aktuarien,[2] auch der Ehemann, wenn er mit seiner Ehefrau vor Gericht erscheint und sein Interesse dem ihrigen nicht widerspricht, können das Geschäft vollziehen.

[1] jetzt: Rechtsanwälte oder Notare.

[2] jetzt: Gerichtsschreiber bzw. Gerichtsschreibergehülfen.

Anh. §. 71. Wenn unter mehreren gemeinschaftliche Sache machenden Personen auch nur Eine schreiben und Geschriebenes lesen kann; so ist es hinreichend, wenn solche mittelst ihrer Namensunterschrift in Ansehung der Litisconsorten,[1] welchen diese Fähigkeit mangelt, die Richtigkeit der von ihnen durch Kreuze bewirkten Unterzeichnung bezeugt.

Haben die Parteien ein entgegen gesetztes

Interesse, so sind auch verschiedene Beistände erforderlich; im umgekehrten Falle bedarf es nur der Zuziehung eines Beistandes.

[1] bei Akten der freiwilligen Gerichtsbarkeit: Mitinteressenten.

Anh. §. 72. Parteien, welche bloß ihren Namen schreiben, sonst aber weder schreiben, noch lesen können, werden den §. 68. des Anhangs gedachten Personen gleich geachtet.

Anh. §. 73. Wegen der Tauben, Stummen, Taubstummen und Blinden verbleibt es zwar bei der Anweisung Th. II. Tit. III. §. 4–8., es bedarf jedoch auch bei diesen Personen keiner Zuziehung eines Protokollführers.

Verschiedene Arten der Urkunden.

1) . . . . .

2) Anerkannte Urkunden.

§. 125.[1] Auch außergerichtlich vollzogene Urkunden können die Eigenschaft einer gerichtlichen erlangen, wenn sie den Ort und das Datum der Aufnahme, die Benennung aller dabei gegenwärtig gewesenen Interessenten, nebst einer vollständigen und deutlichen Erzählung der vorgefallenen Verhandlung enthalten; demnächst aber sämmtliche Interessenten sich vor Gericht, oder vor zwei dazu deputirten Gerichtspersonen[2] stellen, ihnen das Dokument von einer dieser Gerichtspersonen vorgelesen wird, sie dessen Inhalt genehmigen, die darunter befindlichen Unterschriften anerkennen; und wie dieses alles geschehen sey, unter der Urkunde selbst von den gegenwärtigen Gerichtspersonen gehörig attestirt wird.

[1] Der § 125 d. T. und der Anh.=§ 78 haben immer nur für das Verfahren der freiwilligen Gerichtsbarkeit Bedeutung gehabt, indem sie das im zweiten Theile der AGO. nicht behandelte Verfahren der Rekognition des Inhalts einer Urkunde regeln. Vgl. auch E. (ccius) bei Gruchot, Bd. 24 S. 781.

[2] Die Aufnahme der Erklärung erfolgt jetzt durch den Amtsrichter als Einzelrichter. § 26 Abs. 2 Nr. 2 AG. GVG.; § 22 Abs. 2 GVG.

Anh. §. 78. Das gerichtliche Anerkenntniß kann auch von einem Gerichtsdeputirten aufgenommen werden.[1]

[1] Vgl. A. 2 zu § 125 d. T.

3. Documenta publica extrajudicialia.

§. 127.[1] Als öffentliche außergerichtliche Urkunden sind zu betrachten: I. die Atteste, welche Landeskollegia, Magisträte und Gerichte über die zu ihrem Ressort gehörigen, vor ihnen erfolgten Verhandlungen, mit Bezug auf die deshalb aufgenommenen Protokolle oder geführten Register und Bücher, ausstellen. Ist ein solches Attest nur auf den allgemeinen Ruf, oder auf die den Mitgliedern des Kollegii beiwohnende Privatwissenschaft gegründet; so wird dasselbe nur als ein Privatdokument betrachtet. [Wird in einem solchen Atteste auf Zeugenaussagen Bezug genommen, so hängt die Beweiskraft desselben von der daraus zu ersehenden Glaubwürdigkeit der Zeugen ab.][2]

[1] Die §§ 127 bis 129 d. T. und § 79 d. Anh. gelten noch, insofern sie Vorschriften über die Form gewisser öffentlicher Urkunden enthalten.

[2] Der letzte Satz dieses § bezieht sich auf die materielle Beweiskraft und ist durch § 259 CPO. beseitigt.

Anh. §. 79. Dergleichen Atteste verlieren dadurch, daß darin der dabei zum Grunde liegenden Verhandlungen nicht ausdrücklich gedacht worden ist, ihre Glaubwürdigkeit nicht.

§. 128. Den gerichtlichen Attesten sind diejenigen gleich zu achten, welche aus gehörig geführten Kirchenbüchern über Taufen, Trauungen und Begräbnisse unter dem Kirchensiegel ertheilt sind. Wenn die Eigenschaft des Ausstellers dem Gerichte, bei welchem das Zeugniß vorgelegt wird, nicht ohnehin schon bekannt ist; so muß darunter von den Gerichten des Orts attestirt seyn: daß derselbe zur Ertheilung von Extrakten aus den Kirchenbüchern legitimirt sey.

§. 129. II. Die Protokolle, welche zwar nicht von Gerichtspersonen, aber von anderen in Eid und Pflicht stehenden Officianten, vermöge eines von einem Landeskollegio erhaltenen Auftrags, in Angelegenheiten, welche ihr Amt unmittelbar betreffen, aufgenommen worden sind. Es muß jedoch

1) das Datum und der Ort der Aufnahme, die Benennung sämmtlicher anwesender Interessenten, nebst einer deutlichen und vollständigen Erzählung der Verhandlung selbst, daraus zu ersehen seyn;
2) muß erhellen, daß das Protokoll den Interessenten vorgelesen, und von ihnen genehmigt worden ist;
3) muß dasselbe von den Parteien eigenhändig unterzeichnet, oder mit den in ähnlichen Fällen

statt der Unterschrift zugelassenen Zeichen bemerkt seyn;

4) muß der, welcher es aufgenommen hat, bei seiner Unterschrift die Eigenschaft, in welcher er zur Aufnehmung dieses Protokolls autorisirt gewesen ist, beifügen.

Ermangelt es an einem dieser Erfordernisse, so ist ein solches Protokoll nur als ein Privatvermerk zu betrachten.

Wer zum Zeugnisse schuldig ist.

§. **186.** Sollte ein Zeuge Mittel finden, sich der Ablegung des Zeugnisses und den dahin abzielenden richterlichen Verfügungen gänzlich zu entziehen; so soll der dadurch in der Sache selbst Schaden leidenden Partei der Regreß wider ihn und seine Erben verstattet, und es, zu dessen Begründung wider ihn und seine Erben, dafür angenommen werden: daß er dasjenige wirklich ausgesagt habe, worüber sein Zeugniß von der Partei verlangt worden ist. [1]

[1] Die Vorschrift, daß der ungehorsame Zeuge sich der Partei regreßpflichtig mache, gehört dem bürgerlichen Rechte an; die im zweiten Theile des § vorgeschriebene Fiktion ist durch § 16 Nr. 1 EG. CPO. in Kraft erhalten worden. Vgl. Struckmann u. Koch, A. 6 zu § 355 (S. 335); v. Wilmowski u. Levy A. 5 zu § 355 (S. 450), welche indeß die Annahme, daß der Zeuge dasjenige wirklich ausgesagt habe, worüber sein Zeugniß verlangt worden, nicht unter § 16 Nr. 1 a. a. O. subsumiren, sondern als eine durch § 259 CPO. beseitigte Vorschrift ansehen.

Dernburg, Bd. 3 § 108 A. 8, 10, 11 (S. 307), führt auch noch § 227 d. T. (Marginale: Welche Personen zum Zeugniß gar nicht zugelassen werden können) insofern als geltendes Recht an, als er aus ihm die Erfordernisse der Fähigkeit, als Testamentszeuge zu fungiren, zum

Theil ableiten will. Es dürfte hiegegen indeß sprechen, daß § 227 nur von Beweiszeugen im Prozesse redet, und daß, soweit seine Vorschriften überhaupt auf den von Dernburg bezeichneten Fall anwendbar sein würden, sich ihr Inhalt schon aus dem Begriff des Testamentszeugen als nothwendige Folgerung ergiebt.

Sechszehnter Titel.

Von den Wirkungen eines rechtskräftigen Urtels.[1]

[1] § 420 ALR. I, 16 gestattet den Rücktritt von einem Vergleiche, wenn aus neu aufgefundenen Urkunden der gänzliche Mangel alles Rechts auf Seiten des Gegentheits klar nachgewiesen werden kann;

und § 421 bestimmt im Anschlusse hieran:

In diesem Falle findet Alles Anwendung, was die Prozeßordnung wegen Anfechtung eines rechtskräftigen Erkenntnisses aus neu aufgefundenen Urkunden vorschreibt.

Förster-Eccius (§ 103 Bd. I S. 795) ist der Ansicht, daß hierbei die materiell-rechtlichen Vorschriften in §§ 17 f. d. T. über die Anfechtung eines rechtskräftigen Urtheils im Wege der Restitutionsklage ex instrumentis noviter repertis, insbesondere über die Anfechtungsfrist von acht Wochen, noch Geltung haben, weil das Anwendungsgebiet der Restitutionsklage der CPO. reichsgesetzlich begrenzt sei. Indessen, sowenig die Landesgesetzgebung behindert ist, Vorschriften der CPO. auf von letzterer nicht betroffene Rechtsverhältnisse jetzt für anwendbar zu erklären, ebenso muß, wenn ein älterer Satz des bürgerlichen Rechts auf prozessualische Vorschriften als solche verwies, die CPO. als an deren Stelle getreten gelten. Die Unterscheidung von Förster-Eccius, daß zwar die „materiellen Vorschriften", aber nicht die Formvorschriften der AGO. über die Restitutionsklage anwendbar seien, also jetzt die Klage im ordentlichen Prozesse erhoben werden müsse, die Erhebung der Klage, nicht die Anbringung des Gesuchs die Frist des § 18 d. T. wahre, an Stelle des iuramenti noviter repertorum (§ 21 d. T.) freie Beweiswürdigung trete, dürfte sich als nicht haltbar erweisen, weil auch die Anfechtungsfrist als eine prozessuale anzusehen ist. Die in Betracht kommenden Vorschriften sind in der unveränderten Fassung der AGO. folgende:

Causae restitutionis.
2. Ex instrumentis noviter repertis.

§. 17. Wenn jemand wegen neu aufgefundener Urkunden gegen ein rechtskräftiges Urtel wieder in den vorigen Stand gesetzt zu werden verlangt, so muß er

1) diese Urkunden selbst produciren;
2) bestimmt anzeigen, auf was für Art und Weise er erst neuerlich zu deren Besitze gelangt sey;
3) sich zur eidlichen Erhärtung, daß er vor der rechtskräftigen Entscheidung von diesen Urkunden nichts gewußt habe; oder (wenn ihm deren Existenz an und für sich bekannt gewesen) daß er selbige, alles angewandten Fleißes ungeachtet, im vorigen Prozesse nicht habe herbei schaffen können, erbieten;
4) muß der Inhalt der Urkunden so beschaffen seyn, daß dadurch die Lage der Hauptsache verändert, und eine von den vorigen abweichende Entscheidung begründet werden könne.

§. 18. Ein mit diesen Erfordernissen versehenes Restitutionsgesuch muß spätestens innerhalb Acht Wochen, von dem Tage der Auffindung solcher neuer Urkunden an gerechnet, bei demjenigen Richter, wo der vorige Prozeß in erster Instanz instruirt worden ist, angebracht; dem Imploranten zu dessen Aufnehmung, gleich jedem andern Kläger, ein Deputirter des Gerichts angewiesen, und die Sache fernerweit nach den Vorschriften der gegenwärtigen Prozeßordnung instruirt werden.

§. 19. Damit jedoch diese Wohlthat von der einen und der andern Partei nicht etwa zur Schutzwehr ihrer Fahrlässigkeit in Aufsuchung der in einem Prozesse erforderlichen Nachrichten und Urkunden gemißbraucht werde, so wird der Zeitraum, innerhalb dessen ein Restitutionsgesuch nur zulässig seyn soll, auf Zehn Jahre vom Tage des publicirten rechtskräftigen Urtels festgesetzt: dergestalt, daß derjenige, welcher dergleichen Restitutionsgesuch später anbringt, damit nicht weiter gehört werden soll; es sey denn, daß er zugleich ausweisen könnte, was gestalten er bloß durch die Hinterlist und Gefährde des Gegners, oder auch eines Dritten, an der frühern Auffindung dieser Urkunden verhindert worden sey.

Es versteht sich aber von selbst, daß bei der Beurtheilung: in wie fern das Recht der Imploranten, auf Restitution anzutragen, durch diese zehnjährige Präskription erloschen sey? eben die Grundsätze und Vorschriften Statt finden, welche wegen der Verjährung durch Nichtgebrauch überhaupt im Allgemeinen Landrechte enthalten sind. (Th. I. Tit. IX. §. 512 u. f.)

Zwei und zwanzigster Titel.

Von den in einem Prozesse vorkommenden nothwendigen Eiden.

Aus diesem Titel sind in Kraft geblieben diejenigen auf den Manifestationseid bezüglichen Vorschriften, welche die Verpflichtung zu dessen Ableistung außerhalb eines bürgerlichen Rechtsstreits oder eines Konkursverfahrens und die Form desselben in diesen Fällen betreffen, § 16 Nr. 3 EG. CPO. Dagegen sind die Bestimmungen darüber, in welcher Weise der Anspruch auf Ableistung jenes Eides verfolgt werden kann, insbesondere über die Erzwingung der Leistung ohne Prozeß, (§§ 30, 31 d. T.) aufgehoben: es ist auf Ableistung des Eides im ordentlichen Verfahren der CPO. zu klagen und das Urtheil nach § 774 CPO. zu vollstrecken. Struckmann u. Koch, Vorbem. vor § 780 (S. 731.); v. Wilmowski u. Levy, Vorbem. vor § 780 (S. 905.)

III. Vom Manifestationseide.

§. 28. III. Der Manifestationseid kann gefordert werden, wenn jemand einen Inbegriff von Sachen oder Rechten ganz, oder zu einem bestimmten Antheile (pars quota), anzeigen oder heraus geben soll, oder auch über den Betrag eines gewissen Gegenstandes Auskunft zu ertheilen verbunden ist.

§. 29. [1] Vornehmlich sind zur Ableistung dieses Eides verbunden:

1) diejenigen, welche fremde Güter verwaltet haben, z. B. Vormünder, Kuratoren,[2] Administratoren rc., wenn die Richtigkeit der von ihnen übergebenen Verzeichnisse oder Rechnungen nicht ohne scheinbaren Grund in Zweifel gezogen wird.
2) Gesellschafter, welche einer gemeinschaftlichen Handlung oder anderen Unternehmungen vorgestanden haben. (Allg. L. R. Th. I. Tit. XVII. §. 219 u. f.)
3) Erben, die bei dem Ableben des Erblassers im Sterbehause sich befunden, oder auch nachher in den Besitz der Erbschaft gesetzt worden; wenn Miterben oder erbschaftliche Gläubiger darauf dringen, und entweder kein gerichtliches Inven=

tarium vorgelegt werden kann, oder die Siegelung nicht zu rechter Zeit erfolgt ist. (A. L. R. Th. I. Tit. IX. §. 440. 441.)

10) Diejenigen, welche bei einer Erbtheilung etwas einwerfen müssen.

11) Diejenigen, welche einen Schatz gefunden haben. (A. L. R. Th. I. Tit. IX. §. 89.)

[1] Von den elf Nummern dieses § waren die Nr. 5 (Manifestationseid des Verbrechers bezüglich der entwendeten Sachen), 9 (Manifestationseid der Abzugs- oder Abschoßpflichtigen) schon vor der CPO. aufgehoben; Nr. 4, 8 sind durch die CPO., Nr. 6, 7 durch die KO. außer Kraft gesetzt. Einen weiteren Fall des Manifestationseides s. in § 56 AGO. II 2.

[2] jetzt: Pfleger.

§. 32. Zur Ableistung eines Manifestationseides über Verzeichnisse und Rechnungen kann eher nicht geschritten werden, als bis dieselben dem Gegentheile vorgelegt, er mit seinen Ausstellungen darüber gehört, und der Grund oder Ungrund dieser Erinnerungen ausgemittelt worden. Erst wenn dieses geschehen ist, und der andere Theil es noch verlangt, muß der Manifestationseid geschworen werden.

§. 33. Dieser Eid muß allemal das Versprechen enthalten, wenn sich in der Folge ergeben sollte, daß etwas außer Acht gelassen worden sey, davon noch getreulich Anzeige zu thun. [Der Beweis eines Meineides findet also hier nur in so fern Statt, als etwas wissentlich verschwiegen worden ist.][1]

[1] Der zweite Satz ist, weil strafrechtlichen Inhalts, durch das Reichstrafgesetzbuch aufgehoben, § 153 StrGB., § 2 EG. StrGB.

Vier und zwanzigster Titel.

Von der Vollstreckung der rechtskräftigen Urtel.

Gegen wen es (das Exekutionsgesuch) Statt finde.

Inwiefern gegen einen falschen Bevollmächtigten;

§. 10. Wer wissentlich eine falsche Vollmacht beigebracht, oder sich ohne erhaltenen Auftrag als Bevollmächtigten angegeben hat, wird dadurch, wenn das ergehende Urtel gegen die Hauptpartei nicht in Ausübung gebracht werden kann, zur vollständigen Entschädigung des Gegners verpflichtet.[1]

[1] Der § enthält nur eine Anwendung des dem bürgerlichen Rechte angehörigen Satzes, daß der falsus procurator dem Dritten für den Schaden haftet, welcher diesem aus dem Mangel der Vollmacht erwachsen ist. Vgl. §§ 9, 35, 96, 128, 171 ALR. I 13.

gegen den, welcher sich liti offerirt.

§. 11. **Abs. 1.** Wenn jemand wegen solcher Gerechtsame, deren Vertheidigung ihm entweder gar nicht, oder nicht allein, oder nicht hauptsächlich obliegt, in einen Prozeß sich eingelassen, und bei seiner Vernehmung über den Legitimationspunkt das wahre Verhältniß der Sache verschwiegen, mithin veranlaßt hat, daß die Haupt- oder Mitinteressenten nicht zugezogen worden sind; so findet, wegen der von ihm zu leistenden Entschädigung, die Vorschrift §. 10. Anwendung.[1]

[1] § 11 Abs. 1 (Abs. 2 ist als rein prozessualisch aufgehoben) ist keinesfalls in seiner auf der Untersuchungsmaxime beruhenden unveränderten Fassung noch anwendbar, wohl aber, insofern er den Satz des bürgerlichen Rechts ausspricht, daß derjenige, welcher den Gegner über seine Legitimation zur Sache täuscht (qui liti sese obtulit), für den aus seinem Dolus entspringenden Schaden haftet.

Allgemeine Vorschriften für die Exekutoren.

(Zu §. 45.)

Anh. §. 153.[1] Soll gegen Stadt- oder Dorfgemeinen, oder gegen eine ganze Klasse von Mitgliedern derselben, oder sonst gegen eine moralische Person, eine Exekution vollstreckt werden; so müssen die Gerichte über die Art, wie solche ohne gänzlichen Ruin der Schuldner zu realisiren ist, jederzeit mit der Regierung[2] Rücksprache halten, und wenn sie sich mit dieser über die zu nehmenden Maaßregeln nicht vereinigen können, die Exekution aussetzen und die Vorbescheidung des Justizministers einholen.

Eben dieses muß geschehen, wenn die Exekution gegen ein nicht unter der Regierung stehendes Institut zu verordnen ist, und also der Justizminister Anlaß finden möchte, mit den übrigen Ministerien Rücksprache zu nehmen.[3]

[1] Diese Vorschrift ist gemäß § 15 Nr. 4 EG. CPO. insoweit unberührt geblieben, als es sich um Zwangsvollstreckung wegen Geldforderungen gegen Gemeinde- und andere Kommunalverbände (Provinzial-, Kreis-, Amtsverbände) sowie gegen solche Korporationen handelt, deren Vermögen von Staatsbehörden verwaltet wird, und als nicht dingliche Rechte verfolgt werden. Vgl. allgemeine Verfügung des Justizministers von 24. März 1882 (JMBl. S. 59); Dernburg Bd. 1 § 54 A. 10 (S. 113); Förster-Eccius § 91 A. 73 (Bd. 1 S. 657).

[2] In dem Geltungsbereiche der neueren Verwaltungsgesetze (zur Zeit den Provinzen Ostpreußen, Westpreußen, Brandenburg, Pommern, Schlesien, Sachsen) ist an Stelle der Regierung getreten:

a) wenn die Zwangsvollstreckung gegen Landgemeinden oder Amtsverbände gerichtet ist: der Kreisausschuß, § 43 Nr. 3 des Ges. v. 26. Juli 1876 (GS. S. 297), § 55b der Kreisordnung v. 13. Dez. 1872 in der Fassung des Ges. v. 19. März 1881 (GS. 1881 S. 179);

b) im übrigen: der Regierungspräsident, § 17 des Ges. v. 26. Juli 1880 (GS. S. 291).

[3] Der § 153 des Anhangs findet auch Anwendung auf die Zwangsvollstreckung in das unbewegliche Vermögen, insbesondere durch Eintragung einer Forderung, § 6 des Ges. v. 4. März 1879 (GS. S. 102). Beschl. des Kammergerichts v. 9. Juli 1881, bei Johow u. Küntzel Bd. 1 Nr. 65 S. 119.

Die Vorschriften d. T. über die Zwangsvollstreckung in das unbewegliche Vermögen sind nach § 757 CPO. unberührt geblieben. Dieselben betreffen folgende Arten der Zwangsvollstreckung:

A. Beschlagnahme der Gutseinkünfte.

Von den hierauf bezüglichen §§ 110 bis 115 d. T. waren diejenigen, welche die Exekutionsgrade betreffen (§§ 110 bis 112, § 171 d. Anh.), schon vor dem Inkrafttreten der CPO. aufgehoben. § 113, welcher die Beschlagnahme der Pacht- und Miethgelder regelt, ist durch §§ 729 ff. CPO. ersetzt. Es erübrigen daher nur noch:

§. 114. Wird das Gut von dem Schuldner selbst administrirt, so muß das Gericht einen Aufseher zur Erhebung der Einkünfte und Ablieferung derselben an den Gläubiger bestellen. Zugleich müssen alle Wirthschaftsbeamte, welche mit Einziehung der Gutseinkünfte etwas zu thun haben, z. B. Verwalter, Vögte, Schäfer u. dgl., ingleichen die Unterthanen, welche Zinsen und Ehrungen, oder andere Natural- und Geldabgaben zu entrichten haben, ernstlich angewiesen, allenfalls auch Erstere, nach dem Ermessen des Gerichts, vereidet werden: die eingehobenen oder zu entrichtenden Gelder nicht an den Schuldner, sondern an den ernannten Aufseher abzuführen.

§. 115. Durch diese Verfügungen wird also dem Schuldner die Bewirthschaftung des Guts selbst noch nicht entzogen, sondern er behält in diesem Stücke, nach wie vor, seine freie Disposition. So bald sich aber derselbe dem verordneten Beschlage der Einkünfte widersetzt, oder selbige dem Gläubiger und dessen bestelltem Aufseher zu entziehen sucht; so muß auf die in der Folge verordnete Art zur Sequestration oder Immission geschritten werden.

B. Sequestration.

Die auf diese bezüglichen Vorschriften (§§ 116 bis 140 d. T.) sind noch in der Gestalt, wie sie vor Einführung der CPO. galten, in Kraft. Vgl. auch § 6 des Ges. v. 4. März 1879 (GS. S. 102); Förster-Eccius § 139 A. 87 (Bd. 2 S. 339).

§. 116. Wenn ein bloßer auf die Einkünfte des Guts zu legender Beschlag zur Befriedigung des Gläubigers nicht hinreichend ist,[1] so muß das Gericht denselben in das Grundstück selbst gehörig immittiren, und dem Schuldner alle fernere Bewirthschaftung und Disposition darüber untersagen.

[1] Die Exekutionsgrade waren schon am 1. Okt. 1879 beseitigt und damit diese Voraussetzung zur Anordnung der Sequestration weggefallen.

§. 117. Die Administration eines solchen Grundstücks geschieht durch eine anzuordnende Sequestration, von welcher die Nutzungen erhoben, und zur Befriedigung des Gläubigers, nach der Anweisung des Gerichts, verwendet werden.

§. 118. Die bisher Statt gefundene Immission der Gläubiger für eigene Rechnung, wo denselben das Grundstück nach einem gefertigten Anschlage, zur eigenen Administration und Nutznießung, gleichsam auf Gewinn und Verlust, ohne Verbindlichkeit zur Rechnungslegung eingeräumt worden ist, soll in der Folge nicht mehr zugelassen werden; da die Erfahrung gelehrt hat, daß wegen der großen Unzuverlässigkeit, welche bei den meisten Nutzungsanschlägen schon zur Zeit ihrer ersten Aufnehmung aus Mangel der erforderlichen Nachrichten obwaltet, und wegen der großen und wichtigen Veränderungen, welche die Verschiedenheit der Witterung, und andere zufällige Umstände, in dem Ertrage der Grundstücke, besonders der Landgüter, hervor bringen können, bei der auf den Grund eines solchen Anschlages über die Dauer der Immissionszeit anzulegenden Berechnung, wenn diese unabänderlich seyn soll, schwere Verkürzungen des Gläubigers oder des Schuldners unvermeidlich sind; und wenn Revisionen des Anschlags statuirt werden wollten, dadurch eine Quelle unzähliger, beide Theile erschöpfender Prozesse von Neuem eröffnet werden würde.

§. 119. Dergleichen Immission eines Gläubigers für eigene Rechnung findet also nur alsdann Statt, wenn sich derselbe mit dem Schuldner darüber vereinigt. Alsdann müssen die Dauer der Immission, die Art der Wirthschaftsführung, die Remissionsfälle, und alle übrige Bedingungen, in einem unter Direktion des Gerichts zu schließenden Abkommen, so genau und bestimmt als möglich, festgesetzt werden. In Ermangelung verabredeter Bestimmungen finden die Vorschriften des Allgemeinen Landrechts Th. I. Tit. XX. §. 226 bis 242 [1] Anwendung.

[1] Es sind dies die Vorschriften über den antichretischen Pfandvertrag; §§ 226 bis 237 und § 242 werden für durch das Bundesgesetz v. 14. Nov. 1867 (BGBl. S. 159) aufgehoben erachtet von Dernburg, Bd. 1 § 339 Nr. 3 (S. 839); Koch, Komm. z. ALR. ad h. l. (Bd. 2, 6. Aufl. Anm. 87, 90 S. 695, 697). Vgl. auch A. 4 zu § 2 AGO. II 1.

§. 120. Außer diesem Falle hat also bei Exekutionen in Immobilien nur die gerichtliche Sequestration Statt. Dabei kann zwar dem Gläubiger selbst, wenn er sich sonst dazu qualificirt, die Führung der Wirthschaft aufgetragen werden; er hat aber alsdann alle Verbindlichkeiten eines andern Sequesters.

a. Bei städtischen Grundstücken.

§. 121. Ist das zu sequestrirende Immobile ein Haus oder anderes städtisches Grundstück (praedium urbanum), so muß das Gericht, mit Zuziehung der Interessenten, einen Administrator bestellen; denselben, in so fern er nicht etwa zu dergleichen Verrichtungen überhaupt in Pflichten steht, besonders vereiden, und mit näherer Instruktion nach den Umständen versehen.

§. 122. Diesem Administrator muß das Grundstück von einem gerichtlichen Kommissario übergeben, und von den dazu gehörigen Pertinenzstücken, Hausgeräthe u. s. w. ein richtiges Inventarium mit Taxe aufgenommen werden.

§. 123. Bei dieser Uebergabe muß zugleich von der Kommission, mit Zuziehung von Sachverständigen, untersucht werden: ob und was etwa für Reparaturen nothwendig sind, um das Grundstück in gehörigen Baustand zu setzen, und darin ferner zu unterhalten. Die dazu erforderlichen Kosten, wenn sie entweder so beträchtlich sind, daß sie die Einkünfte eines Vierteljahrs übersteigen, oder wenn die Reparatur selbst keinen Aufschub leidet, muß in Ermangelung eines andern Fonds, der Gläubiger, unter Vorbehalt der landüblichen Verzinsung, und des künftigen Ersatzes aus dem Werthe oder den Einkünften des Grundstücks, so wie der bei entstehendem Konkurs solchen Vorschüssen gesetzmäßig zukommenden Priorität,[1] herbei schaffen; und der Administrator muß für die anschlagsmäßige Vollführung der Reparatur Sorge tragen.

[1] Jetzt sind diese Ausgaben im Konkurse Massekosten, § 51 Nr. 2 KO.

§. 124. Der Administrator hat hiernächst, in Ansehung der ihm übertragenen Verwaltung, alle Gerechtsame und Obliegenheiten eines wirklichen Wirthes und Eigenthümers. Er muß also darauf Acht haben, daß die Miethe, in den nach den Kontrakten feststehenden Terminen, an ihn richtig abgetragen, keine Deteriorationen von den Miethern vorgenommen, die leer gewordenen Quartiere anderweit angebracht, das Grundstück und dessen Inventarienstücke in baulichem und tauglichem Stande unterhalten, und alle darauf liegende Lasten und Abgaben gehörig entrichtet werden. Was am Ende jedes Quartals von den Einkünften nach Abzug der Ausgabe übrig bleibt, muß er nach Anweisung des Gerichts abliefern.[1]

[1] Vgl. über die Revenüenvertheilung jetzt §§ 416 bis 420 Pr. KO., insbesondere über die Auszahlung durch den Administrator § 419.

§. 125. Die Gerichte müssen ihn bei Beobachtung seiner Pflichten gehörig schützen, und dem Schuldner alle Einmischung in die Administration, und alle Beeinträchtigungen des Administrators, bei nachdrücklicher Ahndung, und allenfalls bei Personalarrest, untersagen. Sollte jedoch der Schuldner, oder auch der Gläubiger, wahrnehmen, daß der Administrator schlechte Wirthschaft treibe, das Grundstück in Verfall gerathen lasse u. s. w.; so steht einem wie dem andern frei, es dem Gerichte anzuzeigen, und auf Untersuchung und Abhelfung, allenfalls auch auf Bestellung eines andern Administrators, zu dringen.

§. 126. Schließlich muß der Administrator entweder bei erfolgender Aufhebung der Sequestration, oder, wenn diese sich über ein Jahr lang verzögern sollte, am Schlusse jedes Jahres, von seiner geführten Administration dem Gerichte Rechnung legen, bei deren Abnahme sowohl der Gläubiger als der Schuldner zuzuziehen sind.

b. Bei unadeligen Landgütern.

§. 127. Ist von der Sequestration eines Landgutes, das aber kein adeliges ist, die Rede; so muß dieselbe von dem Gerichte auf eben die Art, wie vorstehend wegen eines städtischen Grundstücks geordnet ist, verfügt; es müssen aber bei der Einsetzung des Administrators oder Sequesters Oekonomieverständige mit zugezogen; auch besonders, wenn das Gut von einiger Beträchtlichkeit ist, einem derselben die Aufsicht über die Wirthschaft des Sequesters, und über die Konservation des Guts überhaupt, aufgetragen werden.

c. Bei adeligen Landgütern.

§. **128.** Wird auf die Sequestration eines adeligen oder Rittergutes angetragen, so soll dieselbe in denjenigen Provinzen, wo bereits landschaftliche Kreditsysteme errichtet sind, der Kreditdirektion oder Fürstenthumslandschaft des Departements, zu welcher das Gut gehört, überlassen, und dieselbe von Gerichts wegen um die erforderliche Verfügung requirirt werden.[1]

[1] In den besonderen Rechten der bestehenden Kreditverbände bei der Sequestration der zu denselben gehörigen oder von denselben beliehenen Güter ist nichts geändert, § 54 Abs. 4 der V. v. 7. Sept. 1879 (GS. S. 591).

Anh. §. 172. Haften auf dem Gute keine Pfandbriefe, so gehört die Sequestration [und Taxation[1]] desselben vor die ordentlichen Gerichte.

[1] Seit der Subhastationsordnung v. 15. März 1869 findet keine Taxation mehr statt.

§. **129.** Diese Kollegia müssen, wenn die Güter verpachtet sind, zwar die Pächter in ihrem Kontrakte und den darin festgesetzten Konditionen lassen; zugleich aber auf die Wirthschaft der Pächter die nöthige Aufsicht führen, und dafür sorgen, daß die Gebäude in baulichem Stande unterhalten, und alle Deteriorationen vermieden, auch die Pachtgelder richtig abgeführt werden.

§. 130. Ueberhaupt wird sowohl in diesem, als in allen andern Fällen, wenn ein Gläubiger aus den Pacht= oder Miethgeldern der seinem Schuldner gehörenden Grundstücke seine Befriedigung sucht; der Pachter oder Miether aber eine geschehene Vorausbezahlung behauptet, und auf Erfordern nachweiset, hierdurch festgesetzt: daß in Ansehung der eingetragenen Gläubiger es bei den Vorschriften des Landrechts Th. I. Tit. XX. §. 480. 481.[1] sein Bewenden habe; andere Gläubiger des Verpachters oder Vermiethers aber, die vor erfolgter gerichtlicher Untersagung, oder Einsetzung der Sequestration, von dem Pachter wirklich geleistete Vorausbezahlung auch gegen sich gelten lassen müssen.

[1] jetzt: des § 31 GEG.

§. 131. Hat der Schuldner das Gut selbst verwaltet, so müssen die Landschaftlichen Kollegia zuvörderst wegen Instandsetzung der Gebäude und des Inventarii die erforderlichen Veranstaltungen treffen: wozu, in Ermangelung eines andern Fonds, der Kreditor unter den §. 123. festgesetzten Bedingungen den Vorschuß thun muß. Hiernächst müssen sie die Verpachtung der Güter nach einem von ihnen aufzunehmenden Anschlage zu bewirken suchen; in deren Entstehung aber die Wirthschaft durch einen Administrator unter ihrer Aufsicht und Direktion besorgen lassen.

§. 132. Bei allen diesen Veranstaltungen müssen die Interessenten zugezogen, und mit ihren Anliegen und Einwendungen gehört werden; jedoch dergestalt, daß bei entstehenden Widersprüchen die Entscheidung, in allen die Wirthschaft und Administration betreffenden Punkten, lediglich von dem Ermessen der Kreditdirektion abhängt; und den Interessenten, wenn sie sich dabei nicht beruhigen wollen, bloß der Rekurs an die Hauptritterschaftsdirektion, und in Schlesien an die Generallandschaftsdirektion, offen bleibt.

§. **133.** Wenn Hauptveränderungen in der Administration zu treffen sind, z. B. wenn ein bisher verpachtet gewesenes Gut in Verwaltung gesetzt, wenn neue Baue geführt, Prozesse angefangen, Meliorationen vorgenommen, oder neue Wirthschaftsarten, Feldereintheilungen u. s. w. eingeführt werden sollen; so müssen die Kreditdirektionen darüber mit dem Landesjustizkollegio,[1] auf dessen Verfügung die Sequestration verhängt worden ist, Rückfrage halten, damit dieses die bei der Sache interessirenden Parteien darüber vernehmen, und nach den Erklärungen derselben, und der übrigen Lage der Umstände, wegen Genehmigung oder Verwerfung eines solchen Antrags, das Weitere veranlassen könne.

[1] jetzt: dem Amtsgerichte, § 755 CPO.

§. **134.** Wenn entweder der Landschaftliche Kommissarius eigenmächtig und ohne die verordnete Zuziehung der Interessenten Veranstaltungen von der §. 131. beschriebenen Art getroffen, oder die Kreditdirektion selbst die §. 133. ihr vorgeschriebenen Schranken überschritten hat, und aus solchen einseitigen Verfügungen Nachtheil entsteht; oder wenn sonst landschaftliche Officianten bei der Administration, oder bei Führung der Aufsicht über selbige, sich solcher Pflichtwidrigkeiten, die eine Regreßklage rechtlich begründen, schuldig gemacht haben sollten: so müssen dieselben für ihre Personen demjenigen, welcher dadurch Schaden leidet, [vor dem Landesjustizkollegio, von welchem die Sequestration verhängt worden ist,] gerecht werden.[1]

[1] Dieser § gilt noch, insofern er eine Ersatzpflicht des Kommissarius oder der Kreditdirektion vorschreibt; für die Gerichtszuständigkeit ist jetzt § 31 CPO. maßgebend.

§. 135. Die eingehenden reinen Einkünfte müssen, nach der Anweisung des Gerichts, an den Gläubiger gegen Quittung ausgezahlt, oder wenn deren mehrere vorhanden sind, in das gerichtliche Depositum abgeführt werden.[1] [Wie es zu halten sey, wenn über das Vermögen eines Schuldners Konkurs entstanden, und deswegen sein Gut in Sequestration genommen ist, davon wird im Funfzigsten Titel von Konkursprozessen umständlich gehandelt. Nach eben diesen Vorschriften ist auch zu verfahren, wenn zwar noch kein Konkurs vorhanden ist, aber doch die Einkünfte zur Bezahlung der Zinsen von sämmtlichen eingetragenen Posten nicht hinreichend sind.[2]]

[1] Die Hinterlegung erfolgt jetzt nur dann, wenn eine Post streitig oder ihr Eigenthümer der Existenz oder dem Aufenthalt nach unbekannt ist, § 419 Abs. 3 Pr. KO. — Die Hinterlegung geschieht bei der Hinterlegungsstelle nach Maßgabe der Hinterlegungsordnung v. 14. März 1879 (GS. S. 249).

[2] Die Vertheilung der Revenüen von Immobilien richtet sich auch im Falle der Sequestration jetzt nach §§ 416 bis 420 Pr. KO.

Dadurch sind die eingeklammerten Sätze sowie § 136 d. T. aufgehoben.

§. 137. Nach aufgehobener Sequestration müssen die Kollegia, von welchen dieselbe dirigirt worden ist, die Zurückgabe des Guts an den vormaligen Schuldner mit Zuziehung einer gerichtlichen Kommission bewirken.

§. 138. Bei eben diesen Kollegien, nämlich den Kreditdirektionen, muß auch der angesetzte Sequester von seiner Administration Rechnung legen; es muß ihm dieselbe durch diese Kollegia, mit Zuziehung der Interessenten, gehörig abgenommen; und alle Monita dagegen, welche bloß die Wirthschaftsführung betreffen, müssen bei eben diesen Kollegien angebracht, und mit Vorbehalt des §. 132. erwähnten Rekurses entschieden werden.

§. 139. Ein Gleiches versteht sich auch, wenn das Gut von dem die Sequestration dirigirenden Kollegio selbst verpachtet worden ist; maaßen alsdann die Instruktion und Erörterung der zwischen dem Pachter und dem Gläubiger oder Schuldner entstandenen Differenzien zunächst für das die Sequestration dirigirende Kollegium gehört.[1] Betrifft aber der Streit einen schon vor der Verhängung der Sequestration angesetzt gewesenen Pachter, so gehört die Untersuchung und das Erkenntniß darüber vor die ordentliche Justizinstanz. Eben dahin sind auch Streitigkeiten zwischen einem von der Kreditdirektion gesetzten Sequester oder Pachter, und den Gläubigern zu verweisen, wenn entweder die Kreditdirektion selbst darauf anträgt; oder wenn der Gegen=

stand und Grund des Streits nicht auf die bloße Wirthschaftsführung, sondern auf andere Handlungen des Pachters oder Administrators sich bezieht; oder wenn die Entscheidung nicht hauptsächlich auf Wirthschafts-, sondern auf eigentlichen Rechtskenntnissen beruhet.

[1] Die endgültige Entscheidung dieser Streitigkeiten kann jetzt nur im ordentlichen Prozesse erfolgen. Das Reskript v. 17. Sept. 1824 (bei v. Rönne, AGO. S. 459), nach welchem die Festsetzungen an Pachtrückständen seitens der Kreditdirektionen vollstreckbar sein sollten, ist, jedenfalls durch die CPO., aufgehoben.

§. 140. Wenn in einer Provinz kein Kreditsystem errichtet ist, und auch sonst keine besonderen allgemeinen Anordnungen über die Führung und Direktion der Sequestrationen adeliger Güter getroffen sind; so bleibt die Einführung der Sequestration und die fernere Direktion derselben dem ordentlichen Gerichte, unter dessen Realjurisdiktion das zu sequestrirende Grundstück gehört.[1] Es muß aber dasselbe nicht nur die Einführung der Sequestration, mit Zuziehung eines geprüften und zuverlässigen Oekonomieverständigen vornehmen lassen; sondern auch zur Aufsicht über die Wirthschaft einen dergleichen sachkundigen Kurator bestellen, und dazu ein taugliches Subjekt, so viel als möglich unter den benachbarten Gutsbesitzern, aussuchen. Uebrigens müssen dabei die Vorschriften §. 129 bis 139., so weit dieselben nicht bloß auf das besondere Verhältniß zwischen den Gerichten und Kreditdirektionen sich beziehen, gehörig befolgt werden.

[1] jetzt: dem nach § 755 CPO. zuständigen Amtsgerichte.

Fünf und zwanzigster Titel.

Von dem Verfahren bei Untergerichten.[1]

[1] Die §§ 51 bis 56 d. T. sind durch § 18 Thl. II Tit. 2 auf das Verfahren in Angelegenheiten der freiwilligen Gerichtsbarkeit für anwendbar erklärt. Soweit bei Akten der freiwilligen Gerichtsbarkeit die Zuziehung eines Protokollführers erforderlich ist, haben die bezeichneten §§ daher bezüglich des Ersatzes desselben durch Gerichtsbeisitzer noch Geltung. Vgl. jetzt auch § 9 Abs. 2 des Ges. v. 3. März 1879 (GS. S. 99.)

Auch bei kleineren Untergerichten müssen zu den Instruktionen (Protokollführer oder) Gerichtsbeisitzer zugezogen werden.

§. 51. Ist irgendwo ein dergleichen Aktuarius oder Protokollführer nicht bestellt, so muß der Richter zwar die Instruktion allein besorgen, und das Protokoll selbst halten; er muß aber dabei jedesmal zwei Schöppen oder Gerichtsbeisitzer zuziehen.

Von deren Bestellung.

§. 52. Bei den Magisträten können die Polizeirathmänner die Stelle dieser Gerichtsbeisitzer vertreten; bei Patrimonial- und andern kleinen Untergerichten hingegen muß der Gerichtsherr dafür sorgen, daß dem Richter zwei dergleichen Schöppen ein- für allemal zugeordnet und angewiesen werden.[1]

[1] Patrimonialgerichte giebt es nicht mehr. Die Bestellung der Schöppen wird jetzt durch die Justizverwaltung zu erfolgen haben.

§. 53. Zu solchen Gerichtsschöppen müssen in der Regel Einsassen des Dorfs oder Gerichtsbezirks, die bekannte vernünftige Männer von unbescholtenem Rufe, und des Lesens und Schreibens kundig sind, gewählt werden. Doch können auch Wirthschaftsbeamte und

Schulmeister, in Ermangelung anderer qualificirter Subjekte, als Gerichtsmänner zugelassen werden.

§. 54. Sollte auch wider Vermuthen der Bezirk irgend einer Patrimonialgerichtsbarkeit[1] so eingeschränkt seyn, daß es nicht möglich wäre, zwei solchergestalt qualificirte Gerichtsmänner daraus zu bestellen; so muß wenigstens Ein dergleichen Gerichtsschöppe dem Justitiario[1] für beständig zugeordnet und angewiesen werden; und alsdann kann der Justitiarius,[1] anstatt des zweiten, einen bloßen Zeugen zuziehen, von welchem weiter nichts erfordert wird, als daß keine von denjenigen Mängeln bei ihm vorwalten, wodurch jemand nach den Gesetzen zur Ablegung eines Zeugnisses, entweder durchaus, oder über die vorliegende Sache, unfähig gemacht wird.[2] Die Zuziehung eines solchen Zeugen findet auch alsdann Statt, wenn einer der ordentlichen Gerichtsschöppen einer Verhandlung beizuwohnen verhindert ist.

[1] Patrimonialgerichtsbarkeit giebt es nicht mehr; die Vorschrift ist jetzt nur auf Amtsgerichtsbezirke anwendbar. Wo in dem § vom Justitiarius die Rede ist, tritt jetzt das Amtsgericht an dessen Stelle.

[2] Statt dessen wird jetzt § 358 CPO. entsprechend anzuwenden sein.

§. 55. Die nach §. 51 bis 54. zu bestellenden Gerichtsschöppen müssen dahin vereidet werden:

daß sie auf den Hergang der gerichtlichen Verhandlungen, bei welchen sie zugezogen werden, und darauf, daß selbige so, wie sie sich wirklich ereignet haben, niedergeschrieben werden, genau Acht haben, auch das Protokoll nicht anders, als wenn sie dessen Inhalt diesem wahren Hergange der Sache gemäß finden, mit ihrer Unterschrift bekräftigen wollen.

Diesem Eide gemäß sind sie schuldig, mit aller Aufmerksamkeit dahin zu sehen, das dasjenige, was die Parteien oder Zeugen angeben, oder aussagen, ohne fremden Zusatz und Weglassung, getreu und vollständig im Protokolle niedergeschrieben werde.

§. 56. Ein Zeuge, der nach §. 54. statt des zweiten Gerichtsschöppen zugezogen worden ist, wird in der Regel nicht vereidet, sondern nur zur Aufmerksamkeit auf dasjenige, was verhandelt werden soll, angewiesen. Wenn aber hiernächst die Verhandlung selbst angefochten wird, so soll die eidliche Bekräftigung des Zeugen:

daß die Sache in seiner Gegenwart verhandelt, das darüber aufgenomene Protokoll den Parteien vorgelesen, und von ihnen, ohne gegen die Richtigkeit desselben etwas einzuwenden, anerkannt worden sey,

den aus dem Mangel des zweiten Gerichtsschöppen hergeleiteten Einwand gegen die Legalität der Handlung zu entkräften, hinreichend seyn.

Acht und zwanzigster Titel.

Von exekutivischen Prozessen, und von der Klage aus einem Judikato.[1]

[1] Aus den Vorschriften dieses Titels hat fortdauernde Bedeutung nur der materielle Rechtssatz (§ 4 Nr. 1, § 16 d. T.), daß aus den in § 2 Nr. 1, 2, 3, 4 d. T. beschriebenen Instrumenten vor der Verfallzeit mit dem Antrage geklagt werden kann, den Beklagten

zur Zahlung nach Verfallzeit zu verurtheilen. Die Feststellungsklage der CPO. (§ 231) hat diese s. g. Kündigungsklage nicht ersetzt, weil erstere nicht zu einem vollstreckbaren Urtheile auf Leistung führt. Vgl. E. (ccius), bei Gruchot Bd. 24 S. 781 f.; Förster-Eccius, § 50 A. 25 (Bd. 1 S. 279); v. Wilmowski u. Levy, A. 6 zu § 231 (S. 294); Dernburg Bd. 1 § 124 A. 8 (S. 274); Herbst bei Gruchot, Bd. 26 S. 362 ff.; Urtheil des Oberlandesgerichts Jena in einer preußischen Sache (Blätter für Rechtspflege in Thüringen Bd. 29 S. 61).

§. 4. [Auch wegen Aufnehmung der Klage, und wegen des ganzen ferneren Verfahrens bei der Instruktion der Sache, finden hier eben die Vorschriften, welche in dem vorhergehenden Titel bei dem Wechselprozesse gegeben worden sind, Anwendung; nur unter folgenden näheren Bestimmungen und Ausnahmen:

1) Aus Wechseln kann nur, wenn die Verfallzeit vorüber ist, geklagt werden.] Hingegen findet aus den Instrumenten §. 2. Nr. 1. 2. 3. 4.[1] die exekutivische Klage[2] auch noch vor der Verfallzeit zu dem Ende Statt, daß entweder der Beklagte seine Verbindlichkeit, zur Verfallzeit zu zahlen, nochmals gerichtlich anerkenne, oder zu dieser mit dem Ablaufe der Verfallzeit zu bestimmenden Zahlung durch den Richter verurtheilt werde. [Doch muß in einem solchen Falle, wenn der Beklagte seine Verbindlichkeit zur Zahlung mit der Verfallzeit pure anerkennt, und dieselbe zur gehörigen Zeit wirklich leistet, der Kläger demselben alle Kosten erstatten.[3]]

[1] Es sind dies gerichtlich und notariell aufgenommene bzw. dem Inhalt nach rekognoszirte Instrumente, sowie Privatinstrumente, welche auf den eigenen Antrag des Schuldners und Besitzers in das Hypothekenbuch eingetragen worden. Vgl. bezüglich der letzteren jetzt § 33 GBO.

[2] Inwieweit der Urkundenprozeß hier stattfindet, bestimmt sich jetzt nach § 555 CPO.

[3] An Stelle dieses Satzes tritt jetzt § 89 CPO., durch welchen auch § 194 d. Anh. aufgehoben ist.

IV. Kapitalsaufkündigungen.

§. 16. [Wenn IV. Kapitalien gerichtlich aufgekündigt werden, und der Gläubiger erklärt, daß er nur über die zu rechter Zeit erfolgte Kündigung mit einem Bescheinigungsmittel auf allen Fall versehen seyn wolle; so hat der Richter dabei weiter nichts zu thun, als daß er das Gesuch dem Schuldner, auf Kosten des Gläubigers, zu seiner Nachricht und Achtung zufertigt, und für die Herbeischaffung eines richtigen Insinuationsdokumentes sorgt; welches hiernächst dem Gläubiger zum fernern Gebrauche zugestellt wird. [1]]

Will hingegen der Gläubiger sich durch das angebrachte Gesuch ein rechtskräftiges Urtel, oder ein gerichtliches Anerkenntniß verschaffen, aus welchem er nach verflossener Aufkündigung Exekution suchen könne; so muß darauf, wie auf jede andere Klage, verfügt [2], und wenn die Forderung auf einen der §. 2. Nr. 1. 2. 3. 4. beschriebenen Instrumente [3] beruhet, nach der Vorschrift §. 4. Nr. 1. verfahren werden.

[Der Richter muß also, bei jeder angebrachten Aufkündigung, den Imploranten zugleich darüber vernehmen, was dabei seine Absicht sey; und wie also die Sache weiter eingeleitet werden solle. [4]]

[1] An Stelle dieser gerichtlichen Kündigung tritt jetzt die Zustellung der Kündigung durch einen Gerichtsvollzieher, § 1 Abs. 3

AG. CPO. Förster-Eccius § 137 A. 114 (Bd. 2 S. 298); Herbst bei Gruchot, Bd. 26 S. 349.

[2] d. h. jetzt: nach Maßgabe der CPO. verhandelt.

[3] s. Anm. 1 zu § 4 d. T.

[4] Da eine Anbringung der Klage beim Richter nicht mehr stattfindet, ist die Vorschrift fortgefallen.

Neun und zwanzigster Titel.

Von Arresten, und wie dabei zu verfahren.[1]

[1] Das Arrestverfahren ist jetzt im 5. Abschnitte des achten Buches der CPO. geregelt und dadurch der 29. Titel der AGO. Th. I. aufgehoben. Nur bezüglich der Vollziehung des Arrestes in unbewegliches Vermögen sind die Vorschriften der Landesgesetzgebung maßgebend geblieben, § 811 CPO.; § 24 des Gesetzes v. 4. März 1879 (GS. S. 102). Der 29. Titel enthält allerdings keine Bestimmungen, welche die Vollziehung des Immobiliararrestes im Besonderen betreffen; wohl aber müssen seine allgemeinen Vorschriften über die Vollziehung des Arrestes auch auf den Arrest in unbewegliches Vermögen bezogen und daher als in der Beschränkung auf dieses Arrestobjekt fortgeltend erachtet werden, v. Wilmowski u. Levy, A. 1 zu § 811 (S. 932). Dagegen faßt die in Betracht kommenden §§ als auf den Mobiliararrest beschränkt und folgeweise als jetzt gänzlich aufgehoben auf: Kindel bei Gruchot, Bd. 24 S. 312 f., 328 ff., Riedieck, ebendas. Bd. 26 S. 580. Vgl. auch Dernburg Bd. 1 § 322 (S. 792). — Wo in den nachstehenden §§ von Sachen die Rede ist, sind demnach darunter jedenfalls nur noch Immobilien zu verstehen. — Außerdem hat noch § 201 des Anh. zu § 90 d. T. eine fortdauernde selbständige Bedeutung.

Wirkungen des Arrests.

§. 80. Was der Arrestant dem Arrestaten zu vertreten habe, wenn der Arrest für unstatthaft, oder die Forderung selbst für ungegründet erklärt wird, ist in den Gesetzen bestimmt. (A. L. R. Th. I. Tit. VI. §. 132—138.)

§. 81. Dagegen hat ein rechtmäßig angelegter Arrest die Wirkung, daß so wenig der Eigenthümer, als der Inhaber der verkümmerten Sache, sich darüber irgend einer für den Arrestanten nachtheiligen Disposition anmaaßen darf; vielmehr die Sache als ein bei ihm niedergelegtes Depositum aufbewahren muß.[1]

[1] Die Vorschriften über die Aufbewahrungspflicht des Eigenthümers ꝛc. sind zwar zunächst auf bewegliche Sachen berechnet; wie indeß das ALR. eine Verwahrung auch bei unbeweglichen Sachen kennt (§§ 90, 91 ALR. I, 14), so legt auch der Immobiliararrest dem Inhaber der verkümmerten Sache eine Pflicht der Obhut gegenüber dem Arrestgläubiger auf.

§. 82. Will der dritte Inhaber der verkümmerten Sache mit dieser Aufbewahrung sich nicht belasten, so steht ihm frei, dieselbe zur gerichtlichen Verwahrung zu überliefern.[1]

[1] Vgl. Anm. 1 zu § 81. — An sich wird dies Recht auch beim Immobiliararrest als vorhanden anzuerkennen sein, jedoch bringt es die Natur der Sache mit sich, daß es hier kaum jemals praktisch ausgeübt wird.

§. 83. Wird eine mit Arrest belegte Sache von dem Eigenthümer oder Inhaber veräußert, oder verpfändet; so ist diese Handlung, wenn in der Folge der Arrest für gerechtfertigt erklärt worden ist, in Ansehung des Arrestanten null und nichtig; und die Sache kann von dem, welcher sie Eigenthums- oder Pfandsweise an sich gebracht hat, unentgeldlich zurück gefordert werden. Sollte jedoch nachgewiesen werden können, daß der Erwerber von dem Arrestschlage keine Wissenschaft gehabt habe; so kann der Arrestant die Herausgabe nur gegen Vergütung des gezahlten Kaufgeldes oder Pfandschillings fordern, und hat es sich selbst beizumessen, daß er nicht angetragen hat, die Sache in gerichtliche Verwahrung nehmen zu lassen.[1]

[1] Vgl. dazu § 11 GEG. Der zweite Satz des § hat bezüglich der Immobilien nur so lange Bedeutung, als der Arrest noch nicht im Grundbuch eingetragen ist.

§. 87. Der Arrestschlag begründet unter mehreren Gläubigern kein Vorzugsrecht;[1] außer

1) wenn ein Fremder mit einem inländischen Gläubiger konkurrirt, und in der Heimath des Fremden der Arrest einen Vorzug ertheilt.

[2) Wenn bei entstandenem Konkurs ein Gläubiger die Person des Gemeinschuldners, oder Effekten, welche zur Masse gehören, durch rechtzeitigen Arrestschlag in Sicherheit gebracht hat. (Tit. L. §. 484 u. f.)[2]]

[1] Auch für die Arrestvormerkung auf Immobilien anerkannt vom Reichsgericht; Urtheil des V. Civilsenats v. 22. Nov. 1879 (Gruchot, Bd. 24 S. 97); Urtheile des II. Hülfssenats v. 3. Jan. 1881 (Entsch. in Civilsachen Bd. 3 Nr. 85 S. 315); v. 3. März 1881 (a. a. O. Bd. 4 Nr. 73 S. 265 — unter ausdrücklicher Bezugnahme auf §§ 81, 83, 87 d. T.); v. 7. Juli 1881 (a. a. O. Bd. 5 Nr. 81 S. 296). Diese Urtheile beziehen sich indeß sämmtlich auf im alten Verfahren erledigte Sachen.

[2] Aufgehoben durch die Pr. KO.

Zu §. 90.

Anh. §. 201. Wider regierende deutsche Fürsten, wider abgetheilte Fürsten aus den Häusern der regierenden deutschen Fürsten, desgleichen wider fremde am hiesigen Hofe akkreditirte Gesandte und gegen alle andere Geschäftsträger eines andern Staats am hiesigen Hofe, die nicht bei ihrer Bestallung der einländischen Gerichtsbarkeit unterworfen geblieben sind, findet kein Arrest Statt.[1]

[1] Dieser § ist für alle Arten des Arrestes hinsichtlich der Landesherren und der Mitglieder der landesherrlichen Familien, sowie der Mitglieder der Fürstlichen Familie Hohenzollern, soweit die Angehörigen der letzteren Kategorien als „abgetheilte Fürsten" zu erachten sind, aufrecht erhalten durch § 5 EG. CPO. Dernburg, Bd. 2 S. 990. Bezüglich der anderen in dem § genannten Personen vgl. jetzt §§ 18, 19, 21 GVG. — Dernburg a. a. O. hält auch den § 202 d. Anh., welcher bei dem Arreste gegen fremden Fürsten 2c. die Einholung einer Vorbescheidung des Justizministers vorschreibt, für noch geltend (vgl. auch das Landgericht Berlin I bei Gruchot, Bd. 26 S. 295 f.); eine unabweisliche Konsequenz wäre dann aber auch die Aufrechterhaltung der §§ 203, 204 d. Anh., welche das Verfahren näher regeln. Indessen wird § 812 CPO. auch auf die in § 202 d. Anh. genannten Personen Anwendung zu finden haben.

Fünf und dreißigster Titel.

Von fiskalischen Prozessen und Untersuchungen.[1]

[1] Aus dem ersten Abschnitte dieses Titels (von fiskalischen Civilprozessen) sind durch § 15 Nr. 4 EG. CPO. aufrecht erhalten die Vorschriften über die Zwangsvollstreckung gegen den Fiskus, indessen nur, soweit es sich um die Zwangsvollstreckung wegen Geldforderungen handelt und nicht dingliche Rechte verfolgt werden. Insoweit hat sich also der Gläubiger auch jetzt noch mit dem Antrage auf Zwangsvollstreckung an das Gericht zu wenden. Allg. Verf. d. Just.-Min. v. 24. März 1882 (JMBl. S. 59).

Obliegenheiten der Justizkollegien wegen der Exekutionen.

§. 33. Uebrigens müssen die ergangenen rechtskräftigen Urtel auch gegen den Fiskus, so wie gegen jede andere Partei, gehörig vollstreckt werden. Inzwischen bringen es die bestehenden Finanz-, Dienst- und Kassenverhältnisse mit sich, [daß sowohl die Fristen zur Befolgung der Urtel geräumiger, als gegen bloße Privatparteien, bestimmt werden müssen; als auch[1]] daß, indem der Erinnerungsbefehl an die Kasse, das Amt, oder die sonstige zur Zahlung oder Leistung unmittelbar verurtheilte fiskalische Station erlassen wird, der ihr vorgesetzten Finanzbehörde davon Nachricht gegeben werde.[2] Letztere muß alsdann alle nach der Finanzverfassung nöthigen Anstalten und Verfügungen unverzüglich treffen, damit dem Urtel in der bestimmten Zeit unfehlbar genügt werde; und das Generaldirektorium[3] wird darauf halten, daß derjenige, der aus Nachlässigkeit oder anderen unerlaubten Ursachen seine Pflicht hierunter nicht beobachtet, dem obsiegenden Theile alles erweislichen Interesse aus eigenen Mitteln erstatten müsse, auch, nach Befinden, noch überdieß empfindlich bestraft werde.

Sollte wider Verhoffen eine obere Finanzbehörde der Vollstreckung der gegen den Fiskus ergangenen Urtel Schwierigkeiten oder Hindernisse in den Weg legen; so muß das Justizkollegium[4] an das Justizdepartement,[5] zur weiteren Verfügung der Seiner Königlichen Majestät Allerhöchst selbst davon zu machenden Anzeige,[6] von Amts wegen berichten.

[1] Inwieweit eine solche Fristbestimmung zulässig sei, war schon im älteren Rechte streitig. Jetzt ist sie unstatthaft.

[2] Da ein Erinnerungsbefehl nicht mehr erlassen wird (§ 15 des Ges. v. 20. März 1854, GS. S. 115), so erübrigt nur die Vorschrift,

daß die vorgesetzte Finanzbehörde durch das Gericht von dem Zwangsvollstreckungsantrage zu benachrichtigen ist.

[3] jetzt: Finanzministerium.

[4] jetzt: Vollstreckungsgericht.

[5] jetzt: den Justizminister.

[6] Nach der veränderten Staatsverfassung wird jetzt nur ein unmittelbares Benehmen des Justizministers mit dem Finanzminister eintreten können.

Anh. §. 242. Liegt die Schuld der verzögerten Autorisation zu der zu leistenden Zahlung an der dazu verurtheilten untergeordneten fiskalischen Station selbst, so tritt der Fall einer Exekution ad faciendum[1] ein, welche gegen den Beamten, Rendanten ꝛc. persönlich verhängt werden muß.

[1] jetzt: nach Maßgabe des § 774 CPO.

Sieben und dreißigster Titel.

Vom Verfahren gegen Verschollene.[1]

[1] Durch § 22 AG. CPO. sind die Vorschriften der CPO. über das Aufgebotsverfahren auf das Aufgebot eines Verschollenen zum Zwecke der Todeserklärung für anwendbar erklärt. Dagegen sind die Bestimmungen über Zulässigkeit, Voraussetzungen und Wirkungen dieses Aufgebots bestehen geblieben, ebenso einzelne im § 24 AG. CPO. aufrecht erhaltene Bestimmungen. Soweit die bezeichneten Bestimmungen oder soweit Vorschriften des materiellen Rechts in d. T. enthalten sind, ist derselbe daher in Kraft geblieben.

Anordnung der Kuratel über Abwesende.

§. 1. Wenn jemand die Königlichen Staaten zwar nicht in der Absicht, sich dem Lande und seiner Unterthanspflichten zu entziehen, verlassen, dennoch aber in langer Zeit von seinem Leben und Aufenthalte keine

Nachricht gegeben hat; so soll demselben, nach Vorschrift der Gesetze, von dem kompetenten Obervormundschaftlichen Gerichte ein Kurator[1] bestellt werden.

[1] jetzt: ein Vormund, § 82 VO.

§. 2. Wann dergleichen Kuratel[1] eigentlich Statt finde; wem selbige zu übertragen sey; wie es mit der Administration und dem Genusse des Vermögens gehalten werden solle, ist in den Gesetzen näher bestimmt. (Allg. L. R. Th. II. Tit. XVIII. §. 19—27. §. 63—67. §. 195. §. 821 u. f.)[2]

[1] jetzt: Vormundschaft.

[2] Vgl. jetzt §§ 82 ff. VO.

Wo und von wem die Klage anzustellen.

§. 3. So bald die eben daselbst bestimmten Jahre der Abwesenheit verlaufen sind, muß das Obervormundschaftliche Gericht[1] den Kurator anweisen,[2] die Todeserklärung des Abwesenden bei demjenigen Gerichte, unter welchem der Verschollene zuletzt innerhalb der Königlichen Lande wohnhaft gewesen, oder wenn er noch nirgends einen Wohnsitz gehabt hat, in seinem Foro originis[3] gehörig nachzusuchen. Ist der Abwesende noch im minderjährigen Alter aus dem Foro originis in einen andern Gerichtsstand gebracht, und daselbst über ihn, oder über sein zurück gelassenes Vermögen, eine Kuratel angeordnet worden; so kann die Vorladung in eben diesem Gerichtsstande der geführten Vormundschaft verfügt werden.[3]

[1] jetzt: das Vormundschaftsgericht im Sinne der VO.

[2] Nur insoweit, als der §, entsprechend dem § 826 ALR. II, 18,

ein durch Anh.=§ 282 noch beschränktes Offizialeinschreiten des Vormundschaftsgerichts vorschreibt, hat derselbe noch Geltung.

[3] Ueber die Zuständigkeit bestimmt jetzt § 22 Abs. 3 AG. CPO.

Anh. §. 282. Die Wirksamkeit der vormundschaftlichen Behörde (Allg. L. R. Th. II. Tit. XVIII. §. 825. 826.)[1] tritt erst alsdann ein, wenn keine Verwandten des Abwesenden bekannt sind, oder wenn die bekannten nächsten Verwandten von der ihnen zustehenden Befugniß, auf Todeserklärung anzutragen, keinen Gebrauch machen.[2]

[1] Dieselben lauten:

§ 825. Wenn sich diese (d. i. die nächsten Verwandten) nicht aus eigener Bewegung melden, so ist das vormundschaftliche Gericht berechtigt, aber nicht verpflichtet, sie dazu aufzufordern.

§ 826. Sind dem Vormunde und vormundschaftlichen Gerichte keine Verwandten des Abwesenden bekannt, so kann Letzteres den Ersteren anweisen, die Todeserklärung selbst nachzusuchen.

[2] Die Vorschrift, daß der Vormund nur subsidiär das Aufgebot beantragen dürfe, ist, als eine die Antragsberechtigung, also eine Voraussetzung des Aufgebots berührende, in Kraft geblieben. Daude § 38 (S. 148 f.) — Statt §§ 4, 5 d. T. jetzt: § 824 Abs. 1 CPO.

Citation.

§. 6. Das Gericht muß alsdann die Ediktalcitation[1] des Abwesenden erlassen, und dabei zwar überhaupt die Vorschriften Tit. VII.[2] beobachten, zugleich aber auch nachfolgende nähere Bestimmungen sorgfältig wahrnehmen:

1) Die Citation[1] muß nicht nur an den Abwesenden für seine Person, sondern auch an die von ihm

etwa zurück gelassenen unbekannten Erben und Erbnehmer gerichtet werden.[3]

2) Der Termin wird auf Neun Monate hinaus gesetzt,[4] und dieser neunmonatliche Zeitraum dergestalt berechnet, daß er erst von dem Zeitpunkte, wo die Citation[1] den Intelligenzblättern das erstemal hat eingerückt werden können, zu laufen anfange.[5]

3) . . . .[6]

[1] jetzt: das Aufgebot im Sinne des neunten Buches der CPO.

[2] jetzt: der §§ 824 bis 826 CPO.

[3] An wen das Aufgebot zu richten ist, bestimmt die CPO. nicht, regelt sich also nach dem älteren Recht.

[4] Aufrecht erhalten durch § 24 Abs. 1 AG. CPO.

[5] Jetzt entscheidet die erste Einrückung in den Deutschen Reichsanzeiger, § 827 CPO.

[6] Die Nr. 3 bis 6 enthielten nur Verfahrensvorschriften. Statt § 7 jetzt § 22 Abs. 5 AG. CPO.

§. 8. Auch der vermuthliche nächste Erbe muß, wenn er nicht selbst die Citation ausgebracht hat, zu diesem Termine mit vorgeladen werden, [damit in dem Falle des §. 10. Nr. 2. die Berichtigung des Legitimationspunkts unter einem erfolgen könne.][1]

[1] Die Berichtigung des Legitimationspunkts hinsichtlich der Erbschaft von Amtswegen im Aufgebotstermine findet nicht mehr statt; gleichwohl ist die Vorschrift selbst durch § 24 Abs. 3 AG. CPO. aufrecht erhalten. Rintelen, Bd. 3 S. 226; anderer Ansicht Daube § 38 A. 33 (S. 155).

Wie es zu halten, wenn der Vorgeladene sich meldet;

§. 12. So bald der Abwesende sich, es sey persönlich oder schriftlich, meldet, muß das ganze Verfahren aufhören; und wegen seiner Legitimation, wegen Herausgabe des Vermögens an ihn, [oder wegen der dem Fisko über seine Entfernung außerhalb Landes zu gebenden Rechenschaft,] [1] das Weitere nach Beschaffenheit der Umstände, und nach Vorschrift der Gesetze verfügt werden. [2]

[1] Diese Rechenschaftsablage gegenüber dem Fiskus war schon vor der CPO. weggefallen.

[2] Da die Vorschrift des § 830 CPO. über die Wirkung einer Anmeldung auf den vorliegenden Fall nicht paßt, so ist § 12 d. T. im übrigen noch als geltend anzusehen.

wenn Erben sich melden.

§. 13. Wenn vor oder in dem Termine sich jemand meldet, welcher behauptet, daß ihm zu der Succession des Abwesenden ein näheres Recht zustehe; oder wenn der Fiskus [diesen Nachlaß wegen strafbaren Austretens außerhalb Landes in Anspruch nimmt; oder [1]] behauptet, daß der sich gemeldete Erbe nicht Erbe sey, sondern der Nachlaß für ein bonum vacans geachtet werden müsse: so ist dieses eine Intervention, welche nach der auf den Fall passenden Art des Verfahrens besonders instruirt werden muß. [2] Die Todeserklärung selbst aber wird dadurch nicht aufgehalten. [3]

[1] Es gilt das in A. 1 zum vorigen § Bemerkte.

[2] d. h. der Behauptende muß eventuell entweder den Anspruch gegen den Bestreitenden klagweise verfolgen oder das Aufgebot des erblosen Nachlasses beantragen.

[3] Diese Vorschrift muß auch neben § 830 CPO. als geltend erachtet werden, da das im Texte angeordnete Verfahren das einzig der Sachlage entsprechende ist. — Statt § 14 d. T. s. jetzt § 836 CPO.; statt § 15 s. jetzt § 26 AG. CPO.

Acht und dreißigster Titel.

Von dem Verfahren bei der Erklärung eines Menschen für einen Blödsinnigen oder Verschwender.

Einleitung der Sache.

(Zu §. 5.)

Anh. §. 284. Die Sorge für die Sicherstellung des Vermögens während der Instruktion des Prozesses liegt jederzeit dem Richter ob.[1]

[1] Ob auf Grund dieses § der Richter im Entmündigungsverfahren zum Erlaß einstweiliger Verfügungen zu dem bezeichneten Zwecke zuständig sei, ist zwischen Dernburg (Bd. 1 § 75 A. 12 S. 158) und Förster-Eccius (§ 19 A. 37, Bd. 1 S. 108) streitig. Ersterer hält den § wegen § 16 Nr. 4 EG. CPO. für fortbestehend, letzterer wegen § 600 CPO. für beseitigt.

Vierzigster Titel.

Vom Verfahren in Sponsalien- und Ehesachen.

Von Ehescheidungsklagen ex capite malitiosae desertionis.

(Zu §. 64.)

Anh. §. 295.[1] Hat ein Ehegatte eines begangenen Verbrechens wegen, das nach den Gesetzen mit Zuchthaus- oder Festungsstrafe geahndet werden muß, die Flucht ergriffen; so kann der zurückgebliebene Ehegatte, der an diesem Verbrechen keinen Theil genommen, wegen der Veranlassung,[2] welche diese Flucht zur Folge hat, sofort ohne Abwartung irgend einer Frist auf Trennung der Ehe [und auf die deshalb zu erlassende öffentliche Vorladung des entwichenen Ehegatten, unter der Verwarnung, des angeschuldigten Verbrechens in Beziehung auf die Ehescheidungsklage für geständig erachtet zu werden, [3]] antragen.

[1] Dieser § enthält materielles Eherecht, indem er § 690 ALR. II, 1 abändert, und ist daher durch die Aenderung des Verfahrens in Ehesachen nicht berührt worden.

[2] Druckfehler für „Verlassung", wie aus der Fassung der KO. v. 30. August 1810 erhellt, aus welcher der Anh.-§ entnommen ist. Vgl. Rabe, Samml. preuß. Ges. Bd. 10 S. 410, 414; Mathis, allgem. jurist. Monatsschrift Bd. 9 S. 337.

[3] Das Verfahren richtet sich nach der CPO., insbesondere die öffentliche Ladung nach §§ 186 ff., die Versäumnißfolgen nach §§ 577, 578.

Zwei und vierzigster Titel.

Von Grenz- und Bausachen.[1]

[1] In den §§ 30 bis 33 d. T. ist die Grenzberichtigung auf Grund eines rechtskräftigen Urtheils in einer nicht unter den Gesichtspunkt der Zwangsvollstreckung, sondern der freiwilligen Gerichtsbarkeit fallenden Weise geordnet. Die angeführten §§ sind daher als noch geltend zu betrachten. E.(ccius) bei Gruchot, Bd. 24 S. 781.

Berichtigung der Grenze nach dem Judicato.

§. 30. Wenn aber der streitig gewesene Grenzzug rechtskräftig feststeht, müssen die Partheien angewiesen werden, selbigen durch gemeinschaftlich zu setzende Grenzsäulen, Haufen, oder Steine, dem ergangenen Urtel gemäß, unverzüglich zu reguliren; und wenn die Sache weitläufig und wichtig ist, oder sie sich nicht vereinigen können, sich zu dieser Regulirung eine anderweitige gerichtliche Kommission zu erbitten, von welcher alsdann ein förmlicher Grenzrezeß, mit deutlicher und umständlicher Beschreibung aller gesetzten Mahle und Zeichen, auch mit akkurater Bemerkung der Weite derselben von einander, aufgenommen und vollzogen werden muß.

§. **31.** Der Richter muß dafür sorgen, daß diese Grenzberichtigung nach den ergangenen Judikatis wirklich erfolge, und wie sie geschehen ist, zu den Akten nachgewiesen werde. Sind die Parteien darin säumig, so muß der Richter sie von Amts wegen dazu auffordern. Lehnen sie aber diese gerichtliche Grenzberichtigung ausdrücklich ab, so muß der Richter sich dabei beruhigen.[1]

[1] Da nach § 31 die Offizialpflicht des Richters sich auf eine bloße Aufforderung, ohne Vollziehung im Ungehorsamsfalle, beschränkt, und jene Aufforderung auf's engste mit den Maximen der AGO. zusammenhing, so dürfte das Verfahren der §§ 30, 32 jetzt auf den Fall eines Parteiantrags beschränkt sein.

§. **32.** Die Kosten dieser Grenzberichtigung nach den Judikatis werden in der Regel von beiden Theilen zur Hälfte getragen; es wäre denn, daß im Prozesse selbst die eine Partei in alle Kosten verurtheilt worden sey; in welchem Falle sie auch diese Kosten allein übernehmen muß.

§. **33.** Wenn der obwaltende Grenzstreit zugleich eine Landesgrenze mit betrifft, so müssen die Kollegia, wegen Untersuchung und Regulirung der Sache, ohne Vorwissen und Mitwirkung des Departements[1] der auswärtigen Angelegenheiten nichts vornehmen.

[1] jetzt: Ministeriums.

Vier und vierzigster Titel.

Vom Verfahren in Pacht- und Miethsachen.

Von Miethssachen.

(Zu §. 60.)

Anh. §. 302. Ist der Miether ein Künstler oder Handwerker, so dürfen ihm, in so fern er andere Mobilien besitzt, keine zur Ausübung seiner Kunst oder seines Handwerks erforderlichen Werkzeuge und Sachen vorenthalten werden. Ueberhaupt ist keinem Miether von den eingebrachten Effekten ein Mehreres zurück zu behalten, als zur Bezahlung der schuldigen Miethe nöthig ist;[1] [und wenn über den Werth der Mobilien Streit entsteht, so ist ohne prozessualisches Verfahren eine Taxe aufzunehmen, und darnach festzusetzen, welche Effekten dem Vermiether zur Sicherheit zu belassen. Bei dieser Festsetzung muß es sein unabänderliches Bewenden behalten. Uebrigens müssen sich die Gerichte stets bemühen, den Vermiether in Güte dahin zu bringen, daß er dem Miether, wenn derselbe ein Professionist ist, so viel an Handwerkszeug lasse, als ihm, um sich den nöthigen Lebensunterhalt zu verdienen, unentbehrlich ist.[2]]

[1] Die Vorschrift dieses § ist bis hierher eine materiellrechtliche, indem sie das in § 395 ALR. I, 21 dem Vermiether eingeräumte Pfandrecht in Abweichung von den §§ 174 ff. ALR. I, 20 einschränkt.

Sie gilt daher fort. E.(ccius) bei Gruchot, Bd. 24 S. 781; Förster-Eccius § 119 Anm. 40 (Bd. 1 S. 912); § 136 A. 252 (Bd. 2 S. 254).

[2] Dieser Theil des § ist, als das Verfahren betreffend, beseitigt. Eine vorläufige Regulirung des Retentionsrechts findet jetzt im Wege der einstweiligen Verfügung, eine endgültige Entscheidung nur im Wege des ordentlichen Prozesses statt. Vgl. außer Förster-Eccius a. a. O.: Struckmann u. Koch A. 1 zu § 819 (S. 761); v. Wilmowski u. Levy A. 1 zu § 814 (S. 934).

Sechs und vierzigster Titel.

Von Erbsonderungen und Auseinandersetzungen.[1]

[1] Die Vorschriften d. T. enthalten in ungetrennter Folge Vorschriften sowohl für die Behandlung bürgerlicher Rechtsstreitigkeiten über die oben bezeichneten Angelegenheiten, als auch für das Verfahren der freiwilligen Gerichtsbarkeit. Es hing dies damit zusammen, daß nach der AGO. das ganze — streitige wie unstreitige — Verfahren ein einheitliches war. Die Bestimmungen über dies Verfahren, soweit es der nicht streitigen Gerichtsbarkeit angehört, sind in Geltung geblieben.

I. Erbschaftliche Prozesse:
1) über das Erbrecht und die Erb-Quoten. Interimistische Verfügungen dabei.

§. 7. Wenn Erben, deren Recht nicht bezweifelt wird, über den Besitzer der Erbschaft sich beschweren, daß er ihnen die zur Ausmittelung ihres Antheils erforderlichen Nachrichten vorenthalte, so bedarf es darüber keines förmlichen Prozesses; sondern dem Besitzer der Erbschaft wird, binnen einer nach den Umständen zu bestimmenden Frist, die Herausgabe des Inventarii, und die Vorlegung seiner Administrationsrechnung aufgegeben. Hält er diese Frist nicht inne, so muß er, auf ferneres Andringen der unstreitigen Erben, zu seiner Schuldigkeit durch Exekution, nach Vorschrift Tit. XXIV. §. 48 u. f. angehalten werden. Ist auch die Exekution fruchtlos, so steht den Erben frei, ihr Interesse zu liquidiren, und sich zum juramento in litem zu erbieten, worauf sodann nach Vorschrift Tit. XXII. §. 19 u. f. verfahren wird.[1]

[1] Der in dem § ausgesprochene materielle Rechtssatz: daß der Besitzer der Erbschaft zur Inventur und Rechnungslegung bei Vermeidung des Ersatzes des Interesses verpflichtet sei, gilt noch; dagegen ist die Zwangsvollstreckung dieserhalb ohne voraufgegangenen Prozeß bzw. ohne Vorhandensein eines vollstreckbaren Titels unzulässig, §§ 644, 702, 706 CPO. Dernburg, Bd. 3 § 246 A. 26 (S. 684). Anderer Meinung: Märcker, S. 118, 148. S. dagegen Meves im Centralblatt für Rechtswissenschaft, Bd. 1 S. 214.

2) **Ueber die Erbtheilung.**

§. 8. Wenn die Erbrechte und Antheile der sämmtlichen Interessenten durch gegenseitiges Anerkenntniß, oder durch rechtskräftige Entscheidung, feststehen, und sie sich über die Erbsonderung außergerichtlich nicht vereinigen können; so steht einem jeden unter ihnen frei, deren gerichtliche Anlegung zu suchen.

Einleitung.

§. 9. So bald dergleichen Provokation einkommt, muß der Richter[1] sogleich einen Termin zu Regulirung der Sache anberaumen, und dazu sowohl den Provokanten, als seine von ihm angegebenen Miterben vorladen.

[1] Zuständigkeit: örtlich § 121 AGO. I, 2; sachlich das Amtsgericht, § 26 Abs. 2 Nr. 1 AG. GVG.

§. 10. Bei Bekanntmachung dieses Termins, und Vorladung der Interessenten zu selbigem, muß das

Gericht zugleich von Amts wegen alles das verfügen, was erforderlich ist, die Sache ins Licht zu setzen, und die Instruktion zu erleichtern. Es muß also z. B. dem Erben, welcher sich im Besitze des Nachlasses befindet, aufgegeben werden: das gerichtliche oder Privatinventarium über den Nachlaß, und alle sonst zur Sache gehörigen Urkunden und Briefschaften mit zur Stelle zu bringen; demjenigen, welcher die Erbschaft oder einen gewissen Theil und Zubehör derselben verwaltet hat, muß die Beibringung seiner Kuratel- oder Administrationsrechnung; dem Miterben, welcher etwas einwerfen soll, die Anfertigung eines akkuraten Verzeichnisses der Conferendorum u. s. w. anbefohlen werden.

Verfahren.

§. 11. Im Termine selbst muß der Deputirte des Gerichts,[1] durch gegenseitige Vernehmung der Parteien, vor allen Dingen auszumitteln suchen: worauf es bei der Sache eigentlich ankomme, und wie hiernach dieselbe zur baldigsten gütlichen oder rechtlichen Endschaft am füglichsten eingeleitet werden könne.

[1] jetzt: der Amtsrichter, § 26 Abs. 2 Nr. 1 AG. GVG. § 22 GVG.

§. 12. Da, so bald die Erbrechte und Quoten der Parteien an sich feststehen, der obwaltende Streit nur

1) entweder die Ausmittelung oder Konstituirung der Erbschaftsmasse selbst; oder
2) die Art der Theilung; ob selbige z. B. durchs Loos geschehen, ob einem oder dem andern In-

teressenten die Güter nach einer gewissen Taxe zugeschlagen werden sollen u. s. w., oder

3) die Berechnung der Antheile selbst, und deren Anweisung,

zum Gegenstande haben kann; so muß der Instruent jeden dieser Punkte besonders erörtern, und auseinander setzen: worüber die Parteien einig sind, oder worin der eine oder der andere Interessent mit den übrigen im Widerspruche stehe.

Anh. §. 305. Die zur immerwährenden Fortsetzung einer Fabrikanstalt gegebenen Fonds können niemals zur Erbtheilung kommen, sondern fallen demjenigen Erben zu, welcher die Fortsetzung der Fabrik übernimmt.

§. 13. Wenn durch diese Vernehmung die eigentlichen Objekte des Streits gehörig bestimmt sind, und der Instruent sich einen allgemeinen Begriff von der Lage und dem Zusammenhange der Sache gemacht hat; so muß er die Sühne unter den Parteien überhaupt ernstlich versuchen, und die Erbsonderung in Güte zu Stande zu bringen, sich angelegen seyn lassen.

§. 14. Wird ein gütliches Abkommen unter den Interessenten in der Hauptsache erreicht, und es bleiben nur einige Nebenpunkte streitig; so muß der Erbrezeß errichtet und abgeschlossen; darin die Sache auf beide Fälle, wenn die Nebenpunkte so, oder anders entschieden würden, regulirt; diese selbst aber sofort zum Definitiverkenntnisse, nach der unten folgenden Vorschrift, eingeleitet werden.[1]

[1] Jetzt ist den Parteien der selbständige Austrag im Wege der Klagerhebung bei dem zuständigen Gerichte zu überlassen.

Interimisticum.

§. 15. Sind aber die Parteien über Hauptumstände und Principia der Theilung nicht zu vereinbaren, und kann also kein Erbrezeß zu Stande gebracht werden; so muß der Instruent sein Bestreben darauf richten, wenigstens ein Interimistikum, wie es bis zum völligen Austrage der Sache gehalten werden solle, zu reguliren; oder die liquide und illiquide Masse von einander abzusondern; erstere sofort zu vertheilen, und nur die letztere zur fernern rechtlichen Erörterung auszusetzen.[1]

[1] Vgl. A. 1 zum vorigen §. — Die §§ 16 bis 21 d. T. enthalten Vorschriften über die Instruktion der Streitpunkte durch den Nachlaßrichter, welche mit dem mündlichen Verfahren der CPO. unvereinbar sind; §§ 22, 23 betreffen den Rechtsstreit selbst.

§. 24. Während der Zeit, daß die unter den Interessenten wirklich streitigen Punkte instruirt und abgeurtelt[1] werden, muß wegen derjenigen, wo unter ihnen selbst kein Streit ist, sondern nur gewisse Verfügungen zur Aufklärung der Sache oder Konstituirung der Masse erforderlich sind, z. B. wegen Vorladung der Erbschaftsgläubiger, wegen Versteigerung der vorhandenen Mobilien und Effekten, wegen Abschätzung und Subhastation des zur Masse gehörigen Gutes, nach dem Antrage der Interessenten, [und der Anzeige des instruirenden Deputirten,][2] das Nöthige von dem Richter verfügt werden.

[1] jetzt: im Prozeßwege ausgetragen.

[2] Instruent und Richter sind jetzt identisch, A. 1 zu § 11 d. T.

Errichtung des Erbrezesses.

§. 25. Wenn nun nach vorstehenden Anweisungen die Sache völlig auseinander gesetzt, und die streitigen Punkte insgesammt rechtskräftig entschieden sind; so muß der Deputirte des Gerichts,[1] mit Zuziehung eines vereideten Kalkulators, die Erbsonderung selbst entwerfen; den Plan derselben den Parteien zur Erklärung vorlegen; und wenn er von ihnen anerkannt, oder nach ihren gegründeten Erinnerungen berichtigt worden ist, den Erbrezeß selbst abfassen, von den Parteien vollziehen lassen, [und ihn dem Gerichte zur Bestätigung einreichen]; solchergestalt aber dieses Geschäft gänzlich zur Endschaft bringen.

[1] jetzt: der Amtsrichter, A. 1 zu § 11 d. T.

II. Separatio feudi ab allodio.

§. 26. Nach eben diesen Grundsätzen und Vorschriften ist II. bei Auseinandersetzung zwischen Lehns- oder Fideikommißfolgern und Allodialerben zu verfahren;[1] [und wenn dabei über Meliorationen des Lehn- oder Fideikommißgutes Streit entsteht, so müssen die Vorschriften Tit. XLIV. §. 54. beobachtet werden.[2]]

[1] Die Vorschriften in §§ 27 bis 29 d. T., welche sich auf die Weigerung des besitzenden Allodialerben, die Lehnsqualität anzuerkennen, beziehen, betreffen lediglich das Verfahren; die in §§ 28, 29 vorgesehenen Fälle (Gefährdung des Guts durch den besitzenden Allodialerben, Regulirung eines Interimistikums) sind jetzt durch eine einstweilige Verfügung (§§ 814, 819 CPO.) zu erledigen.

[2] Meliorationsprozesse werden, auch zwischen Pächter und Verpächter, jetzt im ordentlichen Verfahren verhandelt.

§. 30. Wenn die Lehns- oder Fideikommißeigenschaft an sich nicht streitig ist, wohl aber dem sich meldenden Fideikommiß- oder Lehnsfolger seine Legitimation bezweifelt wird; so ist es entweder nur der Allodialerbe, der diesen Zweifel rege macht, und Bedenken trägt, das Gut an einen nicht hinlänglich legitimirten Successor auszuliefern; oder es sind mehrere Prätendenten vorhanden, die sich unter einander die Legitimation, oder das vorzüglichere Recht zur Succession bestreiten.

Im erstern Falle muß nach den Grundsätzen des Allgem. Landrechts Th. I. Tit. IX. §. 482 bis 492. verfahren; mithin, wenn die Bedenklichkeiten des Allodialerben nicht offenbar ungegründet sind, ein Lehns- oder Fideikommißkurator[1] bestellt werden,[2] welcher auf der einen Seite den Legitimationspunkt mit dem sich meldenden Successor gehörig verhandle; auf der andern Seite aber, unter Zuziehung dieses Successors, die Absonderung des Lehns vom Erbe mit dem Allodialerben regulire. Im zweiten Falle, wenn mehrere Prätendenten über das Recht zur Succession streiten, muß zwar dieser Streit zwischen ihnen, im Wege des ordinairen Prozesses erörtert und entschieden werden; inzwischen kann aber der Landerbe sich nicht entbrechen, auf den Antrag auch nur des einen der streitenden Theile, das Gut zu räumen;[3] und sämmtliche Prätendenten zusammen müssen mit ihm die Absonderung des Lehns vom Erbe gemeinschaftlich, oder durch einen zu bestellenden Kommunmandatarius reguliren.

In beiden Fällen muß, wenn zur Zeit der Räumung das Recht des eigentlichen Successors noch nicht entschieden ist, das Gut, bis zum Austrage der Sache, unter gerichtliche Verwaltung genommen werden.[4]

[1] jetzt: ein Pfleger gemäß § 90 VO.

[2] Diese Vorschrift betrifft ein Verfahren der freiwilligen Gerichtsbarkeit.

[3] Satz des materiellen Rechts; die Erzwingung dieser Pflicht kann nur im Wege des ordentlichen Prozesses erfolgen.

[4] wie zu A. 2.

§. 31. Auf den Grund eines bloßen Retentionsrechts kann der Allodialerbe die Räumung in der Regel niemals verweigern; sondern er kann nur Sicherheit für seine Ansprüche fordern. (Allgem. L. R. Th. I. Tit. XVIII. §. 600. 601.)[1]

[1] Satz des materiellen Rechts.

§. 32. Wo ein solches Retentionsrecht den Allodialerben, nach Provinzialgesetzen, noch wirklich beigelegt ist, da pflegen, wenn die Auseinandersetzung selbst sich nur etwas in die Länge zieht, zuletzt wegen der von den Erben geführten Administration, und darüber zu legenden Fruchtrechnungen, neue Weitläufigkeiten und Prozesse zu entstehen. Um diese zu vermeiden, muß der Deputirte des Gerichts seine Bemühungen, bei dem nach §. 15. zu regulirenden Interimistiko, besonders dahin richten: daß der Allodialerbe das Gut räume, und ihm dagegen ein nach ungefährem Ueberschlage, und vorläufiger Prüfung seiner Forderungen, mit Vorbehalt des Rechts beider Theile, ausgemitteltes Quantum auf das Gut versichert, und bis zum Austrage des Separationsgeschäfts von dem Lehnsfolger verzinset werde. Kann er die Parteien hierüber in Güte nicht vereinbaren, so muß er den Streit wegen dieses Interimistici in einem besondern Protokolle instruiren, und selbiges ungesäumt zum Erkenntnisse einreichen. Das Urtel muß sodann schleunigst abgefaßt, und in selbigem das Interimistikum regulirt werden; und soll dagegen kein Rechtsmittel zulässig seyn.[1]

[1] Die Regulirung des Interimistikums geschieht im Streitfalle jetzt im Wege der einstweiligen Verfügung, § 819 CPO.

IV. Separationen bei kaufmännischen Societäten.

§. 34. Wenn IV. Kaufleute, die mit einander in einer Handlungssocietät gestanden haben, sich separiren wollen, und mit ihrer Auseinandersetzung außergerichtlich nicht zu Stande kommen können; so steht jedem von ihnen frei, auf gerichtliche Auseinandersetzung anzutragen.[1]

[1] Das in den §§ 34 bis 40 d. T. geregelte gerichtliche Auseinandersetzungsverfahren bei Handelsgesellschaften ist von der außergerichtlichen Liquidation, welche auch dem ALR. nicht unbekannt war (§ 670 II, 8 vb. m. §§ 295 ff. I, 17), verschieden und daher durch Art. 133 ff. HGB. nicht berührt. Von den bezüglichen Vorschriften betreffen §§ 35 bis 38 das streitige Rechnungsabnahmeverfahren, welches jetzt im ordentlichen Prozesse — geeignetenfalls unter Anwendung der §§ 313 bis 319 CPO. — verhandelt wird. Die Bestimmung in § 40 d. T. (Behandlung des Falls, wenn nur ein einzelner Punkt bei der Auseinandersetzung streitig ist) ist gleichfalls durch das ordentliche Prozeßverfahren ersetzt.

§. 39. Während der Zeit, daß solchergestalt mit der Abnahme der Societätsrechnung, und der Erörterung der dagegen vorkommenden Ausstellungen verfahren wird, muß auch die Auseinandersetzung zwischen den Sociis in Ansehung der vorhandenen Bestände, an

Waaren, Geräthschaften, ausstehenden Aktiv- und Passivschulden u. s. w. entweder gütlich oder rechtlich regulirt, und dabei die Vorschrift §. 11 bis 25. beobachtet werden.[1]

[Ob diejenigen Punkte, worüber hierbei Streit entsteht, mit den Ausstellungen gegen die Societätsrechnung selbst in Ein Verfahren und in Einerlei Akten zusammen zu ziehen; oder ob beiderlei Arten von Streitpunkten in besonderen Akten zu verhandeln, bleibt nach Beschaffenheit der Umstände, Weitläufigkeit der Sache, und des zwischen beiderlei Arten der streitigen Objekte mehr oder weniger obwaltenden Zusammenhangs, richterlicher Beurtheilung vorbehalten.[2]]

[1] Es ist dies ein Verfahren der freiwilligen Gerichtsbarkeit.

[2] Jetzt werden alle Streitpunkte im ordentlichen Verfahren verhandelt; für ihre Verbindung oder Trennung ist § 232 vb. m. §§ 136, 138 CPO. maßgebend.

Ein und funfzigster Titel.

Von Liquidationsprozessen und Aufbietungen.[1]

[1] Heutige Anwendbarkeit d. T.

I. Reichsgesetzgebung.

„Die Vorschriften der CPO. über das Aufgebotsverfahren sind absichtlich nicht erschöpfend. Bindende Vorschriften sind nur bezüglich des Aufgebots zum Zwecke der Kraftloserklärung der Wechsel und der in Art. 301, 302 HGB. bezeichneten Urkunden (§ 837), außerdem einzelne bindende Vorschriften bezüglich des Aufgebots zum Zwecke der Kraftloserklärung von gewissen anderen Urkunden (§§ 843 bis 849) gegeben. Im übrigen sind nicht nur die bestehenden Vorschriften, welche eine Anwendung in dem neu geordneten Verfahren zulassen, aufrecht erhalten (§§ 823, 825, 827, 837, 849), sondern auch die Landesgesetzgebungen ermächtigt, das Aufgebotsverfahren überhaupt abweichend von den Vorschriften der CPO. zu gestalten (§ 11 EG.)."

„Außerdem sind die Vorschriften von materiellem Inhalt über die Zulässigkeit, die Voraussetzungen und die Wirkungen des Aufgebotsverfahrens, abgesehen von dem bereits erwähnten Aufgebot der in § 837 bezeichneten Urkunden, überhaupt unberührt gelassen (§ 823, § 824 Nr. 3, § 837)."

Begründung des Entwurfs zum AG. CPO., Drucks. d. Abgeordnetenhauses, 13. Legisl.-Per., III. Session, 1878/79, Nr. 4 S. 23.

II. Landesgesetzgebung.

Die Preußische Landesgesetzgebung hat von der ihr in § 11 EG. CPO. ertheilten Ermächtigung keinen Gebrauch gemacht, vielmehr in einer Reihe von Fällen auf das Aufgebotsverfahren die Vorschriften der CPO. ausdrücklich für anwendbar erklärt, nämlich:

a) hinsichtlich des Aufgebotsverfahrens zum Zwecke der Kraftloserklärung der Urkunden, über welche die CPO. (§§ 837, 839) nicht verfügt, allgemein (§ 20 AG. CPO.);

b) hinsichtlich des Aufgebotsverfahrens zum Zwecke der Löschung angeblich getilgter Hypotheken- oder Grundschuldforderungen (§ 21 AG. CPO.);

c) hinsichtlich des Aufgebots eines Verschollenen zum Zwecke der Todeserklärung (§ 22 AG. CPO. — s. oben Tit. 37.);

d) hinsichtlich aller Aufgebotsverfahren, wenn nach den bestehenden Vorschriften der Eintritt von Rechtsnachtheilen durch besonderen Beschluß festgestellt werden muß (§ 27 AG. CPO.); da aber die Vorschriften der CPO. theilweise (z. B. hinsichtlich der Aufgebotsfristen, der zuzuziehenden Personen, der Form der Bekanntmachung) nicht erschöpfend, oder nur subsidiär sind, so ist insoweit auch hier älteres Landesrecht in Kraft geblieben, als nicht §§ 24 bis 26 AG. CPO. in dieser Richtung eine theilweise Unifikation herbeigeführt haben;

e) hinsichtlich des Aufgebots der Nachlaßgläubiger im Geltungsbereiche des ALR., § 3 des Ges. v. 28. März 1879 (GS. S. 293);

f) hinsichtlich des Aufgebots der bei einer Vertheilung in der Immobiliar-Zwangsvollstreckung gebildeten Spezialmassen, § 19 des Ges. v. 4. März 1879 (GS. S. 102).

Endlich finden auf das Aufgebot der bei einer Hinterlegung Betheiligten (§§ 58 ff. HO.) mangels einer gegentheiligen Vorschrift die Bestimmungen der CPO. Anwendung.

III. Ergebniß.

Die Vorschriften d. T., welche nicht etwa schon vor dem Inkrafttreten der CPO. und der unter II. aufgeführten Landesgesetze aufgehoben waren, haben demnach, abgesehen von einzelnen abändernden Bestimmungen des AG. CPO., noch Geltung:

1. hinsichtlich der Zulässigkeit, der Voraussetzungen und der Wirkung des Aufgebotsverfahrens (s. Nr. I a. E. — vgl. auch § 20 Abs. 5 AG. CPO.) sowie der von der CPO. gleichfalls (außer im Falle des Urkundenaufgebots: § 839) nicht bestimmten örtlichen Zuständigkeit;

2. hinsichtlich derjenigen Aufgebote, bei welchen nicht der Eintritt von Rechtsnachtheilen durch besondern Beschluß des Gerichts festgestellt wird (s. Nr. II. Buchst. d);

3. in den zu II. d) erwähnten besonderen Beziehungen — namentlich hinsichtlich der Mittheilung des Aufgebots an bestimmte Personen (§ 20 Abs. 5, § 24 Abs. 3 AG. CPO.); hinsichtlich gewisser Aufgebotsfristen (§ 24 Abs. 1 AG. CPO.).

§. 1. Außer dem im vorigen Titel abgehandelten Falle, da der ganze Vermögensinbegriff eines Gemeinschuldners in gerichtlichen Beschlag genommen wird, und alle diejenigen, welche darauf Anspruch zu machen gedenken, öffentlich vorgeladen werden, um ihre Forderungen anzugeben, nachzuweisen, und ihre Befriedigung aus der Masse, so weit sie hinreicht, nach gesetzlicher Ordnung zu erwarten, giebt es noch einige andere Fälle, in welchen die Gesetze die öffentliche Aufforderung mehrerer Interessenten, die entweder an keinen Vermögensinbegriff, sondern nur an ein bestimmtes Objekt Ansprüche haben, oder deren Rechte zwar einen Vermögensinbegriff betreffen, wo aber die Unzulänglichkeit desselben noch nicht klar ist, unter einem gewissen, mit der unterbliebenen Anmeldung verknüpften Nachtheile zulassen. Diese Aufforderungen werden Liquidationsprozesse oder Aufgebote genannt.

Der erste Abschnitt d. T. ist durch § 22 der V. v. 4. März 1834 (GS. S. 39), der zweite durch § 18 des Ges. v. 28. März 1879 (GS. S. 293) aufgehoben.

Dritter Abschnitt.

Von Aufgeboten liegender Gründe, oder einzelner darauf eingetragener Forderungen.[1]

[1] Fortdauernde Geltung dieses Abschnitts: Beschluß des Kammergerichts v. 28. Febr. 1881 bei Johow u. Küntzel, Bd. 2 Nr. 94 S. 171.

Zweck und Arten dieser Aufgebote.

§. 99.[1] Da, nach den Vorschriften des Allgemeinen Landrechts,[2] ein dingliches Recht auf Grundstücke, außer dem Falle des Besitzes, nur durch Eintragung in das Hypothekenbuch[3] erlangt werden kann; und also derjenige, welcher ein solches Grundstück von dem bisherigen im Hypothekenbuche[3] eingetragenen Besitzer erkauft, oder sonst aus einem zur Uebertragung des Eigenthums rechtsgültigen Titel an sich gebracht[4] hat, keinen unbekannten und uneingetragenen Realprätendenten verhaftet wird: so fällt zwar die sonst obgewaltete

Nothwendigkeit eines öffentlichen Aufgebots der Grundstücke, zur Sicherheit eines Käufers, oder zur vollständigen Berichtigung seines Besitztitels,[5] in der Folge ganz hinweg.

Da aber eines Theils ein dergleichen Aufgebot in Ansehung vergangener Fälle, nach Maaßgabe des Publikationspatents vom 5ten Febr. 1794. §. XV.,[6] noch vorkommen kann; andern Theils sich vielleicht noch Oerter oder Gegenden finden könnten, wo das Hypothekenwesen noch nicht vollständig regulirt[7] ist; endlich aber Fälle sich ereignen können, da einzelne auf einem Grundstücke eingetragene Posten aufgeboten werden sollen; so soll in gegenwärtigem Abschnitte

I. von dem Aufgebote der Grundstücke, zur Deckung des Käufers gegen unbekannte Realprätendenten, oder zur vollständigen Berichtigung seines Besitztitels;[8]

II. von dem Aufgebote einer im Hypothekenbuche[3] eingetragenen Post, deren gegenwärtiger Inhaber unbekannt ist, zum Behufe der Löschung;

III. von dem Aufgebote einer eingetragenen Post, deren Inhaber zwar bekannt ist, aber das eingetragene Instrument oder den Ingrossationsschein[9] nicht herbei schaffen kann;

IV. von dem Aufgebote der Pfandbriefe, oder anderer auf jeden Inhaber lautenden Instrumente, wenn dieselben schadhaft geworden, oder verloren gegangen sind;

gehandelt werden.

[1] Die Fassung des § paßt nicht mehr, seitdem das in ihm vorausgesetzte System des Immobiliarrechts durch das GEG. und die GBO. ersetzt sind; der in ihm ausgesprochene Gedanke ist aber unverändert zutreffend.

[2] jetzt: das GEG.

[3] jetzt: Grundbuch.

[4] jetzt: aufgelassen erhalten.

[5] jetzt: Eintragung des Eigenthums.

[6] bezieht sich auf die Eintragung älterer gesetzlicher oder stillschweigender Hypotheken.

[7] jetzt: das Grundbuch noch nicht angelegt ist.

[8] jetzt: Eintragung des Eigenthums.

[9] jetzt: den Hypotheken- oder Grundschuldbrief.

1. Vom Aufgebote der Grundstücke gegen unbekannte Realprätendenten.

§. 100. I. Das Aufgebot von Grundstücken zur Erhaltung einer Präklusion gegen unbekannte Realprätendenten,[1] kann in Fällen, da es nöthig ist, nur von dem Käufer, oder wer sonst aus einem besondern Titel zum Besitze des Grundstücks gelangt ist (Successor singularis), nachgesucht werden. Selbst, wenn der Verkäufer ein freies Grundstück zu gewähren versprochen, und die Kosten des Aufgebots übernommen hat, muß letzteres dennoch nur im Namen des Käufers ergehen.

[1] Das in den §§ 100 bis 109 geregelte Aufgebot hat heute noch praktische Bedeutung:

a) für die Eintragung des Eigenthümers bei Anlegung neuer Grundbücher, § 135 Nr. 2 GBO., in welchem auch über die Antragsberechtigung und die Voraussetzungen das Nähere bestimmt wird. Es ist dies der im § 100 d. T. bezeichnete Fall. Vgl. Daude § 46 S. 201 ff.;

b) für die Eintragung des Eigenthums desjenigen, welcher

vor dem 1. Okt. 1872 das Eigenthum eines Grundstücks ohne Eintragung erworben hat (nach § 109 d. T.). Die Antragsberechtigung, die Voraussetzungen und Wirkungen des Aufgebots bestimmen sich in diesem Falle nach dem Ges. vom 7. März 1845 (GS. S. 160) in Verbindung mit der (für den Fall zu a) aufgehobenen) Kabinets-Order v. 9. Mai 1839 (GS. S. 163). Vgl. Daude § 47 S. 204 ff.

Zu a) wie zu b) finden nach § 27 AG. CPO. auf das Verfahren die Vorschriften der CPO. und der §§ 24 bis 26 AG. CPO. Anwendung. § 103a d. T. (Wirkung des Aufgebots bezüglich der Servituten) war bereits durch Anh.-§ 58 zu § 18 ALR. I, 22 beseitigt; v. Rönne, AGO. S. 615. Demnach sind nur noch folgende Bestimmungen d. T. in Kraft geblieben:

§. 101. Wer dergleichen Aufgebot verlangt, muß sich bei dem Gerichte, unter welchem das Grundstück gelegen ist, melden;[1] einen Hypothekenschein,[2] oder doch ein Verzeichniß der ihm bekannten Realprätendenten übergeben, und zugleich gewissenhaft anzeigen: daß außer diesen keine andere ihm bekannte Realforderungen vorhanden sind.[3]

[1] Bestimmung der örtlichen Zuständigkeit.

[2] jetzt: Abschrift des Grundbuchblatts. — Bezieht sich nur auf den in Anm. 1 zu § 100 unter b) erwähnten Fall.

[3] Vorschrift über die Voraussetzungen des Aufgebotsantrags.

§. 102. Diese aus dem Hypothekenscheine[1] und der Anzeige des Extrahenten erhellenden Realgläubiger dürfen nicht besonders vorgeladen, sondern es darf ihnen der anstehende Termin bloß zu ihrer Nachricht, und zur Beobachtung ihrer etwanigen Nothdurft dabei, bekannt gemacht werden.[2] [Es wird also nur die Ediktalcitation der unbekannten Prätendenten verordnet, mit der Warnung:

daß die Außenbleibenden mit ihren etwanigen Realansprüchen auf das Grundstück würden präkludirt, und ihnen deshalb ein ewiges Stillschweigen auferlegt werden.[3]]

[1] jetzt: der beglaubigten Abschrift des Grundbuchblatts.

[2] Vorschrift über die Mittheilung des Aufgebots an bestimmte Personen; § 24 Abs. 3 AG. CPO. — Dieselbe gilt nicht im Falle b) der A. 1 zu § 100; § 3 des Ges. v. 7. März 1845.

[3] Die Verwarnung ist jetzt bestimmt:

a) im Falle a) der A. 1 zu § 100 durch § 135 Nr. 2 GVO. vb. m. § 13 Nr. 7 SO.;

b) im Falle b) derselben A. durch § 3 des Ges. v. 7. März 1845.

§. 107. Ist das solchergestalt aufgebotene Gut ein Lehngut, so muß, wegen Zuziehung der Agnaten und Gesammthänder, die Vorschrift §. 49.[1] beobachtet werden.[2]

[1] Derselbe lautet: Wenn das Gut, über welches ein solcher Liquidationsprozeß entsteht, ein Lehngut wäre, so müssen dabei die Agnaten und Gesammthänder, nicht nur bei der Citation der Gläubiger, sondern auch bei der Prüfung der von selbigen liquidirten Realansprüche, nach der Lehnsverfassung einer jeden Provinz, gehörig zugezogen werden.

[2] Vorschrift über die Mittheilung des Aufgebots an bestimmte Personen: § 24 Abs. 3 AG. CPO.

§. 108. Die Kosten eines solchen Aufgebots soll, wenn im Kontrakte nichts Besonderes deshalb bedungen ist, der Verkäufer zu tragen schuldig seyn.[1]

[1] Vorschrift des materiellen Rechts.

§. 109. Nach gleichen Grundsätzen §. 100—108. ist zu verfahren, wenn jemand, zur vollständigen Berichtigung seines Besitztitels in dem Hypothekenbuche,[1] dergleichen Ediktalcitation der Realprätendenten nachsucht.

[1] jetzt: zur Eintragung seines Eigenthums nach § 49 GBO. — Es ist dies der in A. 1 zu § 100 unter b) bezeichnete Fall.

---

2. Aufgebot eingetragener Posten, deren Inhaber unbekannt sind.

§. 114. Uebrigens sind bei diesem Aufgebote,[1] wegen der Fassung der Citation,[2] und sonst überall, die Vorschriften §. 101—109. zu beobachten.[3] [Doch muß noch außerdem von dem Extrahenten der Tit. VII. §. 16. vorgeschriebene Eid im Termine wirklich abgeleistet werden.[3]]

[1] d. h. bei dem Aufgebote einer eingetragenen Post, deren Inhaber unbekannt ist, zum Zwecke der Löschung. Ueber Antragsberechtigung und Voraussetzungen dieses Aufgebots s. §§ 103, 104 GBO. Das Verfahren richtet sich nach den Vorschriften über das Aufgebot von Urkunden über derartige Forderungen, d. h. nach der CPO. und nach § 20 AG. CPO. Vgl. § 21 AG. CPO. Es sind demnach ersetzt:
§ 110 d. T. durch §§ 103, 104 GBO.,
Anh. = § 383 und § 111 d. T. durch §§ 839, 840 CPO.,
§§ 112, 113 d. T. durch §§ 841 f. CPO. und § 20 Abs. 4 AG. CPO.
Vgl. Daube § 44 A., B. S. 181 ff., 185 ff.

[2] jetzt: des Aufgebots.

[3] d. h., da die Zuständigkeit (§ 100) hier durch § 839 Abs. 2 CPO. vb. m. § 21 AG. CPO. bestimmt ist: nur §§ 101, 102.

[4] Statt dessen jetzt § 829 Abs. 2 CPO. (§ 25 AG. CPO.)

---

3. Aufgebot verlorener Instrumente.

§. 115. III. Wenn der Inhaber einer eingetragenen und zu löschenden Forderung zwar bekannt, auch Quittung darüber zu leisten erbötig ist, oder dieselbe bereits wirklich geleistet hat; das eingetragene Dokument aber aus dem Grunde, weil dasselbe angeblich verloren gegangen ist, nicht vorgelegt werden kann; so ist in der Hypothekenordnung [1] vorgeschrieben, daß, sobald das Instrument nach seinem Inhalte, und nach der Natur der Forderung selbst, so beschaffen ist, daß darüber zu Gunsten eines Dritten hat disponirt werden können, alsdann die Löschung nicht anders, als nach vorher gegangener gerichtlicher Aufbietung, und Amortisation des Instruments, Statt finde.

[1] jetzt in § 110 GBO. — Auf das Verfahren finden nach § 20 Abs. 2 AG. CPO. die Vorschriften der §§ 839 bis 842, 846 bis 848 CPO. mit der aus § 20 Abs. 4 sich ergebenden Modifikation Anwendung. Vgl. Daude § 34 A S. 119 ff. Es sind somit nur noch Anh.=§§ 384 f. und § 116 d. T. in Kraft geblieben. Im übrigen sind ersetzt:

Anh.=§ 386 durch die Beseitigung der auf jeden Inhaber lautenden Wechsel (§§ 762 ff. ALR. II, 8) in Folge von Art. 4 Nr. 3 WO.;

Anh.=§ 387 durch § 840 CPO. und § 110 GBO.;

§ 117 durch §§ 841 ff. CPO.;

§ 118 durch § 829 Abs. 2 CPO.;

§ 119 (Zulässigkeit des Aufgebots beim Fehlen des Ingrossationsscheins) durch § 35 Abs. 3 Ges. v. 24 Mai 1853 (GS. S. 521).

Anh. §. 384. Die Aufbietung eines verloren gegangenen Instruments, Behufs der Amortisation, kann auch auf Instanz des Gläubigers veranlaßt werden, wenn derselbe mit dem Schuldner darüber einig ist, daß die Schuld noch vorhanden sey. [1]

[1] Betrifft die Antragsberechtigung und gilt, weil § 838 CPO. nicht für anwendbar auf das hier fragliche Aufgebot erklärt ist.

Anh. §. 385. [Sollen Privaturkunden, die auf

einen gewissen Inhaber, oder solche, die auf jeden Inhaber lauten, aufgeboten werden; so muß das in §. 115 u. f. vorgeschriebene Verfahren, so weit solches auf Fälle dieser Art Anwendung findet, beobachtet werden.[1]]

Jedoch muß der Aussteller der Urkunde in der Regel zugezogen und das Erkenntniß mit gegen ihn gerichtet werden.[2] [Dieser ist sodann befugt, darauf anzutragen, daß entweder die Zahlungszeit des Kapitals, oder der nächste Zinstermin abgewartet werde; aber auch ohne seinen Antrag muß die bis zu diesem Termine verlaufene Zeit der Frist des Aufgebots hinzu gerechnet werden.[3]]

[1] Jetzt finden die in A. 1 zu § 115 d. T. angeführten Bestimmungen der CPO. Anwendung. Durch dieselben sind auch die hier nicht mit abgedruckten Absätze dieses Anh.-§ aufgehoben. Vgl. Daude § 37 (S. 138).

[2] Noch geltende Vorschrift über die Benachrichtigung bestimmter Personen von dem Aufgebote, § 20 Abs. 5 AG. CPO.

[3] Die Bestimmung des Aufgebotstermins richtet sich jetzt lediglich nach den Vorschriften der CPO.

§. 116. Alsdann muß der Gutsbesitzer [eine aus dem Ingrossationsbuche, oder den Belagsakten, genommene beglaubte Abschrift des Instruments vorlegen; die Quittung und den Mortifikationsschein des letzten Inhabers beibringen; und] die öffentliche Vorladung aller derjenigen, welche an die zu löschende Post, und das darüber ausgestellte Instrument, als Eigenthümer,

Cessionarien, Pfand- oder sonstige Briefsinhaber, Anspruch zu machen hätten, nachsuchen.[1]

[1] Der § 116 hat nur noch Bedeutung, insofern er die Antragsberechtigung des Gutsbesitzers betrifft, vgl. Anm. 1 zu § 384 d. Anh. Die eingeklammerten Vorschriften sind durch § 840 CPO. und § 110 GBO. ersetzt.

4. Aufgebot von Pfandbriefen.

§. 120. IV. Es können Fälle vorkommen, wo Pfandbriefe, oder andere, besonders von öffentlichen Anstalten auf jeden Inhaber ausgestellte Papiere,[1] zum Behuf ihrer Amortisation, aufgeboten werden können. Denn obgleich nach der Vorschrift der Gesetze (Th. I. Tit. XV. §. 47—53.) dergleichen Papiere, so bald sie sich in den Händen eines Besitzers wirklich vorfinden, von dem vorigen Inhaber nicht vindicirt werden können; so ist doch auch für den Fall zu sorgen, wenn dergleichen einem Inhaber abhanden gekommenes Instrument gar nicht wieder zum Vorschein kommt, und dem letzten sich legitimirenden Inhaber ein anderes, an die Stelle des verlorenen, ausgefertigt werden soll. In diesem Falle sind also nachstehende Vorschriften zu beobachten.

[1] Das Aufgebot von Pfandbriefen steht jetzt:

a) soweit die älteren Spezialpfandbriefe auf den verpfändeten Gütern eingetragen sind, unter den Vorschriften des § 20 AG. CPO. (nicht unmittelbar unter denen der CPO. wegen § 849 Abs. 1) und den in diesem angezogenen Bestimmungen der CPO.;

b) soweit diese Voraussetzung nicht zutrifft, unter den Vorschriften der CPO. (§ 849).

In Kraft geblieben sind die Vorschriften über die Voraussetzungen, unter welchen das Aufgebot beantragt werden kann, und über das

Erforderniß eines gewissen Zeitablaufs von dem Verluste der Urkunde bis zu deren Amortisation, § 20 Abs. 5 AG. CPO. — Vgl. Daude § 31 S. 107 ff. — Der auf andere Werthpapiere bezügliche § 388 d. Anh. ist gänzlich antiquirt.

§. 121. Behauptet der angebliche letzte Inhaber eines Pfandbriefs, daß selbiger durch Zufall gänzlich verloren oder vernichtet worden; so muß er diesen Verlust, so bald er dessen inne wird, der Hauptdirektion des Instituts anzeigen.

§. 122. Kann er dabei die vorgegebene gänzliche Vernichtung dergestalt darthun, daß über die Richtigkeit seiner Angabe kein Zweifel und keine Ungewißheit mehr übrig bleibt; so muß ihm ein neuer Pfandbrief von gleichem Werthe, gegen Erlegung der Expeditionsgebühren und Eintragungskosten, sofort ausgefertigt werden.

§. 123. Diesen Nachweis muß der Inhaber des angeblich vernichteten Pfandbriefs bei der Direktion des Instituts selbst führen, welcher die Beurtheilung darüber allein zusteht: dergestalt, daß, wenn besagte Direktion bei der Richtigkeit und Vollständigkeit sothanen Nachweises irgend einigen Zweifel findet, und daher die Ausfertigung eines neuen Pfandbriefs versagt, der Implorant sich dabei schlechterdings beruhigen, und nach den folgenden Vorschriften die förmliche Amortisation des angeblich vernichteten Pfandbriefs abwarten muß.[1]

[1] §§ 121 bis 123 betreffen ein Verfahren zur Wiedererlangung eines Pfandbriefs an Stelle eines vernichteten ohne Aufgebot und sind daher unberührt geblieben.

§. 124. Um diese Amortisation zu bewirken, muß der angebliche letzte Inhaber den Zufall, wodurch der

Pfandbrief verloren oder vernichtet worden, und daß er um diese Zeit wirklich im Besitze desselben gewesen sey, bescheinigen.

§. 125. Alsdann muß das Publikum, durch die Zeitungen und Intelligenzblätter[1] der Provinz, von dem Vorfalle, unter genauer Beschreibung des Pfandbriefs, und Benennung des sich angebenden Eigenthümers, benachrichtigt, und, nachdem dieses geschehen, durch sechs Zins-Zahlungstermine gewartet werden: ob sich jemand mit dem angeblich verlorenen oder vernichteten Pfandbriefe melden werde.

[1] jetzt: die Amtsblätter.

§. 126. Kommt auch im sechsten Termine der Pfandbrief nicht zum Vorschein, so muß förmliche Ediktalcitation ergehen,[1] [und dadurch der etwanige Inhaber aufgefordert werden, sich spätestens bis zum achten Zinszahlungstermine zu melden, oder die gänzliche Amortisation des Pfandbriefs zu gewärtigen.]

[1] Die §§ 124 bis 126 bestimmen eine Voraussetzung der Zulässigkeit des Aufgebots. Bei dem Aufgebot der nicht auf ein spezielles Gut eingetragenen Pfandbriefe sind außerdem die §§ 843 ff. CPO. zu beachten. — Statt der eingeklammen Stelle jetzt die in A. 1 zu § 120 d. T. angeführten Vorschriften.

§. 127. Die Erlassung der Ediktalcitation[1] [geschieht von der Landschafts- oder Kreditdirektion, auf Kosten des Extrahenten; sie] muß [bei dem Landesjustizkollegio der Provinz, bei den Gerichten des Orts, an welchem, oder in dessen Nähe der Zufall sich ereignet haben soll, und in allen Kassen des Instituts selbst angeschlagen, und viermal in den Zeitungen und Intelligenzblättern der Provinz, zweimal in den Zeitungen einer andern benachbarten Königl. Provinz, Einmal aber in einer auswärtigen Zeitung,] dergestalt bekannt gemacht werden, daß von dem Zeitpunkte der letzten Bekanntmachung, bis zum achten Zinstermine, ein Zwischenraum von wenigstens drei Monaten verbleibe.[2]

[1] jetzt: des Aufgebots.

[2] Die letztere Vorschrift über die Bestimmung des Aufgebotstermins ist durch § 849 Abs. 2 CPO. in Kraft erhalten. Neben ihr sind bei nicht im Grundbuche eingetragenen Pfandbriefen noch die §§ 843 ff. CPO. zu beachten. Im übrigen vgl. jetzt: über die Zuständigkeit § 20 Abs. 1 AG. CPO. vb. m. § 23 Nr. 2 GVG.; über die Form der Bekanntmachung § 842 CPO., § 20 Abs. 3 und (bezüglich der im Grundbuche eingetragenen Pfandbriefe) § 20 Abs. 4 AG. CPO.

§. 131. Während der Zwischenzeit, bis zur erfolgenden Amortisation, können die Zinsen Märkischer und Pommerscher Pandbriefe, auf die Coupons oder Zinsscheine, von dem Inhaber derselben erhoben werden. Sind aber diese Coupons oder Zinsscheine mit verloren gegangen, oder laufen selbige früher, als die Amortisation des Pfandbriefes selbst geschehen kann, zu Ende; so müssen die Zinsen, so wie bei Schlesischen Pfandbriefen in allen Fällen geschehen muß,[1] bis zum Erfolge der Amortisation, im Deposito der Landschafts- oder Kreditdirektion aufbewahrt, und nur erst mit dem neu ausgefertigten Pfandbriefe zugleich, dem Eigenthümer ausgehändigt werden. Doch steht diesem frei, dahin anzutragen, daß die in der Zwischenzeit sich aufsammelnden Zinsbestände, auf seine Kosten, entweder in Pfandbriefen, oder bei der Bank belegt, und solchergestalt zu seinem künftigen Vortheile einstweilen genutzt werden.[2]

[1] Es beruhte dies darauf, daß zu den Schlesischen Pfandbriefen keine Coupons ausgegeben wurden. Seitdem dies der Fall ist (Allerh. Erl. v. 7. Dez. 1848, GS. 1849 S. 76), findet eine verschiedene Behandlung der Schlesischen Pfandbriefe nicht mehr statt.

[2] Vorschrift des materiellen Rechts.

§. 132. Eben diese Vorschriften (§. 121—131.) finden Statt, wenn ein zwar noch vorhandener Pfandbrief dergestalt schadhaft geworden ist, daß nur noch unvollständige und unkenntliche Bruchstücke davon vorgezeigt werden können.

§. 133. Außer diesem Falle, und wenn bei einem zerrissenen oder sonst verdorbenen Pfandbriefe, die Randform, die Nummer, die Bezeichnung der Summe, der Name des Guts und der Eintragungsvermerk im Hypothekenbuche[1] noch völlig kennbar und leserlich sind, muß die Landschafts- oder Kreditdirektion dem Inhaber einen andern an dessen Stelle ausfertigen, und gegen bloße Erlegung der Ausfertigungs- und Eintragungsgebühren zustellen.[2]

[1] jetzt: Grundbuche.

[2] Vorschrift des materiellen Rechts; bezieht sich indeß nur auf ältere, in das Grundbuch eingetragene Pfandbriefe.

§. 134.[1] Sind nur einige, aber nicht alle vorbenannte Stücke in einem solchen verdorbenen Pfandbriefe, nach dem Befinden der Landschafts- oder Kreditdirektion, kennbar genug; so muß der Inhaber letztere auf andere Art nachweisen;[2] den angeblichen Zufall, wodurch der Pfandbrief solchergestalt beschädigt worden, bescheinigen,[3] und auf Erfordern eidlich erhärten;[4] sodann aber ein Aufgebot darüber bei dem Richter, unter welchem das Gut gelegen ist,[5] nachsuchen.

[1] In Kraft ist noch die Vorschrift, daß in dem bezeichneten Falle ein Aufgebot zulässig ist.

[2] jetzt: § 840 Nr. 1 CPO.

[3] jetzt: § 840 Nr. 2 CPO.

[4] jetzt: § 829 Abs. 2 CPO.; § 25 AG. CPO.

[5] jetzt: § 839 CPO.

§. 135. Dieser verhängt das Aufgebot, so bald durch ein Attest der Landschafts= oder Kreditdirektion bescheinigt wird, daß dieselbe nichts dagegen zu erinnern habe; ohne daß es einer bei dieser Behörde schon geführten Bescheinigung, oder einer Wiederholung des eben daselbst schon geleisteten Eides bedarf.[1]

[1] Vorschrift über die Voraussetzung des Aufgebots, in Kraft erhalten durch § 20 Abs. 5 AG. CPO. — Statt § 136 d. T. jetzt § 847 CPO., § 20 Abs. 4 AG. CPO.

§. 137. Wenn der Pfandbrief selbst noch vorhanden ist, und nur Coupons oder Zinsscheine, welche dazu gehören, verloren gegangen sind; so bedarf es in keinem Falle eines gerichtlichen Aufgebots derselben; sondern es wird deshalb nach den Vorschriften des Landschafts= oder Kreditreglements verfahren.

Anh. §. 389. Siehe die Verordnung vom 16ten Januar 1810.[1]

[1] GS. 1806/10 S. 629. — Da nach § 9 dieser Verordnung eine Kraftloserklärung der Coupons nicht stattfindet, so fällt das Aufgebot derselben nicht unter §§ 837, 849 CPO., § 20 AG. CPO., und da auch der Eintritt der Rechtsnachtheile nicht durch besonderen Beschluß des Gerichts festgestellt werden muß, das Aufgebot vielmehr durch die Landschaftsdirektion erfolgt, so sind nach § 27 AG. CPO.

die älteren Vorschriften überhaupt in Kraft geblieben. Daude S. 107 f.

§. 138. Durch die nach obstehenden Vorschriften geschehene Amortisation eines Pfandbriefs wird die Landschaft oder Kreditsocietät, ingleichen der Gutsbesitzer, von allen ferneren daraus an sie zu formirenden Ansprüchen gänzlich frei: so daß ein etwaniger Inhaber desselben sich lediglich an diejenigen, durch deren Hände selbiger gegangen, und an ihn gediehen ist, seiner Entschädigung wegen, nach den allgemeinen gesetzlichen Vorschriften zu halten hat.

§. 139. Es können daher auch die zu Führung der Hypothekenbücher[1] verordneten Behörden sich nicht entbrechen, auf die Anzeige der Landschaftsdirektion, und gegen Vorlegung des Amortisationserkenntnisses, einen solchen Pfandbrief unweigerlich zu löschen, und dagegen denjenigen, welcher an dessen Stelle ausgefertigt worden ist, einzutragen.[2]

[1] jetzt: Grundbücher.

[2] §§ 138, 139 enthalten unberührt gebliebene Vorschriften über die Wirkung des Aufgebots. Daude S. 75.

§. 140. Sollte endlich auch jemand, wegen der mit einem solchen Aufgebote verbundenen Kosten, darauf anzutragen Bedenken finden; so steht ihm frei, von dem Zeitpunkte an, wo die §. 125. beschriebene erste Bekanntmachung ergangen ist, den zur Verjährung eines Schuldinstruments überhaupt nach den Gesetzen erforderlichen Zeitraum abzuwarten, nach dessen Verlauf er, wenn inzwischen der Pfandbrief bei den Kassen des

Instituts gar nicht zum Vorschein gekommen ist, die Ausfertigung eines andern an dessen Stelle, ohne förmliches Aufgebot und Amortisation, verlangen kann.[1]

[1] Vorschriften des materiellen Rechts.

Die §§ 141 bis 143 beziehen sich auf Seehandlungsaktien, welche es nicht mehr giebt; § 144 (Mittheilung an das Hauptbankdirektorium) war schon früher aufgehoben.

Vierter Abschnitt.

Von öffentlichen Aufforderungen unbekannter Interessenten, zu Erklärungen, oder Ausübungen gewisser Befugnisse.

1) Vorladung unbekannter Erben.

§. **145.** I. Da zuweilen Fälle vorkommen, wo auf öffentliche Vorladung unbekannter Erbschafts-Interessenten angetragen wird; so sind dabei nachstehende Vorschriften zu beobachten.

§. **146.** 1) Wenn zu einer Erbschaft gar kein bekannter Erbe vorhanden ist, so hat es, wegen der alsdann zu erlassenden Vorladung, bei den Vorschriften des Landrechts (Th. I. Tit. IX. §. 471—484.) sein Bewenden.

Anh. §. 390. Die Vorladung erfolgt nach den bei der Vorladung der Verschollenen zum Zweck der Todeserklärung ertheilten Vorschriften.[1]

[1] Vgl. oben Tit. 37 und §§ 22, 24, 25, 27 AG. CPO.; Daude § 39 S. 158.

§. **147.** 2) Wenn zwar bekannt ist, wer Erbe sey, dessen Leben und Aufenthalt aber nicht erforscht werden kann; so finden die eben daselbst §. 465—470. enthaltenen Vorschriften Anwendung.[1]

[1] Es findet kein Aufgebotsverfahren mit Ausschlußwirkung, sondern nur eine Bekanntmachung zu dem Zwecke statt, den Erbanfall zur Kenntniß der Erben zu bringen.

§. 148. 3) In wie fern zum Behufe der Legitimation eines sich angebenden Erben, und zur Ausmittelung: ob außer demselben noch andere nähere, oder gleich nahe Erben vorhanden sind, eine öffentliche Aufforderung zulässig oder nöthig sey, wird von dem Richter nach eben diesen gesetzlichen Vorschriften §. 482—493. bestimmt.[1]

[1] Jetzt: nach § 3 Abs. 5, § 4 des Gesetzes vom 12. März 1869 (GS. S. 473), welche durch die Vorschriften der CPO. und des AG. CPO. unberührt geblieben sind, weil nach ihnen nicht der Eintritt von Rechtsnachtheilen durch besonderen Beschluß des Gerichts festgestellt wird. Hierdurch kommen die §§ 149 bis 151 und § 153 d. T. gänzlich, § 152 d. T. aber für dies Verfahren in Wegfall.

§. 152. Die Warnung wegen des Nichterscheinens wird dahin gerichtet:

daß der Extrahent für den rechtmäßigen Erben angenommen; ihm, als solchem, der Nachlaß zur freien Disposition verabfolgt; und der nach erfolgter Präklusion sich etwa erst meldende nähere, oder gleich nahe Erbe, alle seine Handlungen und Dispositionen anzuerkennen und zu übernehmen schuldig; von ihm weder Rechnungslegung, noch Ersatz der gehobenen Nutzungen zu fordern berechtigt, sondern sich lediglich mit dem, was alsdann noch von der Erbschaft vorhanden wäre, zu begnügen verbunden seyn solle.

Eben so ist die Kommination in dem Falle des §. 146. abzufassen. (A. L. R. Th. I. Tit. IX. §. 494—499.)[1]

[1] Für den Fall der Erbeslegitimation ist dieser § durch § 4 des Ges. v. 12. März 1869 beseitigt; dagegen hat er noch Bedeutung für den Fall des § 146 d. T., für den er die Wirkung des Aufgebots vorschreibt.

§. 154. Wenn es gewiß ist, daß der den Nachlaß in Anspruch nehmende Erbe, zur Zeit der angefallenen Erbschaft, nähere oder gleich nahe Miterben wirklich gehabt habe; und nur nicht auszumitteln steht, ob dieselben gegenwärtig noch vorhanden sind, oder wo sie sich aufhalten; so ist nach der Vorschrift §. 147. zu verfahren.[1]

[1] Vgl. Anm. 1 zu § 147 d. T.

§. 155. Nach eben diesem Unterschiede der Fälle (§. 146—154.) ist zu bestimmen:[1] ob und in welcher Art eine Ediktalcitation gewisser Erbesinteressenten, zum Behufe der Legitimation eines Erbschaftskäufers, des Cessionarii einer erbschaftlichen Aktivforderung, oder dessen, der eine solche Forderung an einen Erben bezahlt hat, erforderlich und zulässig sey; indem es dabei auf die Legitimation des Verkäufers, des Cedenten, oder des Empfängers der Zahlung ankommt.

[1] In den Fällen der §§ 148 bis 153 (Erbeslegitimation der bekannten Erben) kennt das Ges. v. 12. März 1869 ein Aufgebot behufs Legitimation der in § 155 genannten Singularsuccessoren nicht.

§. 156. Auch findet die Vorschrift §. 146. auf den Fall Anwendung, wenn der Fiskus, oder wer mit ihm gleiche Rechte hat, eine Erbschaft, zu welcher kein bekannter Erbe vorhanden ist, als herrnlos in Anspruch nimmt.

2) **Vorladung unbekannter Agnaten.**

§. 157. II. In Fällen, wo nach den allgemeinen, oder nach den besonderen Lehnrechten einer Provinz, eine öffentliche Aufforderung unbekannter Agnaten oder Gesammthänder zu gewissen Erklärungen, oder zur Ausübung gewisser Lehnrechte Statt findet, sind, wegen der Förmlichkeiten einer solchen Citation, die Vorschriften Tit. L. §. 107 u. f.[1] zu beobachten.

[1] Jetzt des Ges. v. 15. Februar 1840 (GS. S. 20). Vgl. Daude § 40 (S. 163 ff.).

§. 158. Agnaten, deren Existenz und Aufenthalt aus den Hypothekenbüchern,[1] oder aus der von dem Richter jedesmal zu erfordernden gewissenhaften Angabe des Extrahenten bekannt ist, müssen durch besondere Verordnungen vorgeladen werden.[2]

[1] jetzt: Grundbüchern.

[2] Durch § 24 Abs. 3 AG. CPO. aufrecht erhaltene Vorschrift über die Mittheilung des Aufgebots an bestimmte Personen.

---

3) **Vorladung unbekannter Handlungs- und Societätsgläubiger.**

III. Die §§ 159 bis 168 d. T. sind durch Art. 24, 25 EG. HGB. aufgehoben. Die in Art. 24 beigefügte Beschränkung auf die Auflösung von Handelsgesellschaften hat nur für die gleichzeitig aufgehobenen §§ 308 bis 310 ALR. I, 17, welche sich auf Erwerbsgesellschaften überhaupt bezogen, nicht auch für den in demselben Artikel erwähnten § 163 d. T. Bedeutung, weil letzterer überhaupt nur Handlungssocietäten betraf. Daude S. 230.

---

4) Vorladung unbekannter Bau- und Kassengläubiger.

§. 169. IV. Wenn Baue auf Königliche oder andere öffentliche Rechnung geführt worden sind, so kann Fiskus, und wer mit demselben gleiche Rechte hat, darauf antragen, daß, nach geendigtem Baue und geschlossenen Rechnungen, die unbekannten Gläubiger, welche zu diesem Baue Materialien geliefert, oder Arbeiten dazu geleistet haben, öffentlich aufgefordert werden: sich innerhalb einer zu bestimmenden Frist bei derjenigen Behörde, unter deren Direktion der Bau geführt worden ist, spätestens aber in dem anzusetzenden Liquidationstermine, bei dem Richter zu melden, unter der Warnung: daß sie, nach fruchtlosem Ablaufe des Termins, ihres Anspruchs an die Kasse verlustig seyn, und bloß an die Person desjenigen, mit welchem sie kontrahirt hatten, verwiesen werden sollen.[1]

[1] Auf dies Aufgebot finden die Vorschriften der CPO. und des AG. CPO. zufolge § 27 des letzteren Anwendung. Dadurch sind § 170 (Zuständigkeit) und § 171a (Aufgebotsfrist) d. T. aufgehoben.

Anh.-§ 393 (Aufgebot der Gläubiger militärischer Kassen) war schon früher beseitigt; Anh.-§§ 391, 392 sind durch §§ 53, 58, 108 HO. ersetzt.

§. 171b. Meldet sich im Termine ein solcher unbekannter Baugläubiger, so werden ihm in dem abzufassenden Präklusionsurtel[1] bloß seine Rechte vorbehalten; übrigens aber wird er, wenn der Fiskus seine Forderung nicht sofort für bekannt annimmt, wegen näherer Ausführung derselben, an die nach der Ressortverfassung kompetente Behörde verwiesen.

[1] jetzt: Ausschlußurtheil.

§. 171c. Das auf ein dergleichen Aufgebot erfolgende Präklusionsurtel [1] steht denjenigen Baugläubigern entgegen, von welchen aus den Akten und Rechnungen nicht zu ersehen gewesen, daß sie eine Forderung haben, oder daß dieselbe noch unbezahlt sey. Diese müssen sich alsdann an denjenigen halten, mit welchem sie kontrahirt haben, oder der die ihnen zu leistende Zahlung in Empfang genommen, und sie doch nicht gehörig befriedigt hat. [2]

[1] jetzt: Ausschlußurtheil.

[2] §§ 171b, 171c d. T. betreffen die Wirkung des Aufgebots und gelten daher noch.

§. 171d. Auf gleiche Art können auch die Gläubiger einer Königlichen, oder andern öffentlichen, mit fiskalischen Rechten versehenen Kasse vorgeladen werden, wenn es darauf ankommt, die Rechnungen eines abgehenden Rendanten abzuschließen, und ihm, oder seinen Erben, die Kaution zurück zu geben. [1]

[1] Vorschrift über die Zulässigkeit des Aufgebots, ausgedehnt auf Deposital- und öffentliche, nicht Königliche Kassenverwaltungen und auf Rückgabe von Kautionen der Staatsdiener und Gewerbetreibenden durch Kabinets-Ordre v. 11. Juli 1833 (GS. S. 80).

§. 171e. Auch findet eben dergleichen Vorladung auf den Antrag der solchen Kassen angesetzten Behörden Statt, wenn ein gewisses bestimmtes Geschäft, z. B. die Regulirung des öffentlichen Schuldenwesens einer Provinz oder Stadt, für einen gewissen Zeitraum erfolgt ist, und mit dem Abschlusse der Bücher und Rechnungen verfahren werden soll. [1]

[1] Vorschrift über die Zulässigkeit des Aufgebots.

5) **Vorladung der unbekannten Gläubiger eines Verschwenders.**

§. 172. V. Wenn jemand für einen Verschwender gerichtlich erklärt, und deshalb unter Kuratel gesetzt worden ist; so kann der Kurator desselben auf öffentliche Vorladung der Gläubiger antragen.[1]

[1] Dieses Aufgebotsverfahren ist unabhängig von dem Entmündigungsverfahren und besteht daher noch fort. Dernburg, Bd. 1 § 76 A. 11 (S. 160); v. Wilmowski u. Levy S. 941. Da in ihm der Eintritt von Rechtsnachtheilen durch Beschluß des Gerichts festgesetzt wird (§ 178 d. T.), so finden auf das Verfahren die Vorschriften der CPO. und die §§ 24 bis 26 AG. CPO. Anwendung. § 27 AG. CPO.

§. 173. Die Vorladung kann jedoch nur die Wirkung haben:

1) daß der Kurator[1] von den vorhandenen Schulden näher unterrichtet werde, und seine ferneren Dispositionen darnach einrichten könne;
2) daß der Kurandus[2] verhindert werde, neue Schulden zu kontrahiren, und durch Zurückdatirung der Instrumente, die Absicht der Prodigalitätserklärung[3] zu vereiteln.

[1] jetzt: Vormund, § 81 Nr. 2 VO.
[2] jetzt: der Mündel.
[3] jetzt: Entmündigung.

§. 174. Der Nachtheil also, welcher den auf dergleichen Citation[1] sich nicht meldenden Gläubigern bevor steht, und welcher ihnen also auch nur angedroht werden kann, besteht bloß darin:

daß sie die Vermuthung wider sich haben: daß sie dem Kurando[2] erst nach der Prodigalitätserklärung[3] kreditirt, wenn auch ihre Instrumente von älterm Dato wären; und daß sie also, wenn sie nach Ablauf des Termins ihre Forderungen einklagten, und bei der Instruktion der Sache das Gegentheil obiger Vermuthung nicht ausgemittelt würde, mit ihren Forderungen abgewiesen werden sollen.[4]

[1] jetzt: Aufgebot.

[2] jetzt: Mündel.

[3] jetzt: Entmündigung.

[4] §§ 173, 174 d. T. bestimmen die Wirkungen des Aufgebots. Dieselben bestehen in der Begründung einer Rechtsvermuthung, welche nach § 16 Nr. 1 EG. CPO. durch das Prinzip der freien Beweiswürdigung (§ 259 CPO.) unberührt geblieben ist.

§. 175. Die Citation wird eigentlich[1] nur an diejenigen Gläubiger gerichtet, welche sich bisher noch nicht gemeldet haben;[2] [und sie werden aufgefordert, innerhalb der gesetzten Frist, oder spätestens im Termine selbst, ihre Forderungen bei dem Gerichte anzuzeigen.[3]]

[1] Im Gegensatze hierzu behandelt § 176 d. T. die Ladung bekannter Gläubiger, deren Forderungen vom Vormund bestritten werden. Dieses nach den Vorschriften über den Diffamationsprozeß durchzuführende Verfahren ist mit der Beseitigung des letzteren in Folge der CPO. weggefallen. Der Vormund ist auf den Weg der negativen Feststellungsklage verwiesen, § 231 CPO.

[2] Vorschrift darüber, wer zuzuziehen sei; dieselbe gilt noch.

[3] Statt dessen jetzt § 824 Abs. 2 Nr. 2 CPO. Ebenso statt § 177 d. T. (Bekanntmachung und Aufgebotsfrist): §§ 825 bis 827 CPO., § 24 Abs. 2 AG. CPO.; statt § 178 d. T. (Ausschlußurtheil) §§ 829 ff. CPO.

---

6) Vorladung unbekannter Kontravenienten.

Unter Nr. VII (Druckfehler für VI) behandelten die §§ 179 bis 181 das Aufgebot unbekannter Kontravenienten behufs Konfiskation der von ihnen zurückgelassenen Waaren und Sachen, an welchen eine Zoll- oder Polizei-Kontravention begangen ist. Bezüglich der Zollkontraventionen waren diese Vorschriften bereits durch § 60 des Ges., betr. die Untersuchung und Bestrafung der Zollvergehen, vom 23. Jan. 1838 (GS. S. 78) beseitigt; bezüglich der Polizeikontraventionen sind sie jetzt durch §§ 477 ff. StPO. ersetzt.

Zwei und Funfzigster Titel.

Vom Subhastationsprozesse.

Begriff.

§. 1. Wenn ein unbewegliches Grundstück, oder eine unkörperliche Gerechtigkeit, oder eine in den Gesetzen den Immobilien gleich geachtete bewegliche Sache, gerichtlich feil gestellt wird, und die Kauflustigen öffentlich aufgefordert werden, sich zu melden, ihr Gebot abzugeben, und in so fern sie Meist- und Bestbietende bleiben, den Zuschlag zu erwarten; so heißt dieses eine Subhastation.

Eintheilung.

§. 2. Dergleichen Subhastation ist entweder nothwendig,[1] oder freiwillig. Zwischen beiden waltet einiger Unterschied des Verfahrens ob.

[1] Dieselbe, welche im ersten Abschnitte d. T. behandelt war, richtet sich gegenwärtig nach der Subhastationsordnung v. 15. März 1869 (GS. S. 421) bzw. nach §§ 755 ff. CPO. und dem Ges. v. 4. März 1879 (GS. S. 102).

Zweiter Abschnitt.

Von freiwilligen Subhastationen.[1]

[1] Die freiwillige Subhastation ist ein Verfahren der nicht streitigen Gerichtsbarkeit, welches unverändert fortbesteht, indeß in keinem

Falle mehr obligatorisch ist; Förster=Eccius § 130 (Bd. 2 S. 149).

§. 66. Freiwillige Subhastationen können aus mancherlei Ursachen Statt finden, z. B. wenn Erben zum Behufe der Theilung unter sich ein zum gemeinschaftlichen Nachlasse gehöriges Grundstück öffentlich und gerichtlich feil bieten wollen; insonderheit aber alsdann, wenn die Veräußerung eines Grundstücks, dessen Besitzer noch minderjährig ist, erfolgen soll.[1]

[1] Jetzt wird die Art der Veräußerung der unbeweglichen Sachen eines Bevormundeten vom Vormundschaftsgerichte bestimmt, § 44 Abs. 1 VO.

§. 67. Bei dergleichen Subhastationen muß, [so wie durchgehends,[1]] eine gerichtliche Taxe zum Grunde gelegt werden. Die Bestimmung der Termine, und die Art der Bekanntmachung, hängt, in so fern der Verkauf nicht auf Andringen der Gläubiger geschieht, lediglich von dem Vorschlage und Gutfinden der Extrahenten ab. Wird aber von diesen nichts besonders angetragen, so ist dabei eben das, was bei nothwendigen Subhastationen, zu beobachten.

[1] Bei der nothwendigen Subhastation findet die Aufnahme einer Taxe nicht mehr statt.

§. 68. Die Extrahenten einer bloß freiwilligen Subhastation können darauf antragen, daß, statt einer förmlichen Taxe, eine bloße Beschreibung des Grundstücks, nach seiner Lage, Grenzen, allgemeinen Beschaffenheit, und aus dem Hypothekenbuche[1] oder dem Steuerkatastro erhellenden Realitäten, Zubehörungen,

Dienstbarkeiten, und beständiger Lasten, den Subhastationspatenten beigefügt werde.

[1] jetzt: Grundbuche.

§. 69. Wenn mehrere Extrahenten einer freiwilligen Subhastation vorhanden sind, und diese sich über die dabei zu beobachtenden Förmlichkeiten nicht vereinigen können; so muß nach denjenigen Anträgen, welche sich den gesetzlichen Bestimmungen bei nothwendigen Subhastationen am meisten nähern, verfahren werden.

§. 70. Auch in Ansehung des Zuschlags kommt es lediglich auf die Vereinigung der Extrahenten mit den sich meldenden Licitanten an: ob und an welchen von diesen Letzteren, für welches Gebot, und unter was für Bedingungen der Zuschlag erfolgen; ob allenfalls die Subhastation weiter fortgesetzt; oder ob sie gänzlich eingestellt werden solle.

§. 71. Sind mehrere Extrahenten der freiwilligen Subhastation vorhanden, und diese können sich wegen des Zuschlags unter einander nicht vereinigen; so muß die Sache unter ihnen nach den Vorschriften der Gesetze vom gemeinschaftlichen Eigenthume beurtheilt, und allenfalls durch Urtel und Recht entschieden werden. (Allg. L. R. Th. I. Tit. XVII. §. 10 u. f.)

§. 72. Während des darüber entstehenden Streites können die Licitanten für das Gebot zu haften nicht gezwungen werden; und wenn sie abstehen, so bleiben dem die Adjudikation[1] verlangenden Theile, wenn er in der Hauptsache obsiegt, seine Rechte gegen den Widersprechenden, wegen des aus der Vereitelung des

Zuschlags etwa entstehenden Interesse, nach allgemeinen gesetzlichen Verordnungen vorbehalten.

[1] Die Abfassung einer Adjudikatoria findet bei freiwilligen Subhastationen nicht mehr statt, § 1 der Verordnung v. 6. April 1839 (GS. S. 125).

§. 73. Wenn nach veranlaßter freiwilliger Subhastation, und vor dem Zuschlage, Umstände sich hervor thun, welche die Verwandlung derselben in eine nothwendige begründen können; so kann mit dem Zuschlage nur alsdann verfahren werden, wenn entweder die sämmtlichen alsdann vorhandenen Interessenten damit einig, oder wenn bei der freiwilligen Subhastation alle gesetzliche Förmlichkeiten der nothwendigen beobachtet worden sind.

Anh. §. 411. Soll die Subhastation fortgesetzt werden, und sind alle Interessenten einig, daß nur eine einfache Subhastationsfrist auf die §. 55. dieses Titels [1] bestimmte Art rathsam sey; so ist dem gemäß zu verfahren. Sind die Interessenten darüber nicht einig, so sind die Vorschriften §. 30. 31. [2] zur Richtschnur anzunehmen.

[1] jetzt: § 30 Abs. 1 SO.
[2] jetzt: § 15 SO.

§. 74. [1] Bei den freiwillig subhastirten Gütern der Pflegebefohlenen ist zu bemerken:

1) daß, ehe die Subhastation verfügt werden kann, der Vormund oder Kurator sich durch ein obervormundschaftliches Dekret zu solchem Antrage legitimiren müsse. Was bei Ertheilung eines solchen Dekrets die Pupillen-

gerichte zu beobachten haben, bestimmen die Vormundschaftsgesetze. (Allg. L. R. Th. II. Tit. XVIII. §. 550 u. f.)

2) daß, ehe auf das abgehaltene Licitationsprotokoll die Adjudikation erfolgen kann, zuvörderst die Genehmigung des vormundschaftlichen Gerichts, sowohl in Ansehung des Quanti, als der Zahlungs- und übrigen Bedingungen, beigebracht werden müsse.

[1] Jetzt kommen statt der angezogenen Vorschriften in Betracht: § 42 Nr. 5 VO. (Nothwendigkeit der Genehmigung des Vormundschaftsgerichts zur freiwilligen Veräußerung einer unbeweglichen Sache) und § 44 VO. (Bestimmungsrecht des Vormundschaftsgerichts über die Art der Veräußerung einer unbeweglichen Sache).

Zweiter Theil.

Von dem gerichtlichen Verfahren in nicht streitigen Angelegenheiten.

Der zweite Theil der Gerichtsordnung ist als Ganzes von den Reichsjustizgesetzen unberührt geblieben; dagegen sind die einzelnen Vorschriften durch die spätere Gesetzgebung vielfach modifizirt worden. Es ist daher hier — abweichend von dem im ersten Theile eingeschlagenen Verfahren — bezüglich jedes einzelnen § zu erörtern, inwieweit er abgeändert oder aufgehoben ist; die Fortdauer der Geltung bedarf keiner Begründung.

Außer der Instruktion und Entscheidung der eigentlichen Prozesse ist den Gerichten auch die Besorgung anderer rechtlicher Angelegenheiten der Einwohner des Staats aufgetragen. Dahin gehört besonders

I. die Sorge für diejenigen Personen, welche nach den Gesetzen unter Vormundschaft genommen werden müssen;

II. die Direktion des Hypothekenwesens,[1] und Führung der Hypothekenbücher,[2] [in denjenigen Provinzen, wo dieses Geschäft nicht etwa, vermöge besonderer Landesverfassungen, Ständischen Kollegien anvertraut ist[3]];

III. die Verwaltung des gerichtlichen und vormundschaftlichen Depositorii;[4]

IV. die Besorgung der sogenannten Actuum voluntariae jurisdictionis.

Ueber die Angelegenheiten der drei ersten Klassen sind die Gerichte in den ergangenen Vormundschafts-,[5] Hypotheken-[6] und Deposital-Ordnungen[7] mit der nöthigen Anweisung versehen. Ueber das Verfahren aber bei den Handlungen der freiwilligen Gerichtsbarkeit sollen gegenwärtig nähere Vorschriften ertheilt werden.

[1] jetzt: Grundbuchwesens.

[2] jetzt: Grundbücher.

[3] Die Führung der Grundbücher liegt jetzt ausschließlich den Amtsgerichten ob: §§ 20 ff. GBO.; § 31 AG. GVG.

[4] Für die Hinterlegung von Geld, von Werthpapieren auf Inhaber, von Werthpapieren auf Namen, auf welche die Zahlung dem Inhaber geleistet werden kann, und von Kostbarkeiten sind als Hinterlegungsstellen die Bezirksregierungen bestimmt; dagegen können diese Gegenstände bei den Amtsgerichten in vorläufige Verwahrung genommen werden; auch sind die letzteren für die Hinterlegung anderer Gegenstände zuständig, §§ 1, 70, 87 HO.

[5] jetzt: VO. v. 5. Juli 1875.

[6] jetzt: GBO. v. 5. Mai 1872.

[7] jetzt: HO. v. 14. März 1879.

Erster Titel.

Von Handlungen der freiwilligen Gerichtsbarkeit überhaupt, und was dazu gehöre.

Was Handlungen der freiwilligen Gerichtsbarkeit sind.

§. 1. Zu den Handlungen der freiwilligen Gerichtsbarkeit werden hier sowohl diejenigen gerechnet, welche, ob sie gleich keine Prozesse sind, dennoch nach vorhandenen gesetzlichen Vorschriften vor Gerichten vollzogen werden müssen; als diejenigen, zu deren gerichtlicher

Vollziehung die Parteien sich, mehrerer Gewißheit und Beglaubigung wegen, aus freiem Willen entschließen.

§. 2. Einige derjenigen Handlungen, deren gerichtliche Vollziehung die Gesetze verordnen, müssen nothwendig bei dem gehörigen Richter vorgenommen werden; bei anderen steht es den Parteien frei, dieselben bei einem jeden gehörig besetzten Gerichte vorzunehmen. Endlich giebt es auch einige solche Handlungen, bei welchen die Gesetze den Parteien die Wahl lassen: ob sie dieselben gerichtlich, oder vor einem [Justizkommissario und [1]] Notario vollziehen wollen. [2]

[1] Die Worte „Justizkommissario und" sind überall in diesem Theile in Wegfall zu bringen; s. unten zu Th. III Tit. 7.

[2] Eine vollständige Uebersicht der Rechtsgeschäfte, welche gerichtlicher oder notarieller Form bedürfen, nach heutigem Recht s. bei Förster-Eccius, Anhang zu § 79 Bd. 1 S. 356 f.

Welche Handlungen
A. nothwendig gerichtlich, und zwar
I. vor dem Richter der Sache,

§. 3. Zu den Handlungen, welche nothwendig vor dem gehörigen Gerichte vollzogen werden müssen, gehören:

I. Diejenigen, welche die Veräußerung, Verpfändung, oder Belastung eines Grundstücks, oder einer andern zur Eintragung in das Hypothekenbuch [1] qualificirten unbeweglichen Sache betreffen.

In so fern

[1]) durch Verträge oder andere dergleichen Verhandlungen über das Eigenthum eines solchen unbeweglichen Guts verfügt werden soll, muß der Vertrag

selbst, nach der Wahl der Parteien, entweder vor irgend einem besetzten Gerichte (wenn es auch nicht das ordentliche Gericht der Sache wäre), oder vor einem Justizkommissario und Notario aufgenommen und vollzogen werden. In allen Fällen aber müssen die Parteien dergleichen Verträge und Verhandlungen demjenigen Richter, unter dessen Jurisdiktion die Sache liegt, vorzeigen, und sich dazu nochmals bekennen, auch in Provinzen, wo es hergebracht ist, die förmliche Bestätigung darüber nachsuchen. (A. L. R. Th. I. Tit. X. §. 6—17.) Wo über gewisse Güter und Grundstücke das Hypothekenbuch nicht von demjenigen Gerichte, unter dessen Real-Jurisdiktion sie stehen, sondern von einer andern Behörde geführt wird, geschieht die Vorlegung solcher Kontrakte oder sonstiger Verhandlungen dieser letztgedachten Behörde, welche dabei alles das, was in der Folge dem Richter in Ansehung solcher Geschäfte wird vorgeschrieben werden, ebenfalls beobachten muß. Diese Behörde muß dem eigentlichen Richter der Sache von der vorgefallenen Besitzveränderung, so bald dieselbe im Hypothekenbuche wirklich eingetragen ist, von Amts wegen Nachricht geben; und versteht es sich übrigens von selbst, daß auch solche Hypothekenbuchführende Kollegien, wenn sie auch keine eigentliche Gerichte sind, dennoch mit Subjekten, welche die erforderlichen Rechtskenntnisse besitzen, und zur Justiz gehörig verpflichtet worden, besetzt seyn müssen.][2]

[1] jetzt: Grundbuch.

[2] Diese Vorschriften sind, ebenso wie ihre Ergänzung durch §§ 412

bis 414 d. Anh., nachdem sie bereits durch das Ges. v. 23. April 1821 (GS. S. 43) abgeändert waren, jetzt dadurch völlig beseitigt, daß im Falle der freiwilligen Veräußerung das Eigenthum an einem Grundstücke nur durch die auf Grund einer (vor dem zuständigen Amtsgericht zu erklärenden) Auflassung erfolgte Eintragung des Eigenthumsüberganges im Grundbuch erworben wird; §§ 1, 2 GEG. Die Rechtsbeständigkeit des Veräußerungsvertrages erforderte auch früher nur Schriftform. Vgl. Dernburg, Bd. 1 § 96 A. 13 (S. 206). Die einzige Ausnahme — Zertheilungsverträge — ist durch Ges. v. 5. Mai 1872 (GS. S. 508) beseitigt.

2) Von anderen Verträgen über Immobilien bedürfen nothwendig einer Vollziehung und Verlautbarung vor dem Richter der Sache:

a. Verträge über die Verjährung (A. L. R. Th. I. Tit. IX. §. 566.);

[b. die Austhuung eines Grundstücks in Erbzins, oder Erbpacht (Th. I. Tit. XVIII. §. 691 u. f.)];[3]

c. die Bestellung eines nutzbaren Pfandrechts auf ein Grundstück (Th. I. Tit. XX. §. 227 u. f.).[4]

[3] Ist mit dem Institute der Erbpacht beseitigt.

[4] Die Nothwendigkeit der gerichtlichen Bestätigung der Antichrese hing zusammen mit der dem Richter obliegenden Pflicht, vor der Bestätigung sorgfältig zu prüfen, ob unter diesem Vertrage nicht ein heimlicher Wucher verborgen liege (§ 228 ALR. I, 20). Es wird deshalb die Beseitigung der Formvorschrift durch das Bundesges., betr. die vertragsmäßigen Zinsen, vom 14. Nov. 1867 (BGBl. S. 159) angenommen von Förster-Eccius § 80 (Bd. 1 S. 539). Vgl. auch Dernburg, Bd. 1 § 103 A. 17 (S. 222). Es erscheint indeß zweifelhaft, ob die eingetretene Aufhebung der richterlichen Prüfung auch den Wegfall der gerichtlichen Form zur Folge hatte, da beides trotz des Zusammenhangs nicht in untrennbarer Verbindung stand. Das GEG. und die GBO., insbesondere das Verbot der Revenüenhypothek in § 45 GEG., haben die Zulässigkeit der Antichrese nicht beseitigt.

Was hingegen

3) alle andere Verträge und Verhandlungen über Immobilien betrifft, wodurch eine unbewegliche Sache mit einer Hypothek, einer Dienstbarkeit, oder einer andern bleibenden Reallast belegt werden soll; so können dieselben zwar auch außergerichtlich vorgenommen, sie müssen aber, wenn sie die Eigenschaft eines dinglichen Rechts wirklich begründen sollen, der das Hypothekenbuch führenden Behörde angezeigt, und in das Hypothekenbuch wirklich eingetragen werden. (A. L. R. Th. I. Tit. XX. §. 8—10. §. 411 u. f. Tit. XXI. §. 18—24. Allgem. Hyp.-Ordn.)[5]

[5] Die Nothwendigkeit der Eintragung und das Verfahren bei derselben bestimmen sich jetzt nach dem GEG. und der GBO.

Uebrigens versteht es sich von selbst, daß, wenn dergleichen eine unbewegliche Sache betreffende Handlungen, bei Gelegenheit eines andern Hauptgeschäfts, und als ein Theil desselben vorkommen, z. B. wenn bei Gelegenheit einer Erbsonderung über die zum Nachlasse gehörigen Grundstücke, und deren Vertheilung unter die Erben, Verfügungen getroffen werden, die Natur und Eigenschaft des Hauptnegotii zwar darüber entscheide: ob dasselbe nothwendig bei dem Richter der Sache vorgenommen werden müsse. Wenn aber auch dieses nicht wäre, so muß dennoch derjenige Theil des Geschäfts, welcher das Grundstück betrifft, bei dem Richter der Sache zur Bestätigung verlautbart, oder resp. zur Eintragung in das Hypothekenbuch angezeigt werden.[6]

[6] Der Rechtssatz, daß die Nothwendigkeit der Eintragung und

die Beobachtung der zur Herbeiführung derselben erforderlichen Form durch die Aufnahme einer Disposition über Immobilien in ein anderes Rechtsgeschäft nicht alterirt werden, gilt noch.

---

§ 415 d. Anh. (Zulassung einer Eintragung aus den Urkunden nicht gerichtlicher öffentlicher Behörden) ist durch § 35 GBO. ersetzt.

§ 4 d. T. bezog sich auf die aufgehobene Gutsunterthänigkeit.

II. vor Seegerichten.

Statt § 5 d. T. (Form der Eigenthumsübertragung und Verpfändung von Seeschiffen, Ausstellung von Beilbriefen, Schiffscertifikaten, Seeprotesten und anderen Schiffsurkunden) s. jetzt Art. 432 bis 438 HGB.; Art. 53 EG. HGB. v. 24 Juni 1861; Bundesges. v. 25. Okt. 1867 (BGBl. S. 35); Reichsges. v. 28. Juni 1873 (RGBl. S. 240); § 25 Nr. 1, § 30 AG. GVG. Seegerichte giebt es nicht mehr.

III. vor dem ordentlichen persönlichen Richter.

§. 6. III. Vor dem ordentlichen persönlichen Richter müssen vollzogen werden

1) die Verträge, wodurch die Gütergemeinschaft unter Eheleuten an Orten, wo sie nach den Gesetzen nicht Statt findet, eingeführt, oder da, wo sie Statt findet, ausgeschlossen werden soll. (A. L. R. Th. II. Tit. I. §. 356—359. §. 422—426.)

[Anh. §. 416. Die Bestätigung der Verträge, wodurch die Gütergemeinschaft unter Eheleuten eingeführt oder ausgeschlossen werden soll, gehört vor den Richter des Orts, wo die Verlobten nach geschlossener Ehe ihren Wohnsitz nehmen, und im Zweifel vor den persönlichen Richter des Bräutigams.[1]]

2) Die Errichtung von Familienstiftungen und beständigen Fideikommissen; jedoch mit Vorbehalt der Verlautbarung dieser letzteren, in so fern sie Grundstücke betreffen, vor dem Richter der Sache, in so fern derselbe von dem persönlichen Richter verschieden ist. Liegen die zum Fideikommisse gewidmeten Sachen unter verschiedenen Gerichtsbarkeiten, so muß die Verlautbarung bei einer jeden derselben erfolgen. (Ebend. Tit. IV. §. 29—33. §. 62—71.)[2]

[3) Die Aussetzung eines Altentheils oder Auszugs. (Th. I. Tit. XI. §. 602—605.)[3]]

[4) Die Erklärung eines Vaters, wodurch sein noch minderjähriger Sohn der väterlichen Gewalt entlassen werden soll. (Th. II. Tit. II. §. 216. 217.)[4]]

[5) Die Ertheilung der Certifikate über die Wechselfähigkeit eines Menschen, der sonst nach seinem Stande und Gewerbe keine gültige Wechselverpflichtung übernehmen kann. (Th. II. Tit. VIII. §. 731—747.)[5]]

[6) Die Vergleiche über künftige Verpflegungsgelder. (Th. I. Tit. XVI. §. 413.)][6]

[1] Die bezeichneten Verträge können jetzt vor jedem inländischen Richter abgeschlossen oder inhaltlich anerkannt werden: § 2 des Ges. v. 20 März 1837 (GS. S. 63).

[2] Vgl. dazu Ges. v. 15. Febr. 1840 (GS. S. 20). Die Verlautbarung vor dem Richter der Sache findet nicht mehr statt. Für die Errichtung von Familienfideikommissen ist jetzt das Oberlandesgericht zuständig: §§ 1, 3 Ges. v. 5. März 1855 (GS. S. 175); § 49 Nr. 1 AG. GVG.

[3] Aufgehoben durch § 1 Buchst. a des Ges. v. 11. Juli 1845 (GS. S. 495); die allgemeine Vertragsform genügt.

[4] aufgehoben durch § 97 VO. Vgl. v. Rönne, ALR. Bd. 4 S. 963 f., und außer den dort Angeführten noch Förster-Eccius, Bd. 1 S. 537.

[5] aufgehoben durch Art. 1 WO.

[6] aufgehoben, die allgemeine Vertragsform genügt, § 1 Buchst. b des Ges. v. 11. Juli 1845 (GS. S. 495).

IV. vor dem Obergerichte der Provinz vollzogen werden müssen.

§. 7. IV. Es giebt ferner einige Handlungen, welche nur von dem Obergerichte der Provinz gültig vollzogen werden können. Dahin gehört

1) die Bestätigung des Ehekontrakts bei einer unter Landesherrlicher Erlaubniß zu schließenden Ehe zur linken Hand (Th. II. Tit. 1. §. 838);[1]

2) die Bestätigung einer Annahme an Kindesstatt. (Th. II. Tit. II. §. 667.)[2]

[1] Das Institut der Ehe zur linken Hand erachtet als durch das Reichsges. v. 6. Febr. 1875 (RGBl. S. 23) beseitigt: Dernburg, Bd. 3 § 3 S. 10. Vgl. auch Förster-Eccius a. a. O. Entscheidet man diese Frage im entgegengesetzten Sinne, so muß doch die Zuständigkeit des Obergerichts als weggefallen erachtet werden, da § 25 der Verordnung v. 2. Jan. 1849 (GS. S. 1) bei Aufzählung der Zuständigkeit der Appellationsgerichte den Fall nicht erwähnt. Das Erforderniß gerichtlicher Bestätigung dagegen wäre unberührt geblieben.

[2] Nach § 14 Abs. 1 der Verordnung v. 2. Jan. 1849 (GS. S. 1) vb. m. § 26 Nr. 2 AG. GVG. ist jetzt das Amtsgericht zuständig.

§. 8. Die Legitimationen unehelicher Kinder und die Majorennitätserklärungen noch nicht volljähriger Pflegebefohlenen[1] müssen zwar, der Regel nach, [und wenn nicht durch besondere Provinzialverfassungen dergleichen Aktus einer andern Behörde ausdrücklich übertragen sind,[2]] bei Hofe ausgefertigt werden.[3] Die Untersuchungen aber, welche zur nähern Prüfung eines solchen Gesuchs erforderlich sind, gehören vor den ordentlichen persönlichen Richter, welcher dieselben, wenn es einen Pflegebefohlenen betrifft, dem Obervormundschaftlichen Gerichte überlassen muß. (A. L. R. Th. II. Tit. II. §. 601—611. Tit. XVIII. §. 713—727.) Wegen der bloßen Legitimationen, zum Behufe des bessern Fortkommens, hat es bei der gesetzlichen Vorschrift Th. II. Tit. II. §. 664. sein Bewenden.[4]

[1] Großjährigkeitserklärungen erfolgen jetzt durch das Vormundschaftsgericht; § 61 VO.

[2] Jetzt findet stets eine Mitwirkung des Gerichts statt.

[3] Die Legitimation ist dem Justizminister delegirt, soweit es sich nicht um Annahme eines adeligen Namens handelt. Allerh. Erl. v. 25. April 1870 (JMBl. S. 126).

[4] Dieselbe erfolgt durch den Regierungspräsidenten, in den Provinzen Posen und Westfalen durch die Bezirksregierung. § 1 der Verordnung v. 26. Dez. 1808 (GS. S. 464); § 3 Ziff. 2 Buchst. a der Geschäftsinstruktion v. 23. Okt. 1817 (GS. S. 248); § 17 des Ges. v. 26. Juli 1880 (GS. S. 291).

B. Handlungen, die überhaupt nur eine gerichtliche Vollziehung erfordern.

§. 9. Eine zweite Klasse von Handlungen der freiwilligen Gerichtsbarkeit machen diejenigen aus, wo die Gesetze zwar die Vollziehung vor Gericht erfordern, den Parteien aber die Wahl lassen, an welches gehörig besetzte Gericht sie sich deshalb wenden wollen. Dahin gehören besonders

1) die Verträge der Blinden und Taubstummen. (Th. I. Tit. V. §. 171.)

[2) Erbschaftskäufe. (Ebend. Tit. XI. §. 473.)[1]]

[3) Verkäufe künftiger Sachen, so bald der Kaufpreis die Summe von 100 Rthlr. übersteigt, und nicht beide Kontrahenten Kauf- und Handelsleute sind. (Ebend. §. 582. 583.)[2]]

4) Schenkungen, wenn sie die Kraft und Wirksamkeit der gerichtlichen haben sollen. (Ebend. §. 1063 —1069. §. 1094—1096.)

5) Testamente. (Ebend. Tit. XII. §. 66—207.)

6) Erbverträge. (Ebend. §. 621—623.)

[7) Bürgschaften der Frauenspersonen. (Ebend. Tit. XIV. §. 221—244.)[3]]

8) Verträge zwischen Eheleuten in stehender Ehe, wodurch die Frau zu etwas, wozu sie nach den Gesetzen nicht verpflichtet ist, dem Manne, [oder, zu dessen Vortheile, einem Dritten] verbindlich gemacht werden soll; [z. B. Bürgschaften, Expromissionen, Abtretung der Vorrechte des Eingebrachten.] (Th. II. Tit. I. §. 198—201. §. 272. 273.)[4]

9) Die Bestellung eines Erbschatzes in Grundstücken oder Kapitalien. (Ebend. §. 282.)

10) Die Errichtung einer Einkindschaft. (Th. II. Tit. II. §. 721.)

[1] aufgehoben, die allgemeine Vertragsform genügt; § 1 Buchst. c) des Ges. v. 11. Juli 1845 (GS. S. 495).

[2] desgl. § 1 Buchst. d) a. a. O.

[3] aufgehoben, Ges. v. 1. Dez. 1869 (GS. S. 1169).

[4] für Interzessionen einer Ehefrau zu Gunsten ihres Ehemannes außer Kraft gesetzt durch das in A. 3 angeführte Gesetz. § 273 ALR. II, 1 ist ausdrücklich aufgehoben, wegen §§ 198 bis 201 vgl. Urtheil des Obertribunals v. 7. Sept. 1871 (Entsch. Bd. 66 S. 92).

C. Handlungen, die entweder gerichtlich, oder vor einem Justizkommissario vollzogen werden müssen.

§. 10. Endlich giebt es Handlungen, bei welchen die Gesetze zwar eine bloße außergerichtliche Vollziehung nicht für hinreichend achten; wo sie aber dennoch den Parteien die Wahl lassen: ob sie dieselbe gerichtlich, oder nur vor einem [Justizkommissario und] Notario vornehmen wollen. Dahin gehören besonders

1) die Verträge derjenigen, welche des Schreibens unkundig, oder daran verhindert, oder der Sprache, in welcher der Kontrakt abgefaßt werden soll, nicht mächtig sind. (A. L. R. Th. I. Tit. V. §. 172—184.)
2) [Die Ausstellung von Schuldinstrumenten, aus welchen der exekutivische Prozeß Statt finden soll. (Ger. Ordn. Th. I. Tit. XXVIII. §. 2.)] [1]
3) Verpachtungen von Landgütern, so bald der jährliche Pachtzins die Summe von 200 Rthlr. übersteigt. (Allg. L. R. Th. I. Tit. XXI. §. 403 u. f.)
4) Ehegelöbnisse, in so fern das Aufgebot mit beider Theile Bewilligung noch nicht erfolgt ist. (Th. II. §. 82—94.)
5) Eheberedungen und Verträge, welche vor vollzogener Ehe über das Vermögen der künftigen Eheleute, insonderheit der Frau, dessen Einbringung, Verwaltung und Nießbrauch geschlossen werden. (A. L. R. Th. II. Tit. I. §. 82 u. f. §. 440. 441.) Auch wenn in solchen Verträgen

über die künftige Erbfolge unter den Eheleuten etwas verabredet wird, werden sie dennoch, in Rücksicht auf die Form, nicht als Erb-, sondern nur als Eheverträge beurtheilt.

6) Alle Urkunden, welche, auch ohne vorher gegangene Rekognition, Glaubwürdigkeit und Beweiskraft in Gerichten haben sollen. (Ger. Ordn. Th. I. Tit. X. §. 127—130.)[2]

[1] Der Urkundenprozeß der CPO. (§§ 555 ff.) findet aus jeder, auch einer Privat-Urkunde statt. Dagegen hat die gerichtliche oder notarielle Form insofern auch nach der CPO. besondere Bedeutung, als aus Urkunden, welche von einem deutschen Gericht oder einem deutschen Notar innerhalb der Grenzen seiner Amtsbefugnisse in der vorgeschriebenen Form aufgenommen sind, die Zwangsvollstreckung stattfindet, sofern die Urkunde über einen Anspruch errichtet ist, welcher die Zahlung einer bestimmten Geldsumme oder die Leistung einer bestimmten Quantität anderer vertretbarer Sachen oder Werthpapiere zum Gegenstande hat, und der Schuldner sich in der Urkunde der sofortigen Zwangsvollstreckung unterworfen hat, § 702 Nr. 5 CPO.

[2] Ihre formelle Beweiskraft bestimmt sich jetzt nach § 380 CPO.

§. 11. In wie fern in allen diesen Fällen (§. 3—10.) die Unterlassung der gerichtlichen oder von einem Notario beglaubigten Vollziehung die Handlung selbst nichtig und unkräftig mache, oder nur eine Verbindlichkeit der Parteien, das Verabsäumte nachzuholen, entstehe, ist in Ansehung eines jeden Geschäfts in den Gesetzen besonders bestimmt. Im zweifelhaften Falle ist keineswegs die gänzliche und absolute Nichtigkeit des Geschäfts, sondern nur eine Verbindlichkeit der Parteien, das Verabsäumte nachzuholen, so bald diese

Nachholung noch Statt finden kann, anzunehmen. (Allg. L. R. Th. I. Tit. III. §. 40. 41.)

D. Handlungen, die aus freiem Willen der Parteien gerichtlich vollzogen werden.

§. 12. In Ansehung der übrigen Handlungen, bei welchen weder das allgemeine Landrecht, noch die Provinzialgesetze oder Statuten, eine gerichtliche oder andere öffentliche Vollziehung oder Beglaubigung ausdrücklich erfordern, hängt es bloß von dem Gutfinden der Parteien ab: in wie fern sie dieselben bloß außergerichtlich vornehmen, oder sich dabei, mehrerer Gewißheit und Feierlichkeit halber, des richterlichen, oder des Amts eines [Justizkommissarii und] Notarii bedienen wollen.

Zweiter Titel.

Von dem Verfahren bei den Handlungen der freiwilligen Gerichtsbarkeit überhaupt.

Actus voluntariae jurisdictionis müssen

§. 1. Wenn eine Handlung der freiwilligen Gerichtsbarkeit vor Gerichten gültig vorgenommen werden soll, so wird dazu erfordert

I. daß die Handlung vor versammeltem Gerichte, oder vor einzelnen, dazu ausdrücklich deputirten Gerichtspersonen vollzogen werde;[1]

II. daß das Gericht zur Vornehmung einer solchen Handlung an sich qualificirt, und daß es gehörig besetzt sey.

[1] Dieses Erforderniß (und somit die von demselben handelnden §§ 2 bis 6 d. T.) hat seine Bedeutung für alle die Akte der frei-

willigen Gerichtsbarkeit verloren, für welche die Amtsgerichte zuständig sind (§§ 26, 29 AG. GVG.), da jeder Amtsrichter die ihm obliegenden Geschäfte als Einzelrichter erledigt (§ 22 Abs. 2 GVG.), die Geschäfte unter dieselben im voraus vertheilt sind und die Gültigkeit der Handlung eines Amtsrichters dadurch nicht berührt wird, daß die Handlung nach der Geschäftsvertheilung von einem der anderen Amtsrichter vorzunehmen gewesen wäre (§ 23 Abs. 2 AG. GVG.) Vgl. Dernburg, Bd. 3 § 107 A. 9 (S. 302); Märcker S. 67 A. **. Dagegen gilt das in Rede stehende Erforderniß noch für diejenigen Akte der freiwilligen Gerichtsbarkeit, zu deren Vornahme die Civilkammern der Landgerichte bzw. die Civilsenate der Oberlandesgerichte zuständig sind. (§§ 41, 42, 49, 57 AG. GVG.) Diese Fälle sind indeß wegen ihrer großen Seltenheit hier wie im Folgenden nicht in Betracht gezogen worden; es ist vielmehr nur der Regelfall der Zuständigkeit des Amtsgerichts berücksichtigt.

1) vor versammeltem Gerichte oder gehörig bestellten Deputirten vorgenommen werden.

---

§§ 2, 3 s. A. 1 zu § 1 d. T.

Ausnahmen, wo einzelne Gerichtspersonen, auch ohne Auftrag, solche Handlungen gültig vornehmen können.

§§ 4 bis 6 s. A. 1 zu § 1 d. T.

---

2) Das Gericht muß zu solchen Handlungen befugt seyn.

§. 7. Zur Gültigkeit einer Handlung der freiwilligen Gerichtsbarkeit wird ferner erfordert, daß das Gericht, vor welchem sie vollzogen werden soll, zu dergleichen Handlungen befugt seyn müsse. In wie fern gewisse Handlungen nur vor dem kompetenten Gerichte der Person, der Sache, oder des Geschäfts vollzogen werden können, ist bereits im vorigen Titel bestimmt. Außerdem aber ist jedes gehörig besetzte Gericht auch zu Handlungen der freiwilligen Gerichtsbarkeit für berechtigt anzusehen; und findet dabei nur in Ansehung derjenigen Gerichte, welche bloß für gewisse Arten der Geschäfte bestellt worden (fora specialia causae),[1] eine Ausnahme Statt, da vor diesen nur solche Handlungen der freiwilligen Gerichtsbarkeit, die ein Geschäft derselben Art unmittelbar zum Gegenstande haben, gültiger Weise vollzogen werden können. (A. L. R. Th. II. Tit. XVII. §. 49.)

[1] der besonderen Gerichte, z. B. der Auseinandersetzungsbehörden.

---

§ 417 d. Anh., demzufolge Vormundschaftskollegia Handlungen der freiwilligen Gerichtsbarkeit, welche solche Personen und Sachen, die den Gegenstand ihres Wirkungskreises ausmachen, betreffen, rechtsgültig vornehmen konnten, ist mit dem Wegfall besonderer Vormundschaftsgerichte unpraktisch geworden, und kann auch nicht als eine für die Geschäftsvertheilung nach § 23 AG. GVG. bindende Norm angesehen werden.

---

§ 418 d. Anh. (Zuständigkeit zur Aufnahme militärischer Testamente und anderer Akte der freiwilligen Gerichtsbarkeit bei mobilen Truppen) ist ersetzt: durch Art. VIII. des Ges. v. 26. April 1851 (GS. S. 185), das Ges. v. 8. Juni 1860 (GS. S. 240) vb. m. § 111 AG. GVG. und § 39 Abs. 3, § 44 des Reichsges. v. 2. Mai 1874 (RGBl. S. 45).

Von Dorfgerichten und

§. 8. Dorfgerichte können Handlungen der freiwilligen Gerichtsbarkeit für sich allein, und ohne den Gerichtshalter,[1] in der Regel gültiger Weise nicht vornehmen. Doch findet eine Ausnahme in Ansehung solcher Handlungen Statt, die keine Rechtskenntniß, sondern bloße Beglaubigung erfordern; in so fern nämlich

1) die Dorfgerichte mit einem gehörig vereideten Gerichtsschreiber versehen sind, und

2) bei der Handlung selbst Gefahr im Verzuge dergestalt obwaltet, daß weder die Herbeiholung des Gerichtshalters,[2] noch die Verwendung an ein anderes ordentliches Gericht, abgewartet werden kann.

Doch müssen, auch in einem solchen Falle, die Dorfgerichte die von ihnen aufgenommene Verhandlung dem Justitiario[3] ohne Zeitverlust vorlegen; welcher wegen der Wiederholung oder Anerkennung des Aktus, oder wenn diese nicht Statt finden, wegen Prüfung und Attestirung der die Gefahr im Verzuge begründenden Umstände, die Vorschriften §. 5. Nr. 2. 3.[4] beobachten muß. (A. L. R. Th. II. Tit. VII. §. 82—84.)

[Ist die Stelle des Justitiarii vakant, so muß die obgedachte Anzeige, von Seiten der Gerichte, dem Gerichtsherrn selbst, oder dem, der dessen Stelle vertritt, geschehen; und dieser muß, bei eigener Vertretung, unverzüglich dafür sorgen, daß allenfalls eine andere ververeidete Gerichtsperson zur Besorgung des Vorgeschriebenen requirirt werde.][5]

In wie fern übrigens Verträge gemeiner Landleute, die des Schreibens und Lesens unkundig sind, ingleichen Ehegelöbnisse derselben, und überhaupt Testamente, von Dorfgerichten gültig aufgenommen werden können, ist in den Gesetzen besonders vorgeschrieben. (A. L. R.

Th. I. Tit. V. §. 173. Tit. XII. §. 93—99. Th. II. Tit. I. §. 83.)

[1] jetzt: den Amtsrichter.

[2] jetzt: des Amtsrichters.

[3] jetzt: dem Amtsgericht.

[4] womöglich Wiederholung des Akts vor dem ordentlichen Richter, eventuell protokollarische Konstatirung der Gründe der Beschleunigung unter der Ausfertigung des etwa aufgenommenen Aktes.

[5] Durch Beseitigung der Patrimonialgerichtsbarkeit unpraktisch geworden.

Polizeimagisträten.

§. 9. Was von Dorfgerichten verordnet ist, gilt auch von den Polizeimagisträten in kleinen Städten, wenn dieselben mit keiner zur Justiz verpflichteten Gerichtsperson versehen sind; oder wenn bei ihnen nur Eine zur Verwaltung des Richteramts bestellte Person vorhanden ist, und in deren Abwesenheit eine Handlung der freiwilligen Gerichtsbarkeit mit bloßer Zuziehung des Stadtsekretairs vollzogen werden soll.[1]

[1] Gilt noch, indessen modifizirt dadurch, daß es eine zur Justiz verpflichtete Gerichtsperson bei den Magisträten seit Aufhebung der Patrimonialgerichtsbarkeit nicht mehr giebt.

3) Die Handlung muß am gehörigen Orte, und

§. 10. Der Ort, wo die Handlung vorgenommen wird, und ob es an gewöhnlicher Gerichtsstätte, oder in einem Privathause geschieht, macht in Ansehung der Gültigkeit keinen Unterschied. Auch schadet es der Kraft der Handlung an sich nicht, wenn der sie vornehmende Richter aus seinem Gerichtssprengel heraus, und in einen fremden übergegangen ist. Doch wird derjenige

Richter, welcher ohne Noth und erhebliche Ursachen einen Aktus in einem fremden Gerichtssprengel vorzunehmen sich angemaaßt hat, nach näherer Bestimmung der Gesetze, nicht nur seiner Gebühren verlustig,[1] sondern er hat auch willkührliche fiskalische Strafe[2] verwirkt. (Allgem. L. R. Th. I. Tit. XII. §. 73—81. Th. II. Tit. XVII. §. 60.)

[1] Die Richter beziehen keine Gebühren mehr, § 11 AG. GVG.

[2] Statt dessen jetzt: disziplinarische Bestrafung.

---

§ 419 d. Anh. ist mit der Patrimonialgerichtsbarkeit beseitigt.

4) zur gehörigen Zeit vorgenommen werden.

§. 11. Auch die Zeit, wann eine Handlung der freiwilligen Gerichtsbarkeit vorgenommen worden ist, hat auf die Gültigkeit derselben keinen Einfluß. Doch sollen die Gerichte dergleichen Aktus an Sonn= und Festtagen, besonders während des Gottesdienstes, nicht ohne Noth vornehmen, und wenn es die Umstände gleichwohl erfordern, allen öffentlichen Anstoß oder Störungen mit möglichster Vorsicht vermeiden.

Anh. §. 420. In keinem Falle soll an einem Sonn= oder Festtage eine gerichtliche Auktion gestattet werden.

5) Das Gericht muß gehörig besetzt seyn.

§. 12. Das Gericht, vor welchem eine Handlung der freiwilligen Gerichtsbarkeit vorgenommen werden soll, muß gehörig besetzt seyn.[1]

[1] Nachdem die Geschäfte der freiwilligen Gerichtsbarkeit zum weitaus größten Theile auf die Einzelrichter übergegangen sind, hat die gehörige Besetzung des Gerichts als Erforderniß der Gültigkeit der Handlung nur noch insofern Bedeutung, als

a) in den Fällen, wo dies erforderlich, ein Protokollführer zugezogen sein muß;

b) der Richter und der Protokollführer die Befähigung zu diesem Amte besitzen müssen.

Hierdurch sind die §§ 13, 14 d. T. beseitigt. § 15 (Befähigung des Aktuarius zur Vertretung des Richters) ist mit der veränderten Gerichtsverfassung (vgl. insbesondere §§ 2, 4, 24 AG. GVG.) weggefallen. §§ 16, 17 (Nothwendigkeit der Zuziehung eines Protokollführers) sind schon durch § 421 d. Anh. modifizirt. — Soweit Land- oder Oberlandesgerichte Geschäfte der freiwilligen Gerichtsbarkeit wahrnehmen, erledigen sie dieselben in den Civilkammern bzw. Civilsenaten (§§ 42, 57 AG. GVG.), für deren Besetzung die reichsgesetzlichen Vorschriften (§§ 77, 124, 194 GVG.) anwendbar sind (§ 90 AG. GVG.).

Anh. §. 421. Der Zuziehung eines Protokollführers bedarf es nur dann, wenn Testamente, letztwillige Dispositionen, Erbverträge, oder solche Ehestiftungen errichtet werden, worin die künftige Erbfolge bestimmt wird. Bei allen anderen gerichtlichen Verhandlungen haben die von einer Gerichtsperson allein aufgenommenen, von den Interessenten oder ihren Stellvertretern unterschriebenen Protokolle volle Glaubwürdigkeit, und können unter dem Vorwande der unterlassenen Zuziehung eines Protokollführers nicht angefochten werden.

Was der Richter in den Fällen, wo es der Zuziehung eines Protokollführers nicht bedarf, zu beobachten hat, ist §. 68 u. f. des Anhangs zu §. 19. Tit. X. Th. I. umständlich vorgeschrieben.

Fälle, wo andere Personen die Stelle des Aktuarii vertreten.

§. 18. Zu den Ausnahmen der letztern Art,[1] wo nämlich auch andere Personen die Stelle des Protokollführers vertreten können, gehört zuvörderst: wenn die Gerichtsperson, bei Vornehmung des Aktus, zwei vereidete Gerichtsschöppen zugezogen hat, und von diesen das Protokoll mit unterschrieben ist. Wie dergleichen Gerichtsschöppen beschaffen und vereidet seyn müssen, und in wie fern, bei dringenden Fällen, die Stelle des zweiten Gerichtsschöppen auch durch einen bloßen Zeugen ersetzt werden könne, ist im Ersten Theile Tit. XXV. §. 51—56. verordnet.

[1] Bezog sich auf den nicht mit abgedruckten § 17 d. T.

§. 19. Wenn bei Handlungen, die nur einseitig sind, die Partei, welche sie vornimmt, oder auch der Richter, welcher den Aktus vollzieht, einen gehörig aufgenommenen und verpflichteten [Justizkommissarius und] Notarius zugezogen hat; so ersetzt die Anwesenheit und Mitunterschrift desselben die Stelle des ermangelnden Protokollführers.

Ein Gleiches findet Statt, wenn die Handlung von zwei oder mehreren Parteien zu vollziehen, und dabei von jeder Seite ein [Justizkommissarius und] Notarius gegenwärtig ist.

Ist aber nur von der einen Seite ein Justizkommissarius[1] zugegen, so muß entweder ein Protokollführer, oder wenigstens ein vereideter Gerichtsschöppe zugezogen werden.

Bei Testamenten und eigentlichen Erbverträgen können [Justizkommissarien und] Notarien, als solche, die Stelle des Gerichtsaktuarii oder Protokollführers nicht vertreten.[2]

[1] jetzt: Notar.

[2] Also ist die Vorschrift nur noch für die im Anh.-§ 421 erwähnten Ehestiftungen praktisch.

Fälle, wo es keines Aktuarii oder Protokollführers bedarf.

§ 20 d. T. bestimmte Ausnahmen von der Nothwendigkeit der Zuziehung eines Protokollführers, welche indeß nach § 21 d. T. bei letztwilligen Verfügungen nicht Platz griffen, so daß beide §§ durch § 421 d. Anh. ihre Bedeutung verloren haben.

Was der Richter bei einem solchen Aktus zu beobachten hat:

§. 22. Bei einer jeden Handlung der freiwilligen Gerichtsbarkeit müssen von den Gerichten folgende allgemeine Vorschriften beobachtet werden.

Zuvörderst muß das Gericht sich überzeugen, daß die Handlung vor ihm gültiger Weise vorgenommen werden könne, und nicht etwa, nach ihrer Natur, und nach Vorschrift des Ersten Titels, vor ein anderes in Ansehung der Person, der Sache oder des Geschäfts kompetentes Gericht gehöre; in welchem letztern Falle die Parteien an dieses Gericht sofort verwiesen werden müssen.

1) in Ansehung der Personen, ihrer Identität,

§. 23. Hiernächst muß das Gericht sich vergewissern, daß die Parteien, welche die Handlung vornehmen wollen, diejenigen wirklich sind, für die sie sich ausgeben. Wenn daher fremde und im Gerichte von Person nicht hinlänglich bekannte Parteien sich zur Vollziehung eines Aktus melden, so muß der Richter darauf bestehen, daß ihm andere bekannte und unverdächtige Leute gestellt werden, welche die Identität der sich angebenden Parteien aus eigener Kenntniß bezeugen; oder er muß sich auf andere glaubwürdige Art von dieser Identität versichern.

Legitimation.

§. 24. Wenn die Parteien die Handlung nicht in Person, sondern durch Bevollmächtigte vollziehen wollen; so muß der Richter sich die Vollmachten derselben zu den Akten einreichen lassen, und dieselben mit gehöriger Sorgfalt prüfen; auch auf die Vorschriften der Gesetze, in Ansehung der Fälle, wo gerichtliche, oder doch besondere Spezialvollmachten erfordert werden, gehörige Rücksicht nehmen.

Fähigkeit zu solchen Handlungen.

§. 25. Ferner muß der Richter sich genau und sorgfältig erkundigen: ob die Parteien, welche die Handlung vornehmen wollen, die dazu in den Gesetzen vorgeschriebenen Fähigkeiten und Erfordernisse besitzen. Er muß sich daher diese gesetzlichen Vorschriften, sowohl wegen der Willenserklärungen überhaupt, als wegen der Verträge und ihrer verschiedenen Arten, so wie in Ansehung der Testamente und anderer letztwilligen Dispositionen, beständig gegenwärtig erhalten.

§. 26. Wenn die Partei, welche die Handlung vornehmen will, dazu nach den Gesetzen des Beitritts, der Autorisation, oder der Einwilligung irgend eines Dritten bedarf; so muß der Richter dafür sorgen, daß auch diesem gesetzlichen Erfordernisse ein Genüge geleistet werde.

Wie zu verfahren, wenn bei diesen persönlichen Erfordernissen ein Anstand sich findet.

§. 27. Wenn bei dieser Prüfung der persönlichen Fähigkeit und Qualifikation der Parteien zu der von ihnen vorzunehmenden Handlung (§. 23—26.) irgend ein Zweifel oder Anstand sich findet, so muß der Richter den Fortgang des Geschäfts so lange aussetzen, bis demselben hinlänglich abgeholfen worden ist. Wenn jedoch die Partei auf der Fortsetzung der Verhandlungen, wegen einer im Verzuge obwaltenden Gefahr, ausdrücklich besteht, und sich bestimmt erklärt: wie und binnen welcher Frist sie das Bedenken heben wolle; auch bei Handlungen, zu welchen mehr als Eine Person gehört, der andere Theil damit zufrieden zu seyn ausdrücklich äußert; so kann zwar der Richter in der Sache weiter fortfahren, er muß aber den obgewalteten Anstand, so wie die von der Partei zu dessen Erledigung übernommene Verpflichtung, in dem Protokolle deutlich und bestimmt bemerken. Die auf dieses Protokoll zu veranlassende Ausfertigung muß in der Regel so lange, bis dem Bedenken wirklich abgeholfen ist, ausgesetzt bleiben. Wenn aber auch hierunter, wegen der besonderen Umstände des Falles, kein Verzug ohne erheblichen Nachtheil der Parteien Statt finden könnte; so muß dennoch der obgewaltete Anstand, und was zur Hebung desselben etwa noch geschehen oder beigebracht werden müsse, in der Ausfertigung selbst ausdrücklich angeführt werden.

2) Wegen Prüfung der Legalität und Zulässigkeit der Handlung selbst.

§. 28. Außer diesen Prüfungen der persönlichen Fähigkeit der Parteien muß der Richter auch die vorzunehmende Handlung selbst in so weit untersuchen, ob sie nach den Gesetzen erlaubt sey, und an sich rechtsbeständiger Weise vorgenommen werden könne. Denn obgleich den Gerichten nicht zugemuthet werden kann, für die Gültigkeit und Rechtsbeständigkeit der von den Parteien geschlossenen Verträge oder sonstigen Willenserklärungen zu haften, sondern sie eigentlich nur für die gehörige Beobachtung der gesetzlich vorgeschriebenen Form verantwortlich sind; so liegt ihnen dennoch ob, mit möglichster Sorgfalt zu verhüten, daß vor ihnen keine gesetzwidrige oder ungültige Aktus vorgenommen, und das Vertrauen des Publici auf die Legalität und Sicherheit gerichtlicher Handlungen nicht gemißbraucht werde.

§. 29. Wenn daher der Richter bei der Vollziehung eines solchen Aktus wahrnimmt, daß dadurch über Gegenstände, die einer solchen Verfügung der Parteien nicht unterworfen sind, disponirt; oder daß Verabredungen oder Maaßregeln, die nach den Vorschriften der Gesetze nicht bestehen können, festgesetzt werden wollen: so muß er den Parteien diese ihnen entgegen stehenden Vorschriften bekannt machen, und sie darnach gehörig bedeuten; übrigens aber mit einem solchen ungültigen Geschäfte sich nicht weiter befassen.

§. 30. Finden sich Spuren von Unrichtigkeit oder Unlauterkeit in dem Betragen eines oder beider Theile, daß z. B. einer den andern durch falsche Vorspiegelungen, Simulationen, wucherliche Kunstgriffe, oder andere unredliche Mittel, zu einem Vertrage, oder zu gewissen Bedingungen dabei verleitet habe; oder daß das ganze Geschäft zur Hintergehung oder widerrechtlichen Verkürzung eines Dritten abziele: so müssen die Gerichte die Verwendung ihres Amts zu einem dergleichen gesetzwidrigen Geschäfte schlechterdings versagen; vielmehr den Parteien das Unerlaubte und Strafbare ihres Vorhabens nachdrücklich vorhalten; ihnen die in den Gesetzen gegen solche Betrügereien bestimmten Strafen bekannt oder erinnerlich machen; auch in Fällen, wo die Gesetze schon die Unternehmung eines solchen Unfugs mit Strafen belegen, die erforderliche Untersuchung gegen diejenigen, welche sich eines dergleichen Attentati schuldig gemacht haben, entweder selbst verhängen, oder, wenn dieselbe nicht vor sie gehört, dem kompetenten Richter davon Nachricht geben.[1]

[1] jetzt: dem Staatsanwalt Anzeige machen, § 156 StPO. Vgl. auch § 185 GVG., § 88 AG. GVG.

3) **wegen Belehrung und Certioration der Parteien.**

§. 31. In welchen Fällen eine besondere Belehrung der Parteien über die Natur und rechtlichen Folgen eines Geschäfts schlechterdings nothwendig sey, [z. B. bei den Bürgschaften der Frauenspersonen, bei Ertheilung der Certifikate über die Wechselfähigkeit rc.,][1] ist in den Gesetzen verordnet. Aber auch außer diesen Fällen ist der Richter schuldig, wenn er es besonders mit Parteien zu thun hat, welche der Rechte nicht kundig, oder in Geschäften unerfahren sind, oder bei denen er, während der Verhandlungen selbst, inne wird, daß sie von dem vorzunehmenden Geschäfte keinen ganz richtigen Begriff, oder von den rechtlichen Folgen desselben keine vollständige Kenntniß haben, solche Parteien auf die Vorschriften der Gesetze, auf die Verpflichtungen, welche sie durch den Aktus übernehmen, und auf die Nachtheile, welche ihnen daraus erwachsen können, aufmerksam zu machen; und auch auf diese Art allen Uebereilungen und allen Uebervortheilungen, zu welchen listige und verschmitzte Parteien ihre minder unterrichteten oder erfahrenen Mitkontrahenten nur allzu oft verleiten, nach Möglichkeit vorzubeugen.

[1] Diese beiden Beispiele sind jetzt unpraktisch, das erste wegen des Ges. v. 1. Dez. 1869 (GS. S. 1169) und das zweite wegen Art. 1 WO. Ein noch praktisches Beispiel s. hingegen in § 1095 ALR. I, 11.

§. 32. Wenn bei einer solchen Handlung gewissen Einwendungen oder Rechtswohlthaten entsagt werden soll, so muß der Richter von Amts wegen dafür sorgen, daß dem Entsagenden dasjenige, worauf er Verzicht thun will, nach seinem wahren Inhalte und ganzen Umfange bekannt, und er auch davon unterrichtet seyn möge, daß er eine solche gerichtliche Entsagung unter keinerlei Vorwande zurück nehmen könne. Es müssen daher auch, in so fern nicht beide Theile Rechtsverständige sind, die Einwendungen und Rechtswohlthaten, denen entsagt wird, nicht bloß mit den juristischen Kunstworten, sondern so ausgedrückt werden, daß man aus der Fassung selbst sieht: es sey den Parteien möglich gewesen, das zu verstehen und richtig zu begreifen, worauf von ihnen Verzicht geleistet worden ist.

§. 33. Inzwischen muß doch auch der Richter, bei Befolgung dieser Vorschriften (§. 31. 32.), den Abweg vermeiden, daß er den Parteien seine Meinungen und Bedenklichkeiten, gegen ihre eigenen, freien und überlegten Entschließungen, nicht aufdringe, noch sie in einem solchen Vorhaben durch theilnehmendes Zurathen oder Abmahnen irre mache. So bald er wahrnimmt, daß eine Partei von dem Geschäfte, das sie vornehmen will, dessen Natur und rechtlichen Folgen, einen hinlänglich klaren Begriff habe, und es ihr an der nöthigen Fähigkeit, ihr Vorhaben zu überlegen, nicht gebreche; so muß er dieselbe ihren freien Entschließungen lediglich überlassen, und sich darauf einschränken, die Handlung so vorzunehmen und zu verzeichnen, wie es der Intention der Parteien wirklich gemäß ist.

4) wegen Ausforschung des wahren Sinns und der Meinung der Parteien.

§. 34. Die Hauptpflicht des Richters ist es daher, daß er den eigentlichen Sinn und die wahre Meinung der Parteien deutlich und umständlich zu vernehmen suche, und allem Irrthume, Mißverständnissen, oder Zweideutigkeiten, mit möglichster Sorgfalt vorbeuge.

§. 35. Findet es sich, daß die Parteien einander

nicht recht verstanden haben, oder über gewisse Haupt- oder Nebenpunkte noch nicht einig sind; so muß der Richter auf eine nähere gegenseitige Herauslassung darüber dringen, und die Parteien über die noch streitigen Umstände zu vereinbaren suchen.

§. 36. Der Richter muß sich daher, wenn ihm von den Parteien eine Punktation oder ein anderer vorläufiger Aufsatz, nach welchem sie die vorzunehmende Handlung eingerichtet wissen wollen, vorgelegt wird, niemals damit begnügen, das Protokoll und die Ausfertigung nach diesem Aufsatze zu fassen; sondern er muß denselben mit den Parteien Punkt für Punkt durchgehen; sich überzeugen, daß jeder Punkt ihrer wahren Absicht und Meinung wirklich gemäß sey; und wo er irgend Undeutlichkeit, Unbestimmtheit oder Unvollständigkeit wahrnimmt, diesen Mängeln durch nähere Vernehmung und Vereinbarung der Parteien abzuhelfen bedacht seyn.

besonders solcher, die der deutschen Sprache nicht mächtig sind.

Die §§ 37 bis 39 d. T. und § 422 d. Anh. sind durch § 10 Nr. 1 des Ges., betr. die Geschäftssprache der Behörden, Beamten und politischen Körperschaften des Staats, v. 28. Aug. 1876 (GS. S. 389) aufgehoben.

§ 40, welcher die Dienstverhältnisse der ständig angestellten Dolmetscher regelte, ist ersetzt durch die Dolmetscherordnung v. 9. Nov. 1880 (JMBl. S. 253).

§. 41. Bei Gerichten, wo keine beständige vereidete Dollmetscher angestellt sind, muß der in jedem besondern Falle zuzuziehende Sprachkundige von dem Richter, mit Beihülfe eines Sachverständigen, geprüft, und mit vorstehendem Eide,[1] nach Beschaffenheit des Falles selbst, belegt werden.[2]

[1] jetzt: dem in § 5 Abs. 1 des Ges. v. 28. Aug. 1876 (GS. S. 389) vorgeschriebenen Eide.

[2] Vgl. § 21 Abs. 2 der Dolmetscherordnung v. 9. Nov. 1880 (JMBl. S. 253.).

Aufnehmung des Protokolls.

§. **42**. Wenn auf vorstehende Art sowohl in Ansehung der persönlichen Qualität und Fähigkeit der Parteien zur Vollziehung eines solchen Aktus das Erforderliche besorgt und berichtigt, als auch der Wille und die eigentliche Intention derselben mit hinlänglicher Zuverlässigkeit und Vollständigkeit erforscht worden ist; so muß alsdann über die ganze Verhandlung ein richtiges Protokoll aufgenommen werden.

Erfordernisse desselben.

§. **43**. Dieses Protokoll muß enthalten:

1) Ort und Zeit, wo und wann der Aktus vorgenommen worden ist.

2) Wer die Parteien, die ihn vorgenommen haben, ihrem Namen, Stande und Charakter nach, sind; ob das Gericht sie persönlich kenne, oder durch welche Mittel es sich nach Vorschrift §. 23. von der Identität der Personen versichert habe.

3) Wenn die Parteien die Handlung durch einen Bevollmächtigten vornehmen, so muß der Name und die Qualität dieses Bevollmächtigten ebenfalls im Protokolle bemerkt; die von demselben übergebene Vollmacht muß allegirt und dem Protokolle beigefügt; und in so fern dabei noch etwas zu erinnern gefunden worden

dieses bemerkt; wenn er aber in zulässigen Fällen die Vollmacht nachzubringen versprochen hat, so muß dieses Angelöbnisses im Protokolle ebenfalls gedacht werden.

4) Wenn in Ansehung der Fähigkeit der Parteien, einen solchen Aktus vorzunehmen, ein Bedenken obgewaltet hat; so ist dessen, und wie es gehoben worden, im Protokolle ebenfalls Erwähnung zu thun. Hat das Bedenken nicht sogleich gehoben, und doch auch der Aktus selbst nicht ausgesetzt werden können; so ist die Vorschrift des §. 27. genau zu befolgen.

5) Wenn der Richter nach Anleitung §. 28—31. nöthig gefunden hat, den Parteien über die Natur und Folgen der Handlung, welche sie vornehmen wollen, oder über gewisse dahin einschlagende Dispositionen und Verabredungen, Bedeutung oder Vorhaltung zu thun; so muß dessen, und was etwa dabei vorgekommen ist, im Protokoll ebenfalls Erwähnung geschehen.

6) Vornehmlich aber muß die Verhandlung selbst, mit allen dahin gehörenden Erklärungen, Haupt- und Nebenbestimmungen, Abreden und Bedingungen, umständlich, in klaren und bestimmten Ausdrücken niedergeschrieben; alle Dunkelheit und Zweideutigkeiten müssen sorfältig vermieden; und Alles muß, nach der wahren Willensmeinung der Parteien, so deutlich und genau, als es nur immer möglich und nöthig ist, gefaßt werden.

7) Wenn gegen den Kontrakt oder die Disposition gewisse Einwendungen oder Rechtswohlthaten Statt finden würden, und denselben von der Partei entsagt

wird; so muß nach Anleitung des §. 32. die geschehene Erklärung und Entsagung, nebst den dabei beobachteten Solennitäten, in so fern dergleichen nach den Gesetzen erforderlich gewesen, ausdrücklich und umständlich zum Protokolle niedergeschrieben werden.

Vorlesung.

§. **44.** Dieß Protokoll muß in gewöhnlichen Fällen, wenn wenigstens Eine Gerichtsperson, und außer ihr noch ein Aktuarius oder Protokollführer bei der Verhandlung zugegen sind,[1] der Richter dem Aktuario oder Protokollführer laut in die Feder diktiren, oder wenn nur Gerichtsschöppen oder Beisitzer zugezogen worden sind, es selbst niederschreiben. In beiden Fällen aber muß der Richter das Protokoll den Parteien langsam und deutlich vorlesen, und sie befragen: ob sie den Inhalt desselben der eigentlichen Verhandlung und ihrer Willensmeinung gemäß finden.

Wird bei dieser Gelegenheit von den Parteien noch etwas erinnert, oder nachgetragen; so muß der Richter dergleichen Erinnerung und Zusatz, am Schlusse des Protokolls, mit der Bemerkung, daß diese Erklärung von der Partei bei Gelegenheit der Vorlesung abgegeben worden sey, beifügen lassen. Durchstreichungen oder Zusätze am Rande des Protokolls müssen in der Regel nicht gemacht werden. Wenn es aber ja die Umstände erfordern, und es nicht eine ganz unbedeutende Kleinigkeit betrifft; so muß die am Rande beizusetzende Registratur eben so, wie wegen des Protokolls selbst sogleich verordnet werden wird, unterzeichnet werden.

[1] Vgl. jedoch Anh.-§ 421 zu § 12 d. T.

Anh. §. 423. Wenn die Vorlesung des Protokolls unterlassen, oder, daß solche geschehen, nicht bemerkt worden ist; so folgt daraus die Ungültigkeit der Verhandlung nicht.

Unterschrift.

§. 45. Wenn nämlich die Parteien bei dem Inhalte des Protokolls nichts mehr zu erinnern finden, so muß der Richter dasselbe schließen; es den Parteien zur Unterschrift vorlegen; und es sodann mit dem Aktuario, oder dem Protokollführer, oder den Beisitzern, ebenfalls unterzeichnen.

§. 46. Ist die eine oder die andere Partei des Schreibens nicht mächtig, so muß sie an die Stelle, wo ihr Name hingehört, Kreuze, oder ihr sonstiges gewöhnliches Handzeichen setzen. Der Protokollführer, oder ein Schöppe, muß ihren Namen dabei schreiben, und der Richter muß bei seiner Unterschrift attestiren, daß diese Zeichen von der Partei, weil sie des Schreibens unkundig sey, statt ihrer Unterschrift beigefügt worden.

---

§ 47 bezieht sich auf den aufgehobenen § 21 zurück.

§ 48, welcher sich auf die Verlautbarung eines früher vollzogenen Vertrags vor einem Kollegialgerichte durch Justizkommissarien bezog, ist durch den Uebergang der freiwilligen Gerichtsbarkeit auf Einzelrichter unpraktisch geworden.

Ausfertigung.

§. 49. Auf den Grund des gehörig aufgenommenen Protokolls erfolgt sodann die gerichtliche Ausfertigung.

Außer dem Falle, wo Testamente, oder andere letztwillige Dispositionen, zum Protokoll aufgenommen werden, und wo, nach den unten folgenden näheren Vorschriften, das Protokoll selbst versiegelt in gerichtliche Verwahrung niedergelegt werden muß, wird die Ausfertigung von dem Richter, sogleich nach geschlossenem und unterzeichnetem Protokolle, verfügt.

Doch muß bei Gerichten, die ein formirtes Kollegium ausmachen, das aufgenommene Protokoll zuvörderst einem andern Mitgliede, als dem, der den Aktus vollzogen hat, zum Vortrage im versammelten Kollegio zugestellt werden. Dieser Decernent muß gehörig prüfen: ob dabei noch irgend etwas zu erinnern oder nachzuholen sey, und solchenfalls das Erforderliche nach dem Beschlusse des Kollegii verfügen. Findet sich aber weiter nichts zu erinnern, so muß die Ausfertigung von ihm veranlaßt werden.[1]

[1] Seit dem Uebergang des größten Theiles der freiwilligen Gerichtsbarkeit auf Einzelrichter unpraktisch.

§. 50. In wie fern diese Ausfertigung mit Inserirung des Protokolls selbst geschehe, oder in wie fern nur der Inhalt desselben der zu expedirenden Urkunde, mit Beziehung auf das Protokoll, einverleibt werde, desfalls hat es, nach Verschiedenheit der Fälle, bei dem Gerichtsbrauche eines jeden Kollegii, oder andern Gerichts, auch noch ferner sein Bewenden. Wenn aber auch nicht das ganze Protokoll in extenso eingerückt, sondern nur der Inhalt desselben in eine besondere Ausfertigung gefaßt wird; so muß dennoch bei dieser das Protokoll lediglich zum Grunde gelegt, von den darin enthaltenen Erklärungen, Abreden und Bedingungen in keinem Stücke abgewichen, nichts denselben hinzu gethan oder davon weggelassen, und im übrigen die Ausfertigung so gefaßt werden, wie es die Natur des Geschäfts und die vorhandenen gesetzlichen Vorschriften mit sich bringen.

§. 51. Bei Abfassung solcher Urkunden und Ausfertigungen müssen die Gerichte und Expedienten sich einer guten deutschen und allgemein verständlichen Schreibart befleißigen; alle, nur Sachverständigen nach ihrem eigentlichen Sinne bekannte Kunstwörter möglichst vermeiden, und sich, statt deren, lieber einer deutlichen und richtigen Umschreibung bedienen, den Terminum technicum aber in einer Parenthese beifügen; sich des verworrenen, dunkeln und weitschweifigen sogenannten alten Kanzelleistyls, so wie aller Affektationen, und der Würde einer gerichtlichen Handlung nicht geziemenden Künstelei und Neuerungssucht in der Sprache, gänzlich enthalten; die Perioden nicht in einander schieben, noch den Zusammenhang durch lange und häufige Parenthesen unterbrechen; keine Pleonasmen und unnütze Wiederholungen, welche nur zu Mißdeutungen und Verdrehungen Anlaß geben können, einfließen lassen; und mit Einem Worte dafür sorgen, daß sowohl die Parteien, als jeder andere, dem daran gelegen ist, das, was eigentlich verhandelt worden, aus der Ausfertigung deutlich, bestimmt und zuverlässig entnehmen können.

§. 52. Außerdem müssen dergleichen Ausfertigungen mit unnützen, zur Sache nicht gehörenden, oder unverständlichen, in der Folge wohl gar zu Zweifeln und Bedenklichkeiten Anlaß gebenden Klauseln, oder mit Renunciationen, die von keiner rechtlichen Wirkung seyn können, z. B. mit Entsagung der Exceptionis doli, vis, metus, usurariae pravitatis, restitutionis in integrum ex capite aetatis etc. etc., nicht überladen werden; sondern es ist bloß die Begebung solcher Einwendungen und Rechtswohlthaten beizufügen, die sonst dem Geschäfte wirklich entgegen gesetzt werden könnten, deren Entsagung den Rechten nach zulässig, und denen in dem Protokolle wirklich entsagt worden ist.

§. 53. Dergleichen Ausfertigung muß allemal erst koncipirt, und das Koncept in dem Falle des §. 49. von dem Decernenten revidirt, auch nach erfolgter Ausreichung des Mundi, darauf: daß, wenn, und an wen diese geschehen sey, bemerkt; sodann aber das Koncept bei den Akten, in der Registratur des Gerichts, nach näherer Vorschrift des Kanzellei- und Registraturreglements, aufbewahrt werden.[1]

[1] Jetzt sind §§ 7, 15, 40 der Geschäftsordnung für die Gerichtsschreibereien der Amtsgerichte v. 1. Aug. 1879 (Anl. I zum JMBl. 1879 Nr. 32) maßgebend.

§. 54. Das Mundum selbst wird von dem Gerichte unterschrieben und besiegelt. Ob die Unterschrift von dem Vorgesetzten allein, oder auch von allen, oder von einigen Mitgliedern des Gerichts geschehe;[1] und ob dabei ein besonderes größeres, oder nur das ordinaire

Gerichtssiegel gebraucht werde, desfalls hat es bei der Verfassung eines jeden Kollegii und Gerichts lediglich sein Bewenden.[2]

[1] Bei den einzelrichterlichen Akten der freiwilligen Gerichtsbarkeit unterschreibt der Amtsrichter.

[2] Die jetzt geltenden Vorschriften über die Dienstsiegel s. bei Müller, preußische Justizverwaltung S. 361 ff.

Dritter Titel.

Von dem Verfahren bei Aufnehmung und Bestätigung der Verträge und anderer Verhandlungen unter Lebendigen.[1]

[1] Die diesen Titel einleitenden §§ 424 bis 426 d. Anh. sind nicht mehr in Geltung. Anh.-§ 424 enthielt lediglich eine Verweisung auf die nicht mehr geltende Städteordnung v. 19. Nov. 1808; Anh.-§ 425 betraf die Eigenthumsübertragung von Bergwerken, Anh.-§ 426 die Verpflichtung der Justizkommissarien, für die Anzeige von Grundstücksverkäufen bei der Hypothekenbehörde zu sorgen; die beiden letzteren sind als durch das GEG. und die GBO. beseitigt anzusehen.

§. 1. Verträge werden entweder vor Gerichten geschlossen und aufgenommen, oder sie werden denselben nur zur Bestätigung eingereicht.

I. Aufnehmung der Verträge. Was dabei zu beobachten.

§. 2. Bei der gerichtlichen Aufnehmung eines Vertrages müssen zuvörderst die allgemeinen Anweisungen des vorher gehenden Titels genau beobachtet werden.

A. In Ansehung der Person der Kontrahenten, besonders

§. 3. Wenn besonders der eine oder der andere kontrahirende Theil mit einem Naturfehler behaftet ist, wodurch derselbe zwar zum Kontrahiren noch nicht ganz unfähig wird, dennoch aber die Deutlichkeit und Gewißheit in seinen Willensäußerungen zweifelhaft werden könnte; so muß der Richter vorzügliche Mühe anwenden, um nicht nur sich selbst von der wahren Intention einer solchen Partei vollkommen zu überzeugen, sondern auch zu verhüten, daß die Gültigkeit oder der Sinn des Vertrages nicht etwa in der Folge, unter dem Vorwande dieses Mangels einer deutlichen oder gewissen Willensäußerung, angefochten werden möge.

a) bei Tauben;

§. 4. Wenn ein Tauber einen Kontrakt schließen will, so muß der Richter die Vorschläge und Erklärungen des andern Kontrahenten, so wie die Fragen, die Er selbst an ihn ergehen zu lassen, und die Bedeutungen, die er ihm zu thun nöthig findet, von Wort zu Wort niederschreiben, und ihm zum Lesen vorlegen; und eben so seine Antworten und Gegenerklärungen wörtlich niederschreiben: also, daß die mündlichen Unterhandlungen und Traktaten, von denen in gewöhnlichen Fällen nur die Resultate zum Protokolle genommen zu werden pflegen, demselben in einem solchen Falle in extenso einverleibt werden müssen. Das Protokoll selbst muß allemal, statt des gewöhnlichen Vorlesens, dem Tauben zum eigenen Durchlesen gegeben, und, daß solches geschehen, von ihm bei seiner Unterschrift ausdrücklich attestirt werden.[1]

[1] Die §§ 4 bis 7 d. T. gelten noch; § 188 GVG. ist auf Angelegenheiten, welche nicht zu der ordentlichen streitigen Gerichtsbarkeit gehören, nicht für anwendbar erklärt.

b) bei Stummen;

§. 5. Wenn ein Kontrahent stumm ist, so muß derselbe seine Vorschläge und Erklärungen, seine Aeußerungen auf die Anträge des andern Theils, und seine Antworten auf die Fragen und Bedeutungen des Richters, eigenhändig in das Protokoll niederschreiben.

§. 6. Bei Personen, die taub und stumm zugleich sind, muß der Richter die Vorschriften beider vorhergehenden Paragraphen beobachten.

c) bei Taubstummen;

§. 7. Taubstumme (A. L. R. Th. II. Tit. XVIII. §. 15. 16.), die nicht schreiben und Geschriebenes lesen können, sind in der Regel nicht fähig, Verträge zu schließen, sondern müssen unter Vormundschaft genommen, und ihre Angelegenheiten durch ihre Vormünder besorgt werden.[1]

Wenn jedoch in besonderen Fällen behauptet wird, daß ein solcher Mensch, bei übrigens gehörig entwickelten Verstandeskräften, durch die Zeichensprache von dem, was man ihm zu wissen thun will, hinlänglich unterrichtet werden, und eben so seinen Willen, durch Zeichen, deutlich und verständlich genug äußern könne; der Fall aber so beschaffen ist, daß entweder die vorzunehmende gerichtliche Handlung durch den Vormund allein nicht vollzogen werden kann, sondern die eigene Mitwirkung der Partei selbst nothwendig erfordert wird; oder wenn bei der Sache dergestalt Gefahr im Verzuge ist, daß auf die förmliche Bevormundung damit nicht gewartet werden kann: so muß der Richter vor allen Dingen, im erstern Falle, den bestellten Vormund dennoch zuziehen; im letztern aber der Partei, welche noch nicht förmlich bevormundet ist, einen besondern Kurator [2] zu der gegenwärtigen Handlung zuordnen. Sodann muß er wenigstens zwei von denjenigen Personen, die mit einem solchen Menschen täglich oder doch oft zusammen kommen und Umgang pflegen, bei der vorzunehmenden Handlung aber kein solches eigenes Interesse haben, welches ihre Glaubwürdigkeit zweifelhaft machen könnte, darüber: ob und woher sie wissen, daß derselbe durch Zeichen hinlänglich verständigt werden, und seinen Willen auf eben die Art mit Deutlichkeit und Gewißheit äußern könne, an Eides Statt, und mit dem Bedeuten, daß sie sich zur eidlichen Bestärkung ihrer Angaben, auf Erfordern, bereit halten müßten, vernehmen; hiernächst den Gemüthszustand einer solchen Partei überhaupt, und die Richtigkeit der Angaben von ihrer Fähigkeit, Zeichen zu verstehen, und sich durch Zeichen zu erklären, insonderheit, sorgfältig prüfen; sich davon, durch wiederholte Proben, so vollständig als möglich, überzeugen, und die dießfälligen Verhandlungen umständlich zum Protokolle niederschreiben lassen. Sodann muß zur Sache selbst geschritten, und es müssen dabei wenigstens zwei Personen, welche der mit der Partei zu redenden Zeichensprache mächtig und seiner Zeichen kundig sind, zugezogen werden. Unter diesen Dollmetschern kann auch der Vormund oder Kurator, [2] wenn sonst die übrigen Erfordernisse bei ihm zutreffen, mit begriffen seyn; doch muß überhaupt der Richter die Vorsicht brauchen, daß er sich bald des einen, bald des andern bediene, um der Partei die Fragen vorzulegen, oder ihre Erklärungen einzuziehen. Am Schlusse des Protokolls muß der Inhalt desselben, so weit er die vorzunehmen gewesene Handlung selbst betrifft, der Partei durch den Weg der Zeichensprache nochmals vorgehalten, und ihre Genehmigung darüber auf eben die Art eingeholt werden. Das Protokoll aber müssen, außer den gewöhnlichen Unterschriften, auch diejenigen, durch deren Zeugniß der Richter sich von der hinlänglichen Fähigkeit der Partei versichert, und deren er sich bei dem Aktus als Dollmetscher bedient hat, mit unterzeichnen. Der Vormund oder Kurator[2] muß, wenn er auch nicht als Dollmetscher mit gebraucht worden, dennoch bei der ganzen Verhandlung zugegen seyn, und statt der Partei das Protokoll unterschreiben.

[1] Vgl. jetzt § 81 Nr. 3 VO.

[2] jetzt: Pfleger, § 90 VO.

d) bei Blinden;

§. 8. Wenn ein Blinder kontrahiren will, so muß der Richter sich besonders davon, daß derselbe die Person, mit welcher der Kontrakt geschlossen werden soll, wirklich kenne, und daß dabei kein Irrthum vorwalte, hinlänglich überzeugen; und wie er zu dieser Ueberzeugung gelangt sey, in dem Protokolle bemerken. Auf eben die Art muß der Richter, wenn Gegenstände vorkommen, die gewöhnlich nur durch den Sinn des Gesichts erkannt werden, sich versichern, daß, und auf welchem andern Wege, der Blinde davon die zu einer gewissen Willenserklärung nöthige Kenntniß erlangt habe; und wie dieß geschehen, ebenfalls niederschreiben lassen. Uebrigens muß dem Blinden zu der ganzen Verhandlung ein Beistand zugeordnet werden, durch welchen ihm am Ende das Protokoll vorgelesen wird, und der dasselbe an seiner Statt unterzeichnet.[1]

[1] Durch die VO. ist diese Vorschrift nicht berührt. Vgl. Stölzel im JMBl. 1878 S. 12.

e) bei Leuten, die zuweilen ihres Verstandes nicht mächtig sind.

§. 9. Personen, die auch nur zuweilen, und mit gewissen Abwechselungen, an einer Abwesenheit des Verstandes leiden, müssen in der Regel zu Schließung lästiger Verträge nicht zugelassen, sondern unter Vormundschaft gesetzt werden.[1] Wenn aber besondere Fälle vorkommen, wo eine solche Person in einem lichten Zwischenraume einen Vertrag schließen soll, und die Sache dergestalt dringend ist, daß die förmliche Bevormundung, ohne ihren eigenen Nachtheil, nicht abgewartet werden kann; so muß der Richter sich auf das vollständigste, allenfalls unter Zuziehung eines Arztes, überzeugen, daß der Kontrahent jetzt wirklich in einem solchen lichten Zwischenraume stehe, und daß seine Verstandeskräfte in sich noch ungeschwächt genug sind, um seine Handlungen und deren Folgen gehörig überlegen zu können. Sodann muß er diesem Kontrahenten zu dem Aktus selbst einen Beistand zuordnen,[2] und bei der Vollziehung der Handlung die Vorschriften des zweiten Titels §. 27. 28., wegen der einer solchen Partei zu ertheilenden Belehrungen und Bedeutungen, mit vorzüglicher Sorgfalt beobachten; das Protokoll aber so umständlich fassen, daß aus selbigem die Ueberzeugung, wasmaaßen der Aktus wirklich in einem lichten Zwischenraume vorgenommen und vollzogen worden ist, zu allen Zeiten entnommen werden könne.

Sollte übrigens das Geschäft, vor gänzlicher Abschließung und Vollziehung des Protokolls, durch einen wiederholten Anfall der Gemüthskrankheit eines solchen Kontrahenten unterbrochen werden; so sind nicht nur alle bis dahin vorgefallene Verhandlungen, wie sich schon von selbst versteht, unverbindlich, sondern sie werden auch als gar nicht vorgefallen angesehen; und muß daher der Aktus, wenn er nach erfolgter Wiederherstellung des Kontrahenten dennoch vor sich gehen soll, nicht bloß da, wo er das erste Mal unterbrochen worden, wieder aufgenommen, sondern ganz von vorn angefangen werden.

[1] Vgl. § 81 Nr. 1 VO.
[2] Vgl. A. 1 zu § 8 d. T.

B. In Ansehung des Inhalts; besonders

§. 10. Bei den verschiedenen Arten der Kontrakte muß der Richter, vor welchem sie geschlossen werden sollen, darauf sehen, daß dasjenige, was die Gesetze, nach der Natur eines jeden Kontrakts, zur Gültigkeit und Vollständigkeit desselben erfordern, genau beobachtet; und daß besonders den Streitigkeiten und Prozessen, die bei der Erfüllung desselben entstehen könnten, durch deutliche und bestimmte Verabredungen der Kontrahenten nach Möglichkeit vorgebeugt werde. Der

Richter muß sich daher die gesetzlichen Vorschriften über die Natur, Erfordernisse und Wirkungen eines jeden Kontrakts, und über die Ausflüchte, welche wider die Erfüllung desselben gemacht zu werden pflegen, stets gegenwärtig erhalten, und durch richtige zweckmäßige Anwendung einer gründlichen Rechtstheorie, dem Haupttheile seiner Obliegenheit, welcher in Verhütung künftiger Prozesse besteht, ein Genüge zu leisten, sich angelegen seyn lassen.

1) bei Kaufkontrakten.

§. **11.**[1] Besonders muß bei Kauf- und anderen Veräußerungkontrakten, über Grundstücke und Gerechtigkeiten, der Richter sich von dem zu verkaufenden Immobili einen Hypothekenschein[2] vorlegen lassen, um daraus zu entnehmen: ob der Verkäufer seinen Besitztitel gehörig berichtigt habe;[3] und ob aus der im Hypothekenbuche[4] bemerkten Qualität des Grundstücks, oder aus den in der ersten und zweiten Rubrik[5] des Hypothekenbuches[4] eingetragenen Vermerken, irgend etwas hervor gehe, wodurch die Befugniß des Verkäufers, über die Substanz der Sache solchergestalt zu disponiren, eingeschränkt werde. Kommt nach Provinzialgesetzen, oder bei dem Gerichte bekannten Verträgen, oder anderen Dispositionen, irgend jemandem ein Vorkaufs- oder Näherrecht[6] zu; so muß der Richter sich erkundigen, und nachweisen lassen: ob diesen Berechtigten das Anbieten gehörig geschehen sey, ob, und wohin sich dieselben erklärt haben, und in wie fern, nach dieser Erklärung, das Geschäft mit dem Käufer gültig und zuverlässig abgeschlossen werden könne. Soll das Anbieten und die Aufforderung zur Ausübung des Vorkaufs- oder Näherrechts[6] erst nach geschlossenem Kontrakte erfolgen, so muß der Richter die Vorschrift Tit. II. §. 23.[7] genau beobachten, und darauf sehen, daß die dießfälligen Obliegenheiten des Verkäufers, die Frist, in welcher dieselben von ihm erfüllt werden müssen, die rechtlichen Folgen der unterbliebenen Erfüllung, und was Statt finden solle, wenn nach der Erklärung des Vorkaufsberechtigten der gegenwärtige Kontrakt außer Wirkung gesetzt würde, in dem Vertrage selbst, so genau und bestimmt als möglich, verabredet werden.

[1] § 11 d. T. ging in seiner ursprünglichen Fassung davon aus, daß der Kaufkontrakt — in Verbindung mit der Naturalübergabe — den Eigenthumsübergang bewirke. Seitdem letzterer an die Auflassung geknüpft ist, ist bezüglich der Haftung des Richters für die Legalität dieses Aktes § 46 GBO. maßgebend. Für die Aufnahme eines gerichtlichen Kaufvertrags muß aber § 11 d. T. noch mit den in den folgenden Anmerkungen hervorgehobenen Modifikationen als maßgebend angesehen werden.

[2] jetzt: eine beglaubigte Abschrift des Grundbuchblattes oder -artikels, § 120 GBO.

[3] jetzt: als Eigenthümer eingetragen sei.

[4] jetzt: Grundbuch.

[5] jetzt: Abtheilung.

[6] Jetzt bestehen nur noch wenige, nicht provinzial-, sondern landesgesetzlich anerkannte Vorkaufsrechte; die Näherrechte sind ganz beseitigt, § 2 Nr. 6, § 4 des Ges. v. 2. März 1850 (GS. S. 77).

[7] Anscheinend Druckfehler für § 27.

wegen Festsetzung des Kaufgeldes,

Bei Festsetzung des Kaufgeldes muß der Richter den Parteien die gesetzlichen Vorschriften, nach welchen der Käufer unter gewissen Umständen eine Verletzung über die Hälfte vorschützen kann, bekannt machen; und wenn der Käufer sich dieser Einwendung begeben will, demselben die rechtlichen Folgen einer solchen Verzicht ausdrücklich vorhalten.

wegen des Beilasses,

Besonders muß der Richter genau darauf sehen, daß bestimmt werde: ob der Käufer die Sache mit oder ohne Beilaß erhalten solle. Wenn Ersteres ist, und der Beilaß nach einem Inventario übergeben werden soll; so muß der Richter die Kontrahenten auffordern, dieses Inventarium dem Kontrakte beizufügen; und nur dann, wenn sie erklären, daß sie dieses nicht wollen, sich dabei beruhigen; die Weigerung aber, und was die Parteien etwa sonst wegen dieses Punktes verabredet haben, in dem Protokolle ausdrücklich bemerken. Soll der Käufer die Sache in Ansehung des Beilasses, wie sie steht und liegt, übernehmen; so muß der Sinn und die gesetzliche Wirkung dieses Ausdrucks den Parteien gehörig erklärt werden.

wegen der Pertinenzstücke,

Gehören unbewegliche Pertinenzstücke zu der verkauften Sache, so muß der Richter darauf sehen: ob dieselben auf Ein Folium[8] im Hypothekenbuche[9] mit der Hauptsache eingetragen sind; oder ob sie ein besonderes Folium[10] haben. Ist Ersteres, so muß er dafür sorgen, daß derselben in dem Kontrakte ausdrücklich, wenigstens relative auf den Hypothekenschein,[11] gedacht werde. Ist Letzteres, so muß darüber entweder ein besonderer Kontrakt errichtet, oder doch in dem Hauptkontrakte bestimmt werden: wie viel von dem bewilligten Kaufgelde auf dieses Pertinenzstück zu rechnen sey.

[8] jetzt: Ein Blatt oder Einen Artikel.

[9] jetzt: Grundbuche.

[10] jetzt: ein besonderes Blatt oder einen besondern Artikel.

[11] jetzt: die Abschrift des Grundbuchblatts oder -artikels.

wegen der Gewährsleistung,

Eben so muß, in Ansehung der zu leistenden Gewähr, auf genaue und bestimmte Festsetzungen gedrungen werden: da die Erfahrung lehrt, daß besonders wegen der Gewährsmängel die weitläufigsten und kostbarsten Prozesse entstehen. Wenn also das Immobile nach einem Anschlage verkauft wird, so muß der Richter dafür sorgen, daß der zum Grunde gelegte Anschlag dem Kontrakte beigefügt werde; und daß dieser Anschlag so beschaffen sey, damit, bei entstehendem Streite, hinlänglich feste Grundsätze sowohl darüber: was zu gewähren, als darüber: wie bei eintretendem Eviktionsfalle die Entschädigung zu bestimmen sey, entnommen werden können. Nur dann, wenn die Parteien, von dieser richterlichen Anweisung und Belehrung keinen Gebrauch machen zu wollen, sich ausdrücklich erklären, muß der Richter zwar weiter fortfahren, zugleich aber jene Weigerung, zu seiner eigenen künftigen Deckung, in dem Protokolle gehörig bemerken.

Soll das Gut in Pausch und Bogen verkauft seyn, so ist den Parteien der Sinn und Umfang dieser Klausel gehörig zu erklären, und ihnen bekannt zu machen: in wie fern dieselbe eine Verzicht auf die Gewährleistung enthalte, und was, derselben ungeachtet, dennoch von dem Verkäufer zu vertreten seyn würde. Soll entweder auf alle und jede, oder auf gewisse Arten der Gewährsleistung Verzicht gethan werden; so muß der Richter den Käufer von der Wichtigkeit und den Folgen einer solchen Renunciation sattsam belehren, und ihm sowohl, als dem Verkäufer, bekannt machen: was für Gewährsmängeln nach den Gesetzen entweder gar nicht entsagt werden könne, oder bei welchen eine ausdrückliche und bestimmte Entsagung nöthig sey.

wegen der eingetragenen Schulden,

Sind auf dem Grundstücke Schulden eingetragen, so muß der Richter den Käufer bedeuten, daß dieselben mit der Sache zugleich auf ihn übergehen. Werden dergleichen Schulden auf Rechnung des Kaufgeldes übernommen, so muß der Verkäufer erinnert werden, daß dadurch seine bisherige persönliche Verbindlichkeit gegen den Gläubiger nicht wegfalle; und es daher seine Sache sey, dafür zu sorgen, daß entweder der Käufer die übernommenen Schulden berichtige, oder die Erklärung der Gläubiger, ihn seiner persönlichen Verpflichtung entlassen zu wollen, herbei schaffe.[12] Auch muß der Richter darauf sehen, daß die Parteien unter sich verabreden; ob ein Aufgebot des Grundstücks in Ansehung der unbekannten Realprätendenten veranlaßt werden; auf wessen Kosten es geschehen; ingleichen, ob, und wie viel von den Kaufgeldern, zur Sicherheit des Käufers, bis nach ergangener Präklusion stehen bleiben solle.[13]

[12] jetzt modifizirt durch § 41 GGG.

[13] Ueber die beschränkte Fortdauer dieses Aufgebots s. A. 1 zu § 100 I, 51.

wegen der Nebenverträge.

Sollen dem Kaufkontrakte Nebenverträge beigefügt werden, so muß der Richter dabei vorzüglich auf genaue bestimmte Fassung derselben Rücksicht nehmen. Insonderheit muß er, wenn ein Wiederkaufsrecht vorbehalten werden soll, bei Prüfung und Fassung der dießfälligen Verabredungen, mit genauer Sorgfalt und beständiger Rücksicht auf die Vorschriften des Landrechts Th. I. Tit. XI. §. 296—330. zu Werke gehen: damit eines Theils nicht Wucher und Uebervortheilungen hinter einem solchen Geschäfte versteckt,[14] und andern Theils die Gelegenheiten und Veranlassungen zu Prozessen, welche bei künftiger Ausübung des Wiederkaufsrechts um so leichter entstehen können, je ein längerer Zeitraum etwa seit dem ersten Kaufe verstrichen ist, nach Möglichkeit verhütet werden.

[14] Die Bestimmungen dieses § sowie diejenigen der angezogenen Landrechtsvorschriften, welche sich auf Verhütung des Wuchers beziehen, sind beseitigt durch das Bundesgesetz v. 14. Nov. 1867 (BGBl. S. 159).

2) Bei Pachtkontrakten,

§. 12. Bei Aufnehmung von Pachtkontrakten über Landgüter muß der Richter sein Augenmerk vornehmlich darauf richten:

wegen des Beilasses;

1) daß, wenn das gepachtete Grundstück mit einem Beilasse übergeben werden soll, darüber eben so, wie

bei Käufen, ein ordentliches und richtiges Inventarium aufgenommen, die Beilaßstücke taxirt, und das Inventarium dem Pachtkontrakte beigefügt werde, um dasselbe bei der künftigen Rückgewähr mit Zuverlässigkeit zum Grunde legen zu können.

wegen der Gewährsleistung;

2) Wird die Pacht nach einem Anschlage geschlossen, so muß dieser Anschlag dem Kontrakte ebenfalls beigefügt werden; und der Richter muß, so wie bei Käufen, darauf sehen, daß der Anschlag zweckmäßig und bestimmt genug sey, um bei entstehendem Streite über Gewährsmängel hinlängliche Data darin zur Beurtheilung und Entscheidung anzutreffen. Wird in Pausch und Bogen gepachtet, so ist die Natur und der Umfang dieser Klausel, besonders dem Pächter, gehörig zu erklären; und da auch alsdann der Verpächter dennoch das gewöhnliche Zubehör des Guts gewähren muß, so ist dafür zu sorgen, daß wenigstens ein Verzeichniß der unbeweglichen mitverpachteten Pertinenzstücke, welche nicht etwa mit dem Hauptinbegriffe der Ländereien in einem Strich und Umkreise zusammen, sondern von demselben abgesondert liegen, dem Kontrakte beigefügt werde.

wegen der Remissionen;

3) Besonders muß, bei größeren und auf mehrere Jahre zu schließenden Verpachtungen, der Punkt wegen der Remissionen, wegen der Kriegsschäden, und wegen der sonst dem Pächter von dem Verpächter zu leistenden Vergütungen, mit möglichster Sorgfalt bestimmt

werden. Zu dem Ende muß der Richter den Kontrahenten die darüber vorhandenen Vorschriften der Gesetze bekannt machen; er muß von ihnen vernehmen: in wie fern sie dabei stehen bleiben, oder davon abgehen wollen; er muß die dießfälligen Verabredungen so genau und bestimmt als möglich zu fassen suchen, und dabei besonders darauf sehen, daß, wenn es in dem einem Stücke bei den Vorschriften der Gesetze gelassen, in dem andern aber davon abgegangen wird, daraus nicht Widersprüche, Dunkelheiten und Verwirrungen, welche zu den größten Weiterungen Anlaß geben können, entstehen mögen. Wenn die Parteien sich bei diesen Punkten auf gewisse andere Festsetzungen, z. B. auf die bei den Königlichen Aemtern angenommenen Remissionsprincipia, beziehen wollen; so muß der Richter dieselben aufmerksam darauf machen: ob auch bei der Pachtung ein solcher Anschlag, wie bei den Königlichen Aemtern gewöhnlich ist, zum Grunde gelegt worden; damit nicht, wenn demnächst jene Principia auf einen bei dieser Pachtung vorkommenden Remissionsfall angewendet werden sollen, es an den zu einer solchen Anwendung nöthigen Datis und Voraussetzungen fehlen möge.

wegen der Pachtanticipationen;

4) Wenn der Pächter, wie oft zu geschehen pflegt, sich zu einer Vorausbezahlung der Pacht versteht, also, daß er z. B. in dem letzten Jahre, und bei seinem Abzuge, keine Pacht mehr zu entrichten habe; oder wenn er dem Verpächter eine baare Kaution bestellt, deren

Betrag er sich successive, oder auch von der letzten Pacht, wieder inne behalten soll: so muß der Richter den Pächter bedeuten, daß durch ein solches Abkommen den zur Zeit des Kontrakts auf dem Gute schon eingetragenen Gläubigern ihr vorzügliches Recht, sich wegen ihrer Zinsen an die Früchte und Nutzungen des Guts zu halten,[1] nicht entzogen werden könne; und was er wegen Vermerkung seines Kompensations- oder Innebehaltungsrechts im Hypothekenbuche,[2] zu veranstalten habe, wenn er sich gegen die Ansprüche später einzutragender Gläubiger decken wolle.[3]

[1] Dasselbe bestimmt sich jetzt nach § 31 GEG.

[2] jetzt: Grundbuche.

[3] Nach § 31 GEG. ist hinsichtlich der Vorauszahlung der Pachtgelder der Unterschied der eingetragenen und der noch einzutragenden Gläubiger beseitigt.

wegen der Onerum;

5) Auch wegen der Lasten, Abgaben und sonstigen Zahlungen, die nach allgemeinen oder Provinzialgesetzen ein Pächter auf Rechnung des Pachtzinses, oder noch außer und über denselben zu entrichten hat, muß den Parteien die nöthige Bedeutung geschehen; und alle Verabredungen, wodurch sie von diesen gesetzlichen Bestimmungen abweichen wollen, müssen deutlich und genau verzeichnet werden.

wegen des Abstandes;

6) Wenn das Recht des Verpächters nur an seine Person oder Lebenszeit, oder an gewisse Umstände und Begebenheiten, von denen man: ob und wann sie eintreten werden, nicht voraus sehen kann, gebunden ist,

z. B. wenn er das Gut nur als Nießbraucher auf Lebenszeit besitzt, und also der Fall sich ereignen kann, daß der Pächter noch vor dem Ablaufe der kontraktmäßigen Zeit räumen muß; so sind auf diesen Fall besondere möglichst bestimmte Verabredungen über die Entschädigung zu treffen, welche der Pächter von dem Verpächter oder aus dessen Nachlasse erhalten soll.

wegen der Meliorationen.

7) Besonders sind dergleichen bestimmte Verabredungen nöthig, wenn der Pächter gewisse Verbesserungen in dem Gute zu machen übernommen hat. Dabei muß nicht nur der Umfang seiner Verbindlichkeit gehörig festgesetzt, sondern auch verabredet werden: was Statt finden solle, wenn der Pächter seiner übernommenen Obliegenheit nicht nachkäme; oder wenn er, mit oder ohne seine Schuld, unter der kontraktmäßigen Zeit von dem Gute abziehen müßte.

3) bei Darlehnsverträgen;

§. 13. Bei gerichtlich aufzunehmenden Darlehnskontrakten muß der Richter sich die möglichste Verhütung alles Wuchers, und aller Uebervortheilungen des Schuldners, besonders zum Augenmerk nehmen.[1] Er muß sich daher genau erkundigen: ob und wie die Valuta berichtigt worden, oder noch berichtigt werden solle. Wird angezeigt, daß die Berichtigung der Valuta schon erfolgt sey, so muß er sich von dem Schuldner die Art, wie es geschehen, die Zeit und den Ort bestimmt angeben lassen; ihn gehörig bedeuten, welche nachtheilige Folgen ein dergleichen wiederholtes gericht=

liches Empfangsbekenntniß, wenn es der Wahrheit nicht gemäß seyn sollte, für ihn haben würde; und dieses alles in dem Protokolle gehörig niederschreiben lassen. Erfolgt die Zahlung der Valuta in seiner Gegenwart, so muß er auch dieses, mit Bemerkung der Münz- und Geldsorten, in das Protokoll eintragen, und dahin sehen, daß der Schuldner das hingelegte oder hingezählte Geld wirklich in seine Gewahrsam erhalte. [Soll aber, wie bei Hypothekendarlehnen gewöhnlich ist, die Valuta erst nach geschehener Eintragung berichtigt werden; so muß der Richter dem Schuldner, auf den Grund der Hypothekenordnung, eröffnen, was er zu thun, und was er zu seiner Sicherheit bei dem Hypothekenbuche zu beobachten habe, wenn der Gläubiger mit der Berichtigung der Valuta, wider Verhoffen, zurück bleiben sollte. [2]]

[1] Fällt weg nach dem Bundesgesetz v. 14. Nov. 1867 (BGBl. S. 159).

[2] Die bezüglichen Vorschriften (§§ 738, 739 I, 11; §§ 424, 425 I, 20 ALR.) sind durch das GEG., insbesondere § 38 desselben aufgehoben. Urtheil des Obertribunals v. 2. April 1875 (Entsch. Bd. 75 S. 197).

4) **bei antichretischen Pfandkontrakten;**

§. 14. Soll dem Gläubiger, zur Sicherheit eines Darlehns, oder einer andern Forderung, ein nutzbares Pfandrecht auf ein Grundstück eingeräumt werden; so muß der Richter die Vorschriften der Gesetze, wegen Verhütung des bei solchen Geschäften sehr oft versteckt liegenden Wuchers, sorgfältig beobachten. (A. L. R. Th. I. Tit. XX. §. 228 u. f.) [1] [Er muß sich also von dem Ertrage des zu verpfändenden Gutes, und dessen Zu- oder Unzuverlässigkeit, glaubwürdige Nachrichten so weit zu verschaffen suchen, als es nöthig ist, um die Gesetzmäßigkeit des Verhältnisses zwischen dem Ertrage, und den verabredeten zulässigen Zinsen zu beurtheilen.] Auch müssen in einem solchen Kontrakte die Verhältnisse des Pfandinhabers, wegen der mit oder ohne sein Zuthun an der Substanz sich ereignenden Verbesserungen, oder Verschlimmerungen, ingleichen seine Obliegenheiten wegen Konservation der Substanz, und der darauf zu verwendenden Kosten, mit Sorgfalt bestimmt werden.

[1] Diese Vorschriften und damit der zweite (nicht; auch der dritte) Satz dieses § sind weggefallen. S. A. 4 zu § 3 AGO. II, 1.

5) **bei Vollmachten;**

§. 15. Wenn eine Vollmacht gerichtlich aufgenommen werden soll, so muß der Richter, wenn besonders von einer Generalvollmacht die Rede ist, sich darnach erkundigen: ob und zu welcher von denjenigen Handlungen, wobei die Gesetze eine Specialvollmacht erfordern, der bestellte Mandatarius berechtigt seyn solle; damit dergleichen Handlungen in der Vollmacht selbst gehörig ausgedrückt werden können. Auch muß er nachfragen: ob und in wie fern der Bevollmächtigte einen Substituten zu bestellen das Recht haben solle. Wie bei Aufnehmung der Vollmachten von Korporationen und Gemeinen zu verfahren sey, ist im Ersten Theile Tit. III. §. 39 u. f. vorgeschrieben.

6) **bei Bürgschaften;**

§. 16a. Die Aufnehmung von Bürgschaften erfordert von Seiten des Richters vorzügliche Sorgfalt und Vorsicht. 'Er muß daher besonders nach der persönlichen Fähigkeit des sich angebenden Bürgen, einen solchen Kontrakt zu schließen, genaue Nachfrage halten, [und wenn es eine Frauensperson, oder gar eine verheirathete Frau ist, die Vorschriften der Gesetze wegen der Vorhaltung und Verwarnung, die ihr geschehen muß, pünktlich befolgen. (A. L. R. Th. I. Tit. XIV. §. 221 u. f. Th. II. Tit. I. §. 341 u. f.)[1]] Außerdem muß er sowohl dem Bürgen, als demjenigen, welchem durch die Bürgschaft Sicherheit geleistet werden soll, die verschiedenen Einwendungen und Rechtswohlthaten, welche die Gesetze einem Bürgen gestatten, bekannt machen; und wenn denselben entsagt werden soll, den Entsagenden über die rechtlichen Folgen davon deutlich belehren.

[1] Insoweit — ebenso wie der auf Bürgschaften einer Ehefrau für ihren Ehemann bezügliche § 16b. d. T. — beseitigt durch Ges. v. 1. Dez. 1869 (GS. S. 1169).

7) bei **Schenkungen**;

§. **17.** Da der Grund, warum nach gesetzlichen Vorschriften alle Schenkungen, wenn sie verbindliche und unwiderrufliche Kraft haben sollen, gerichtlich geschehen müssen, darin besteht, damit Leichtsinn und unbesonnene Uebereilungen möglichst verhütet werden; so muß der Richter bei Aufnehmung eines Schenkungsvertrages diesen Gesichtspunkt besonders vor Augen haben. Wenn er nach den ihm bekannten persönlichen Familien- und Vermögensumständen des Geschenkgebers, in Vergleichung mit den Verhältnissen, in welchen sich derselbe gegen den Geschenknehmer befindet, oder mit den Bewegungsgründen, welche der Erstere zu seiner vorhabenden Freigebigkeit anführt, in seinem Gewissen Grund findet, zu besorgen, daß diese Freigebigkeit eine bloße Verschwendung sey; daß sie dem Geschenkgeber durch listige Kunstgriffe und Schmeicheleien abgelockt worden; daß derselbe sich dadurch außer Stand setzen dürfte, seinen Pflichten gegen die Seinigen ein Genüge zu leisten; oder daß die Schenkung gar zur Verkürzung der Rechte eines Dritten, z. B. der Gläubiger des Geschenkgebers, abzielen möchte: so muß er dergleichen Bedenklichkeiten dem Geschenkgeber ohne Rückhalt eröffnen, und die allgemeine Vorschrift Tit. II. §. 30. gewissenhaft befolgen; jedoch auch hier mit Vorsicht und Behutsamkeit zu Werke gehen, damit er seinen Rath und seine Meinung der Partei, gegen ihre eigene Einsicht und Ueberzeugung, nicht aufdringe, und sich dadurch einer Uebertretung der Vorschrift Tit. II. §. 33. schuldig mache.

Wenn dem Einwande, daß das Geschenk übermäßig sey, entsagt, oder das Geschäft als eine belohnende Schenkung aufgenommen werden soll; so sind die Vorschriften des Landrechts Th. I. Tit. XI. §. 1094. 1095. und §. 1173. gehörig zu beobachten.

8) bei Ehepakten;

§. 18. Sollen Ehepakten errichtet, und dadurch Veränderungen in den gesetzlichen Bestimmungen[1] wegen des eingebrachten und vorbehaltenen Vermögens der Frau, vorgenommen werden; so muß der Richter dafür sorgen,[1] daß diese Verabredungen, in so fern sie Grundstücke oder Kapitalien betreffen, in Ansehung der ersteren im Hypothekenbuche[2] bemerkt, in Ansehung der letzteren aber durch Umschreibung des Schuldinstruments, oder Vermerkung auf demselben, und Bekanntmachung an den Schuldner, zur Wissenschaft eines jeden, dem daran gelegen ist, gebracht; solchergestalt aber allen Irrungen oder Verleitungen des Publici möglichst vorgebeugt werde. Wird in den Ehepakten zugleich die künftige Succession der Eheleute bestimmt, so muß der Richter darauf sehen, daß diese Bestimmung auf beide Fälle, wenn bei dem Absterben des einen Ehegatten Nachkommen aus dieser Ehe vorhanden seyn sollten, oder nicht, mit der nöthigen Deutlichkeit gerichtet werde. Soll die überlebende Frau nach einem solchen Vertrage weniger erhalten, als ihr nach den Gesetzen gebühren würde; so muß der Richter vorzüglich aufmerksam seyn, daß nicht etwa die Frau, aus bloßem Leichtsinn, Schwäche, und Mangel an Ueberlegung, zu einem solchen ihr nachtheiligen Uebereinkommen verleitet seyn möge. Eben diese Vorschrift muß auch alsdann beobachtet werden, wenn Ehepakten, die zum Vortheile der Frau gereichen, mit gegenseitiger Einwilligung beider Eheleute wieder aufgehoben werden sollen. (A. L. R. Th. II. Tit. I. §. 215. 216. 441. 442.)

[1] d. h. die Interessenten zu dem betr. Schritte veranlassen.
[2] jetzt: Grundbuche.

9) bei Verträgen über die Gütergemeinschaft;

§. 19. Wenn die Gemeinschaft der Güter unter Eheleuten durch Vertrag eingeführt werden soll, so muß der Richter nicht nur, in Ansehung der Form, die Vorschriften des Gesetzbuchs Th. II. Tit. I. §. 357. 358. gehörig befolgen, sondern auch dafür sorgen,[1] daß in Ansehung der Grundstücke die nach den Gesetzen erforderliche Eintragung in das Hypothekenbuch[2] erfolge. (Ebend. §. 365—369.)

Wird die Kommunion durch einen Vertrag ausgeschlossen, oder aufgehoben; so ist der Richter für die vorschriftsmäßige Bekanntmachung zu sorgen verbunden. (Ebend. §. 422—426.)

Wird eine Gemeinschaft des Erwerbs errichtet, so muß der Richter die Eheleute, zur Aufnehmung des vorgeschriebenen Verzeichnisses über das von jeder Seite in die Kommunion gebrachte Vermögen, ausdrücklich anweisen. (Ebend. §. 397—399.)

[1] s. A. 1 zu § 18 d. T.

[2] jetzt: Grundbuch.

10) bei anderen Arten von Verträgen.

§. 20. Da übrigens hier nicht alle Arten der Kontrakte aufgezählt werden können, so werden die Gerichte nochmals erinnert, so oft Parteien zur Errichtung von Verträgen einer gewissen Art bei ihnen sich melden, sich die gesetzlichen Vorschriften darüber stets gegenwärtig zu erhalten, und mit möglichster Sorgfalt darauf zu sehen, daß durch deutliche, bestimmte und vollständige

Fassung künftigen Ungewißheiten und Irrungen möglichst vorgebeugt werde.

II. Konfirmation von Verträgen.

Die gerichtliche Bestätigung (§§ 22 bis 24 d. T.) bestand in einer besonders feierlichen Verlautbarung des Vertrages vor Gericht; eine richterliche Prüfung und Genehmigung fand nicht statt. Die Wirkung der Konfirmation war, dem Geschäfte selbst durch den Hinzutritt der gerichtlichen Bestätigung einen höheren Grad von Festigkeit und Unverletzbarkeit zu verleihen (§ 23 d. T.). Nach § 203 ALR. I, 5 konnte die Erfüllung eines gerichtlich bestätigten Vertrages durch Einwendungen gegen die Gültigkeit und den Inhalt desselben, welche nicht sogleich klar gemacht werden, nicht aufgehalten werden. Seitdem die CPO. diese Eigenschaft der fraglichen Verträge als spezifische Wirkung der gerichtlichen Bestätigung beseitigt hat, ist das ganze Institut als aufgehoben zu erachten. Förster-Eccius § 80 (Bd. 1 S. 538 f.).

III. Einseitige Actus inter vivos.

§. 25. Bei Aufnehmung einseitiger gerichtlicher Handlungen unter Lebendigen, z. B. von Quittungen, Entsagungen, Verzichten u. s. w., finden eben die Vorschriften, wie bei Aufnehmung der Kontrakte, Statt; mit dem aus der Sache selbst fließenden Unterschiede, daß, da der Richter es bei solchen Handlungen nur mit Einer Person zu thun hat, von jenen Vorschriften, die, welche das Verhältniß zwischen zwei oder mehreren Kontrahenten voraus setzen, von selbst hinweg fallen.

IV. Gerichtliche Rekognitionen.

Ueber gerichtliche Anerkennung des Inhalts (nicht bloß der Unterschrift) einer Urkunde s. § 125 I, 10.

§. 26. Von der gerichtlichen Aufnehmung der Kontrakte und anderer Instrumente, [ingleichen von der Konfirmation derselben,] ist die vor Gericht erfolgende bloße Rekognition der Unterschriften unter einem bereits ausgestellten Instrumente verschieden. In einem solchen Falle ist der Richter nicht schuldig, um den Inhalt des Instruments, oder um die Legalität des dadurch vollzogenen Geschäfts, sich zu bekümmern; er muß vielmehr, wenn die Parteien es ausdrücklich verlangen, sich aller Einsicht des Instruments selbst gänzlich enthalten, und nur mit Vorzeigung der Unterschrift sich begnügen.

In allen dergleichen Fällen einer bloßen gerichtlichen Rekognition nimmt daher der Richter nur über die Erklärung der Parteien, daß sie die unter dem Instrumente befindliche Unterschrift als die ihrige anerkennen, ein Protokoll auf, und vermerkt, mit Beziehung auf den Inhalt desselben, die geschehene Rekognition unter dem Instrumente selbst, durch eine Registratur, welche von ihm [und dem Protokollführer, oder den Gerichtsschöppen,[1]] unterschrieben, und mit Beidrückung des Gerichtssiegels bekräftigt wird. Ist das Attest der geschehenen Rekognition selbst in der Form eines Protokolls abgefaßt, und mit den legalen Erfordernissen desselben versehen, so bedarf es außerdem keines besondern Protokolls.

Ein solcher Aktus hat aber auch nur die rechtliche Wirkung, daß das Instrument nachher nicht mehr eidlich diffitirt werden kann. In allen übrigen Stücken erlangt dasselbe keineswegs die Eigenschaft und Wirksamkeit eines gerichtlichen Instruments.[2]

[1] Die Zuziehung eines Protokollführers ist nach Anh.=§ 421 nicht mehr erforderlich.

[2] Die Wirkung des Attestes über die erfolgte Rekognition bestimmt sich jetzt, je nach dem Inhalte desselben, durch § 380 oder § 383 CPO.

Anh. §. 427. Wenn in dem über die gerichtliche Rekognition ausgefertigten Atteste keine Erwähnung von dem darüber besonders aufgenommenen Protokolle geschehen ist, so zieht dieß gleichwohl die Nichtigkeit des Rekognitionsakts nicht nach sich.

V. Vidimationen.

§. 27. Wenn die Ausfertigung beglaubter Abschriften von schon vorhandenen Urkunden bei Gerichten nachgesucht wird, so muß die Gerichtsperson,[1] welcher der Auftrag dazu geschieht, sowohl das Original als die Abschrift aufmerksam durchlesen, dieselben von Zeile zu Zeile sorgfältig mit einander vergleichen, und, bei richtigem Befunde, die Uebereinstimmung der Abschrift mit dem Originale unter der erstern attestiren; auch wenn im Originale sichtbare Mängel, als Rasuren, Korrekturen, Interlineationen und dergleichen, befindlich sind, dieselben am Rande der Abschrift, oder unter ihr, durch eine umständliche Registratur genau bemerken.

Zu einer dergleichen bloßen Vidimation ist die Zuziehung eines Aktuarii oder Protokollführers, oder besonderer Gerichtsschöppen, nicht erforderlich, sondern die bloße Unterschrift derjenigen Gerichtsperson, welche die Vergleichung angestellt hat, und die Beidrückung des Gerichtssiegels, ist hinreichend.

[1] d. i. der Richter, nicht der Gerichtsschreiber; Appellationsgericht Hamm bei Johow, Bd. 7 S. 298 f.

§. 28. Soll jedoch eine dergleichen vidimirte Abschrift die Stelle des Originals vertreten, und mit demselben gleiche Kraft haben, so ist es an einer bloßen Vidimation nicht in allen Fällen genug; sondern es kommt alsdann darauf an: ob das Instrument selbst bei eben dem Gerichte, wo die Vidimation geschehen soll, aufgenommen oder bestätigt worden; oder ob die Ausfertigung bei einem andern Gerichte geschehen; oder gar nur von einem bloßen außergerichtlichen Privatinstrumente die Rede sey. Erstern Falls hat eine gerichtlich ausgefertigte vidimirte Abschrift mit dem Originale allerdings gleiche Kraft. Letztern Falls aber muß eine von den Parteien zu leistende und nach §. 26. aufzunehmende Rekognition ihrer Unterschriften vorher gehen. Wenn diese erfolgt, und in der unter die Abschrift zu setzenden Registratur sowohl die geschehene Rekognition des Originals, als die Uebereinstimmung der Abschrift mit selbigem attestirt, und diese Registratur von der Gerichtsperson, welche den Aktus vorgenommen hat,[1] [mit Zuziehung eines Aktuarii oder Protokollführers, oder der Gerichtsschöppen,[2]] unterschrieben und mit dem Gerichtssiegel bestärkt worden ist; so kann alsdann erst eine solche Abschrift die Stelle des Originals bei allen Gelegenheiten vertreten.

[1] Vgl. A. 1 zu § 27 d. T.

[2] Vgl. A. 1 zu § 26 d. T.

VI. Renovationen.

§. 29. Wenn Urkunden, welche wegen Alters, oder

durch andern Zufall schadhaft geworden sind, oder sonst unleserlich zu werden Gefahr laufen, mit der Wirkung erneuert werden sollen, daß die neue Ausfertigung in allen Stücken die Stelle des bisherigen Originals vertrete; so muß dieses mit Zuziehung aller derjenigen, die bei der Sache und dem Gegenstande der Urkunde ein bekanntes Interesse haben: z. B. bei Grenzrezessen mit Zuziehung sämmtlicher Grenznachbaren, bei Lehnsurkunden mit Zuziehung des Lehnsherrn und aller Mitglieder der belehnten Familie, geschehen. Diese müssen daher zu einer solchen Handlung ordentlich vorgeladen, und ihnen muß angedeutet werden, daß bei ihrem Ausbleiben mit der Renovation dennoch verfahren, und in der Folge auf den Einwand, daß dieselbe ohne ihre Zuziehung geschehen sey, nicht mehr geachtet werden solle. Dabei versteht sich jedoch von selbst, daß, wenn es in dem einen oder dem andern Falle nicht möglich wäre, sämmtliche Interessenten auszuforschen, oder ihnen die Vorladung insinuiren zu lassen, der Aktus dennoch seinen Fortgang behalte; nur mit dem Unterschiede, daß gegen die nicht zugezogenen, oder nicht gehörig vorgeladenen Interessenten, der renovirten Urkunde die Kraft und Wirksamkeit des Originals nicht in gleichem Grade, wie gegen die übrigen, beigelegt werden könne; vielmehr Ersteren ihre etwanigen Einwendungen gegen die Richtigkeit und Authenticität des Renovati vorbehalten bleiben. Bei der Renovation selbst wird nach der Vorschrift §. 27. wie bei Anfertigung einer vidimirten Abschrift, welche die Kraft des Originals haben soll, verfahren. Kommen Stellen vor, die, weil die Schriftzüge nicht mehr ganz deutlich sind, von den Interessenten verschieden gelesen werden; so ist diejenige Lesart, welche dem renovirenden Richter mit den noch vorhandenen Schriftzügen am besten übereinzustimmen scheint, in den Kontext aufzunehmen; alle übrige aber müssen, wenn die Parteien sich darüber nicht vereinigen können, in besonderen, am Rande beizufügenden Registraturen ebenfalls angeführt, und dabei bemerkt werden: von welchem der Interessenten eine jede derselben als die richtige behauptet worden sey. Doch müssen dabei weder die Parteien noch das Gericht, auf Erörterungen oder Streitigkeiten über die Erklärung oder Ausdeutung solcher Stellen sich einlassen; da dergleichen nicht zu der Handlung der Renovation, sondern allenfalls zur prozeßmäßigen Instruktion und besondern Entscheidung im ordentlichen Wege Rechtens gehören.

Uebrigens versteht es sich von selbst, daß über den ganzen Aktus ein vollständiges Protokoll aufgenommen werden müsse, welches der Ausfertigung der erneuerten Urkunde in beglaubter Abschrift beigeheftet, oder doch daraus in den Eingang der Ausfertigung das Erforderliche, wegen der Interessenten, mit deren Zuziehung die Renovation geschehen, wegen des dabei beobachteten Verfahrens, und wegen der von dem einen oder dem andern Interessenten etwa gemachten Bemerkungen, Vorbehalte oder Protestationen, übernommen wird.

Die alte Urkunde selbst muß nicht kassirt werden, sondern zum etwanigen künftigen Gebrauche in gerichtlicher Verwahrung bleiben.

VII. Wechselcertifikate.

§ 30 d. T. ist beseitigt durch Art. 1 WO.

Vierter Titel.

Von dem Verfahren bei Aufnehmung der Testamente und anderer letztwilliger Verordnungen.

Von Testamenten.

§. 1. Außer den allgemeinen, bei den Handlungen der freiwilligen Gerichtsbarkeit überhaupt zu beobachtenden Vorschriften des zweiten Titels, enthält das Landrecht selbst Th. I. Tit. XII. §. 66—241. die umständlichsten Anweisungen: wie bei der Auf- und Abnehmung der Testamente und bei deren Publikation zu verfahren sey; also, daß es wiederholter Verordnungen darüber allhier nicht bedarf.

§. 2. Nur wegen des Verfahrens bei der Niederlegung und Aufbewahrung der Testamente, welche nach der gesetzlichen Vorschrift, bis zur erfolgenden Publikation, im gerichtlichen Deposito verbleiben müssen, sind folgende nähere Bestimmungen erforderlich.[1]

[1] Soweit nach den bestehenden Vorschriften die gerichtliche Verwahrung letztwilliger Verfügungen stattfindet, erfolgt die Verwahrung bei den Amtsgerichten. Auf das Verfahren finden die Bestimmungen der §§ 71, 79 HO. entsprechende Anwendung, § 89 HO. Hierzu sind Ausführungsbestimmungen erlassen in §§ 20 bis 23 der allgemeinen Verfügung v. 9. Juli 1879 (JMBl. S. 173).

Von solchen, die mündlich vor versammeltem Gerichte, oder

§. 3. 1) Wenn der Testator seinen letzten Willen vor versammeltem Gerichte[1] mündlich zum Protokolle erklärt, so wird das gehörig aufgenommene und unterschriebene Protokoll in seiner Gegenwart sogleich versiegelt und überschrieben. Ersteres geschieht mit dem Gerichtssiegel, welchem der Testator sein eigenes, oder ein anderes selbst gewähltes Petschaft beidrücken kann. Die Ueberschreibung geschieht mittelst einer kurzen Registratur, in welcher bloß bemerkt wird:

daß hierin die letztwillige Disposition des N. N. enthalten sey, welche derselbe, unter dem Dato der Registratur, vor versammeltem Gerichte zum Protokolle erklärt habe.

Diese Registratur wird, [bei Kollegien, von dem Vorgesetzten, bei kleineren Gerichten aber[1]] von dem Richter, und in beiden Fällen von dem Aktuario oder sonstigen Protokollführer, welcher das Protokoll aufgenommen hat, unterschrieben.

Außerdem wird eine ebenfalls nur kurze, bei den Akten bleibende Registratur aufgenommen, in welcher bloß bemerkt wird:

daß unter dem Dato derselben der N. N. vor versammeltem Gerichte erschienen sey, und seinen letzten Willen zum Protokolle erklärt habe; daß das hierüber aufgenommene Protokoll in seiner Gegenwart versiegelt und überschrieben, und zur gerichtlichen Verwahrung angenommen worden sey.

Dieser Registratur wird die Ueberschrift des eingesiegelten Protokolls wörtlich eingerückt, und zugleich bemerkt: mit welchen, und mit viel Siegeln dasselbe versehen worden.

Alsdann ergeht eine Verordnung an die Depositarien, das versiegelte Testament in das gerichtliche Depositum anzunehmen, und daselbst zu verwahren.[2] Ueber die wirklich geschehene Niederlegung in den Testamentsdepositalkasten, wird von den Depositarien ein Protokoll, so wie bei anderen Ablieferungen in das Depositum, aufgenommen;[3] und der Niederleger erhält eine unter dem Gerichtssiegel ertheilte Abschrift dieses Protokolls, als Rekognition über die erfolgte Niederlegung.[4]

[1] Die Aufnahme der Testamente gehört jetzt zur Zuständigkeit der Amtsgerichte, § 26 Nr. 2 AG. GVG.; die Amtsrichter aber erledigen ihre Geschäfte als Einzelrichter, § 23 Abs. 2 GVG. Der Unterschied der Testamentserrichtung vor versammeltem Gericht und vor einer Deputation ist damit weggefallen. Nur insofern greift eine demselben in etwa entsprechende Verschiedenheit noch Platz, als der Amtsrichter die letztwillige Verfügung entweder an ordentlicher Gerichtsstelle oder in einer Privatwohnung aufnimmt; diese Verschiedenheit ist aber ohne alle rechtliche Bedeutung. S. jedoch auch A. 1 zu § 4.

[2] Annahmeverfügung: § 71 HO., § 21 Abs. 1 der allg. Verf. v. 9. Juli 1879 (JMBl. S. 173.).

[3] Jetzt erfolgt nur Eintragung in das Verwahrungsbuch für letztwillige Verfügungen und Vermerk der Befolgung unter der Annahmeverfügung, § 79 HO.; § 21 Abs. 1 der allg. Verf.

[4] jetzt: einen Auszug aus dem Verwahrungsbuche: § 22 der allg. Verf.

vor einer Deputation errichtet werden.

§. 4.[1] 2) Will der Testator seinen letzten Willen vor einer dazu erbetenen gerichtlichen Deputation in einer Privatwohnung zum Protokoll erklären, so muß er die Ernennung einer solchen Deputation, nach Vorschrift des Landrechts a. a. O. §. 68., durch eigenhändig unterschriebene Vorstellung, oder durch zwei Abgeordnete nachsuchen.[1] Die Originalvorstellung, oder das über das Anbringen der Abgeordneten aufgenommene Protokoll, wird mit der darauf von dem Vorgesetzten des Gerichts, wegen Ernennung der Deputation getroffenen Verfügung, dieser Deputation zugestellt.

Die Deputation muß, nach berichtigtem Punkte, die Identität der Person betreffend, es ihr erstes Geschäft seyn lassen, den angegebenen Testator zu vernehmen: ob es wirklich seine Absicht sey, ein Testament zu machen, und ob es mit seinem deshalb angebrachten Gesuche seine Richtigkeit habe.

Sodann verfährt die Deputation mit vorschriftsmäßiger Aufnehmung des Protokolls über die letzte Willenserklärung des Testators. Wenn das Protokoll gehörig abgeschlossen und unterschrieben ist, so besorgt sie die Einsiegelung und Ueberschreibung auf die §. 3. angegebene Art, und wird die auf den versiegelten Umschlag zu setzende Registratur von sämmtlichen Mitgliedern der Deputation unterschrieben. Sodann [überreicht dieselbe das versiegelte Protokoll dem Gerichte, mittelst einer schriftlichen Anzeige, die eben das enthalten muß, wie die am angeführten Orte beschriebene besondere Registatur.[2] Auf diese Anzeige] wird die Verordnung zur Annahme in das gerichtliche Depositum erlassen, und nach deren Erfolg dem Testator der

Extrakt des Depositalprotokolls, statt der Rekognition, zugestellt.[3]

[1] Die Ernennung einer Deputation findet nicht mehr statt; der Amtsrichter verfährt als Einzelrichter; s. A. 1 zu § 3 d. T.; welcher Amtsrichter bei dem mit mehreren Richtern besetzten Amtsgerichte, bestimmt die Geschäftsvertheilung. Die Gültigkeit der Handlung eines Amtsrichters wird dadurch nicht berührt, daß die Handlung nach der Geschäftsvertheilung von einem der andern Amtsrichter vorzunehmen gewesen wäre, § 24 AG. GVG. Dagegen gelten die Vorschriften über die Form, in welcher das Erscheinen des Amtsrichters zu beantragen ist, und über dessen Verfahren bei der Testamentsaufnahme unverändert.

[2] Statt dessen verfügt der Amtsrichter jetzt unmittelbar die Annahme. Sollte das Amtsgericht mit mehreren Richtern besetzt und die auf das Verwahrungswesen bezüglichen Geschäfte einem andern als dem instrumentirenden Richter zugetheilt sein, so wird es doch der förmlichen, auf dem Auftragsverhältniß zwischen Deputation und Kollegium beruhenden Anzeige nicht mehr bedürfen.

[3] Vgl. A. 2 bis 4 zu § 3 d. T.

Von schriftlichen Testamenten, die dem Gerichte, oder

§. 5.[1] 3) Wenn ein Testator sein selbst angefertigtes Testament dem versammelten Gerichte verschlossen übergeben will, so muß er sich entweder an einem der ordentlichen Sessionstage[2] persönlich melden, oder, wenn die Anmeldung in der Zwischenzeit schriftlich oder mündlich geschieht, zu einem solchen Sessionstage[2] persönlich beschieden werden.

Wenn er sich nun solchergestalt bei versammeltem Gerichte gestellt, so wird mit der Abnehmung des Testaments von ihm, und mit der Aufnahme eines vollständigen Protokolls darüber, in welchem die Beschaffenheit des Testaments, die ihm von dem Testator etwa gegebene Ueberschrift, und die Zahl der Siegel bemerkt seyn muß, nach Vorschrift des Landrechts a. a. O. §. 100—103. verfahren.

Das übergebene Testament wird demnächst von dem Vorgesetzten des Gerichts[3] präsentirt, und nach Vorschrift §. 3. überschrieben. Auf das Protokoll wird die Verordnung wegen der Annahme des Testaments in das gerichtliche Depositum erlassen, und wenn dieses geschehen ist, dem Testator die gewöhnliche Rekognition nach §. 3. zugestellt.[4]

[1] Ueber den Unterschied der Uebergabe an das versammelte Gericht oder an eine Deputation gilt das in A. 1 zu § 3 d. T. Bemerkte.

[2] jetzt: zu der ordentlichen, hierfür bestimmten Geschäftszeit.

[3] jetzt: dem Amtsrichter.

[4] Vgl. A. 2 bis 4 zu § 3 d. T.

einer Deputation desselben übergeben werden.

§. 6. 4) Wenn der Testator eine gerichtliche Deputation zur Abnahme des von ihm verfertigten und verschlossen zu übergebenden Testaments verlangt,[1] so finden die Vorschriften des §. 4. überall Anwendung, mit der sich von selbst verstehenden Maaßgabe, daß wegen der Vernehmung des Testators nur die Vorschriften des Landrechts a. a. O. §. 100—103. zu beobachten sind; übrigens aber in dem Protokolle selbst eine genaue Beschreibung des übergebenen Testaments, nach Anweisung des vorstehenden §. 5. enthalten seyn muß. [Dagegen ist in der schriftlichen Anzeige, womit das aufgenommene Protokoll, nebst dem übergebenen Testamente, dem Gerichte überreicht wird, eine Wiederholung desjenigen, was in dem Protokolle schon stehen muß, nicht erforderlich.[2]]

[1] Vgl. A. 1 zu § 4.

[2] Fällt fort. Vgl. A. 2 zu § 4.

Von dem Verbote der Siegelung und Inventur.

§. 7. Wenn der Testator bei der Aufnahme oder Uebergabe seines Testaments die gerichtliche Siegelung und Inventur seines Nachlasses verbittet, so muß dessen nicht nur, wie sich schon von selbst versteht, in dem Protokolle gedacht, sondern auch dieser Erklärung in der auf den Umschlag des Testaments zu setzenden Registratur, und in der dem Testator zu ertheilenden Rekognition,[1] ausdrücklich erwähnt werden.

[1] jetzt: dem beglaubigten Auszug aus dem Verwahrungsbuche. Es wird daher das Verbot in Spalte 4 des Verwahrungsbuches (Formular 5 zur allg. Verf. v. 9. Juli 1879) vermerkt werden müssen.

Aufbewahrung der Testamente.

§. 8. Die gerichtlich aufgenommenen und übergebenen Testamente bleiben, nach Vorschrift der Gesetze, in so fern sie nicht von dem Testator selbst zurückgefordert werden, der Regel nach bis zur erfolgenden Publikation, in gerichtlicher Verwahrung.

Dergleichen Testamente müssen also entweder in einem besonders dazu gewidmeten Behältnisse, oder in einer besondern Abtheilung des Depositalkastens aufbewahrt werden; und wegen der äußern Sicherheit, sowohl des Behältnisses selbst, als des Orts und Gelasses, in welchem dasselbe steht, sind alle Vorschriften der Depositalordnung, in Ansehung anderer zum gerichtlichen Deposito gehöriger Urkunden, zu beobachten.[1]

Eben so finden, wegen der Annahme, Aufbewahrung und Zurückgabe solcher Testamente, alle Vorschriften der Depositalordnung, bloß mit den aus der Natur der Sache sich von selbst ergebenden Maaßgaben, Anwendung.[1]

[Doch müssen die Gerichte über die Testamente ein besonderes Mandatenbuch, und eben so die Depositarien ein besonderes Protokollbuch, halten; dergestalt, daß die Testamente mit den anderen Depositis nicht vermischt werden.[2]]

[1] Die jetzt geltenden Vorschriften sind in A. 1 zu § 2 d. T. angeführt.

[2] Aufgehoben durch die erwähnten Vorschriften.

Anh. §. 428. Wenn dem Testator aus besonderen Gründen daran liegt, die Existenz seines Testaments geheim zu halten; so kann von dem gewöhnlichen Verfahren, wonach der Vortrag wegen des Testaments durch den Siegelzettel, das Expeditionsbuch und Depositalprotokoll gehen muß, in einzelnen Fällen eine Ausnahme gemacht werden. Auch muß der Vorgesetzte des Gerichts die Sache dergestalt einleiten, daß die Handlung nur den Mitgliedern des Kollegii und dem Sekretair, welche zur Aufnahme des Testaments deputirt worden, und sonst keinem Andern, bekannt werde.[1]

[1] Märcker (S. 76) hält diese Vorschrift für noch geltend. Indessen gestatten die in A. 1 zu § 2 d. T. angeführten Vorschriften

keine Ausnahme, und die Geheimhaltung ist auch sonst allgemeine Dienstpflicht der betreffenden Beamten.

Zurückgabe.

§. 9. Da einem jeden Testator frei steht, seine letztwillige Disposition zu ändern und zurück zu nehmen; so soll es damit folgendergestalt gehalten werden.

Das Gesuch um die Zurücknahme kann der Testator persönlich zum Protokolle, oder durch einen mit gewöhnlicher Vollmacht versehenen Mandatarius, oder auch schriftlich anbringen.

Auf das solchergestalt angebrachte Gesuch muß aber ein Termin zur Zurückgabe schriftlich anberaumt, und der Testator vorgeladen werden, in diesem Termine entweder in Person, oder durch einen mit gerichtlicher Specialvollmacht versehenen Mandatarius zu erscheinen; das Testament aus den Händen des Gerichts zurück zu empfangen; und die wegen geschehener Niederlegung erhaltene Rekognition [1] zurück zu geben, oder dieselbe zu amortisiren. Zugleich mit dieser Vorladung muß auch eine Verordnung an die Depositarien erlassen werden, in dem anberaumten Termine das Testament aus der gerichtlichen Verwahrung heraus zu nehmen, und an das Gericht abzuliefern. [2]

Befindet sich der Testator an dem Orte selbst, wo das Gericht seinen Sitz hat; so muß er den Termin in Person abwarten, oder die Rückgabe in seiner Behausung, zu eigenen Händen, durch eine Deputation, [3] nachsuchen. Nur für abwesende Testatoren können Specialbevollmächtigte zugelassen werden.

Wenn nun in dem Termine der Testator gehörig erscheint, so muß ihm das versiegelte Testament zur Erklärung: ob es wirklich dasjenige sey, welches von ihm ehemals niedergelegt worden, vorgezeigt; ihm sodann zurück gegeben; über die ganze Verhandlung ein Protokoll aufgenommen; und selbiges von dem Testator, oder seinem gerichtlichen Specialbevollmächtigten, mit unterschrieben werden.

Da nach diesen Vorschriften zwischen der Rückforderung eines Testaments, und dessen wirklicher Zurückgabe, doch immer einige Zeit verlaufen kann, und nach der Vorschrift des Landrechts Th. I. Tit. XII. §. 569. ein Testament durch die bloße Zurückforderung allein noch nicht entkräftet wird; so müssen die Gerichte sich die vorzüglichste Beschleunigung aller dergleichen, die Retradition eines Testaments betreffenden Verfügungen ganz besonders angelegen seyn lassen.

[1] jetzt: den Auszug aus dem Verwahrungsbuch.

[2] Vgl. jetzt § 79 HO.; § 21 Abs. 2, 3 der allg. Verf. v. 9. Juli 1879.

[3] jetzt: den Amtsrichter.

Anh. §. 429. Soll die Zurückgabe eines Testaments durch eine Kreis=Justizkommission erfolgen, so kann derselben das Testament mit der Post übersendet werden.[1]

[1] Der § hat noch insofern Bedeutung, als aus ihm die Zulässigkeit der Uebersendung des Testaments an ein anderes Gericht behufs Rückgabe folgt. Märcker S. 81.

Publikation.

§. 10. Die Fälle, in welchen die Publikation eines

Testaments, nach notorisch erfolgtem oder gehörig nachgewiesenem Absterben des Testators, auf das Ansuchen eines Interessenten, oder auch von Amts wegen zu verfügen; was für Personen dabei zuzuziehen, und wie bei der Publikation selbst zu verfahren sey, sind in den Gesetzen umständlich vorgeschrieben. (A. L. R. a. a. O. §. 209—225.) Es muß also, wenn der Termin zur Publikation eines Testaments anberaumt wird, zugleich den Depositarien die Herausgabe desselben an das Gericht nach der Verordnung §. 9. anbefohlen werden.[1]

[1] Vgl. A. 2 zu § 9 d. T.

Anh. §. 430. Verlangt ein überlebender Ehegatte aus besonderen Gründen, daß ein von ihm und dem Verstorbenen errichtetes wechselseitiges Testament nach geschehener Publikation anderweit wieder bis zu seinem Ableben versiegelt deponirt werde; so kann demselben nach vorher gegangener vorschriftsmäßiger Bekanntmachung an sämmtliche darin benannte Erben und Legatarien gewillfahrt werden.

§. 11. Auch wegen der, nach erfolgter Publikation, durch den Richter von Amts wegen zu verfügenden Bekanntmachungen, hat es bei den Vorschriften des Landrechts a. a. O. § 230—239. sein Bewenden.

§ 12 d. T., betreffend das Verfahren bei dem Kammergerichte, ist dadurch beseitigt, daß das Kammergericht nach der veränderten Gerichtsverfassung keine Testamente mehr auf- und annimmt.

Publikation anderer letztwilliger Verordnungen.

§. 13. Wenn nach der gesetzlichen Vorschrift des Allgemeinen Landrechts Th. I. Tit. XII. §. 241. eine außergerichtliche Disposition den Gerichten zur Publikation eingereicht wird, so muß derjenige, der dieselbe bisher in Händen gehabt hat, sofort umständlich vernommen werden; wie er zu dieser Gewahrsam gekommen, und was ihm von dem Hergange und den Umständen, welche bei Errichtung der Disposition vorgefallen sind, etwa bekannt sey. Das hierüber aufgenommene Protokoll muß, nach erfolgter Publikation der Verordnung selbst, denjenigen, welche bei der Sache ein Interesse haben, von Amts wegen vorgelegt, oder abschriftlich mitgetheilt werden.

Testamentsakten.

§. 14. Ueber die Verhandlungen wegen eines bei den Gerichten niedergelegten Testaments, müssen für ein jedes besondere Testamentsakten gehalten, und diesen alle Vorstellungen, Protokolle und Verfügungen, welche dieß Testament betreffen, vollständig beigeheftet werden. Zu diesen Akten gehört auch das Originaltestament, nach erfolgter Publikation desselben; und sind daher diese Akten mit vorzüglicher Sorgfalt in dem Archive des Gerichts aufzubewahren.

Von Erbverträgen.

§. 15. Wegen Aufnehmung, gerichtlicher Niederlegung und Aufbewahrung der Erbverträge finden die Vorschriften des Allgemeinen Landrechts a. a. O. §. 621—623, übrigens aber die obigen Anweisungen, unter den, aus der Natur eines Vertrags, und der dabei Statt findenden Mitwirkung zweier Kontrahenten, von selbst fließenden Maaßgaben, Anwendung. [Die bei Verträgen überhaupt den Gerichten im Zweiten und Dritten Titel zur Pflicht gemachten Prüfungen, müssen bei Erbverträgen, wenn zu deren Aufnehmung eine Deputation erbeten worden, nur von dieser angestellt werden; also, daß ein Vortrag darüber im versammelten Gerichte, dergleichen sonst bei anderen Kontrakten in der Regel geschehen muß, bei Erbverträgen nur alsdann Statt findet, wenn es die Kontrahenten ausdrücklich verlangen.][1] Daß übrigens bei Erbverträgen unter Eheleuten, die in einem und eben demselben Instrumente mit dem eigentlichen Ehevertrage errichtet werden, überall nur die Form der letztern zu beobachten sey, ist bereits im Ersten Titel vorgeschrieben.

[1] Dieser Satz ist durch die Uebertragung der Aufnahme der Erbverträge auf Einzelrichter aufgehoben.

Anh. §. 431. Wenn die den Vertrag schließenden Eheleute die Geheimhaltung desselben nicht verlangen, sondern solchen zur richterlichen Prüfung und Bestätigung vorlegen; so kann damit wie bei einem andern Vertrage verfahren, und den Paciscenten auf ihr Verlangen eine Ausfertigung ertheilt werden.

Jedoch wird dadurch, daß der Erbvertrag unversiegelt den Gerichten übergeben worden, die Versiegelung und überhaupt die bei den Testamenten vorgeschriebene Form nicht ausgeschlossen.

Fünfter Titel.

Von dem Verfahren bei Siegelungen und Inventuren in Sterbefällen.

Pflichten des Richters bei Sterbefällen überhaupt;

§. 1. Von Erbschaften überhaupt; von dem Anfalle derselben; von Antretung der Erbschaft mit oder ohne den Vorbehalt der Rechtswohlthat des Inventarii; von deren Entsagung; von der dem Erben zur Erklärung hierüber zu Statten kommenden Ueberlegungsfrist; von den rechtlichen Folgen der Erbschaftsantretung mit oder ohne Vorbehalt; von den Rechten und Verbindlichkeiten eines Beneficialerben insonderheit; von seiner Befugniß, auf Eröffnung eines erbschaftlichen Liquidationsprozesses anzutragen; von dem Rechte der Gläubiger, den Erben dazu anzuhalten, wenn derselbe, unter dem Vorwande der besorglichen Unzulänglichkeit des Nachlasses, ihnen die Zahlung ihrer Forderungen vorenthält; so wie von dem gerichtlichen Verfahren bei Erbtheilungen und erbschaftlichen Liquidationsprozessen, sind die nöthigen Vorschriften theils im Allgemeinen Landrechte, theils in der Prozeßordnung enthalten. (A. L. R. Th. I. Tit. IX. §. 350 u. f. Prozeßordn. Tit. XLVI. LI. Abschn. II.)[1]

[1] Für das erbschaftliche Liquidationsverfahren ist jetzt das Gesetz, betreffend die Zwangsvollstreckung gegen Benefizialerben und

das Aufgebot der Nachlaßgläubiger im Geltungsbereiche des Allgemeinen Landrechts, v. 28. März 1879 (GS. S. 293) maßgebend.

besonders wegen Belehrung der Erben.

§. 2. Damit nun niemand, aus Unwissenheit der Gesetze, gegen diese Verordnungen in vorkommenden Fällen handeln, und dadurch sich selbst in Schaden und Nachtheil setzen, oder auch zu Verdunkelungen und Verwirrungen der Erbschaftsangelegenheiten Anlaß gegeben werden möge; so müssen die Gerichte, besonders an Orten, wo keine Justizkommissarien bestellt[1] sind, und wenn die Erben unter die Klasse der gemeinen in Geschäften unerfahrenen Leute gehören, denselben diese Vorschriften, besonders die rechtlichen Folgen der mit oder ohne Vorbehalt geschehenen Antretung der Erbschaft, die im letztern Falle nothwendige baldige Anfertigung und Niederlegung des Inventarii, und die Nachtheile, die aus dessen Unterlassung für sie entstehen könnten, bekannt machen und deutlich erklären; auch, wie dieses geschehen, zum Protokolle vermerken.

[1] jetzt: keine Rechtsanwälte zugelassen.

§. 3. Was der Richter zu thun habe, wenn die Erben eines Nachlasses unbekannt, ungewiß, oder abwesend und weit entfernt sind; ingleichen, wenn sich zu einem solchen Nachlasse gar keine Erben finden, mithin derselbe als erbloses Gut zu betrachten ist, wird ebenfalls in den Gesetzen umständlich vorgeschrieben. (A. L. R. Th. I. Tit. IX. §. 465 u. f.)

Es ist also im gegenwärtigen Titel nur noch von

dem gerichtlichen Verfahren bei Siegelungen und Inventuren zu handeln.

A. Von Siegelungen.

Wenn dieselben von Amts wegen zu verfügen.

§. 4. Siegelungen werden von dem Richter entweder von Amts wegen, oder auf das Ansuchen eines Interessenten verhängt. Von Amts wegen muß der Richter die Siegelung veranlassen:

1) wenn die vermuthlichen nächsten Intestaterben unbekannt, ungewiß, oder sämmtlich von dem Orte, wo der Erblasser verstorben, abwesend sind;

2) wenn die vermuthlichen nächsten Erben sämmtlich fremde, und nicht Königliche Unterthanen[1] sind;

3) wenn unter den vermuthlichen nächsten Erben Minderjährige, Wahn- oder Blödsinnige, oder gerichtlich erklärte Verschwender sich befinden, und der Verstorbene keinen Ehegatten hinterlassen hat.[2]

[1] jetzt: Angehörige des Deutschen Reichs, Art. 3 der Reichsverfassung. Dernburg, Bd. 3 § 214 A. 3 (S. 590).

[2] Jedoch ist die Siegelung nicht erforderlich, wenn der Vater oder die Mutter des Mündels oder großjährige Miteigenthümer anwesend sind, § 15 Abs. 3 VO. — Wenn ein Vormund bereits vorhanden und anwesend ist, hat das Gericht nicht von Amtswegen einzuschreiten, § 15 Abs. 1 VO.

§. 5. Auch in anderen Fällen ist der Richter befugt, die Siegelung von Amts wegen zu veranlassen, wenn besondere Zeit- oder andere Umstände es nothwendig machen; mit vorzüglicher Sorgfalt zu verhindern, daß nichts aus dem Nachlasse weggebracht, vielmehr Alles in dem Stande, worin es sich zur Zeit des Todes befunden hat, erhalten werde.

Anh. §. 432. Baare Gelder, geldwerthe Papiere und Pretiosen sind in der Regel zum gerichtlichen Deposito[1] zu nehmen.

[1] jetzt: zur vorläufigen Verwahrung, § 74 Nr. 1 HO.

§. 6. Wenn der Verstorbene ein solcher Königlicher oder anderer öffentlicher Bedienter gewesen, welcher entweder Briefschaften oder Gelder, die zu seinem Amte gehören, in Händen gehabt; so kann, ohne Unterschied: ob der übrige Nachlaß gerichtlich gesiegelt wird, oder nicht, dasjenige Kollegium, bei welchem, oder unter welchem der Verstorbene wegen seines Amts gestanden hat, die Versiegelung der Briefschaften und Gelder vornehmen.

§. 7. In wie fern auch in Fällen, wo die Siegelung von Amts wegen zu verfügen wäre, dieselbe wegen eines von dem Erblasser geschehenen Verbots unterbleiben müsse, ist in den Gesetzen bestimmt (A. L. R. Th. II. Tit. XVIII. §. 372—375.);[1] wobei sich jedoch von selbst versteht, daß auch ein solches Verbot den Richter nicht hindern könne, mit der Siegelung zu verfahren, wenn es die Sicherheit des Staats, oder die Erhaltung der zu dem Amte des Verstorbenen gehörenden Gelder und Briefschaften erfordern.

[1] Ob die angezogenen §§ durch die VO. modifizirt sind, soweit die Siegelung im Interesse bevormundeter oder zu bevormundender Personen zu geschehen hat, und ob jetzt die Siegelung im Falle des § 15 VO. trotz des Verbots stattzufinden hat, ist streitig. v. Rönne, ALR. IV S. 543; Märcker S. 181 f.

Auf wessen Instanz sie zu veranlassen.

§. 8. In Fällen, wo eine Versiegelung von Amts wegen nicht erforderlich ist, kann selbige nur auf den Antrag eines Interessenten, er sey einer der Erben, ein Verwandter, ein Hausgenosse, oder auch ein Fremder, verhängt werden. Derjenige, welcher sich darum meldet, muß sein Interesse bei der Sache anzeigen. Wenn inzwischen dieses Interesse nicht ganz offenbar ungegründet, und nicht klar ist, daß die Siegelung bloß aus Chikane verlangt werde; so muß der Richter das Gesuch, wenn es kurz nach dem Todesfalle angebracht wird, nicht leicht ablehnen, sondern demselben gemäß verfügen; da in dergleichen Fällen, wo gemeiniglich Gefahr im Verzuge vorwaltet, die Zeit nicht hinreicht, sich auf weitläufige Erörterungen über das Recht und Interesse des Extrahenten, oder auf Nachforschungen, ob schon ein Besitzer der Erbschaft vorhanden sey, einzulassen; vielmehr es allemal unbedenklicher ist, mit der Siegelung zu verfahren, als den Nachlaß dem Anlaufe, dem Abbringen und unbefugten Besitzesergreifungen auszusetzen.

§. 9. Wenn hingegen die Siegelung erst nachgesucht wird, nachdem schon einige Zeit nach dem Ableben des Verstorbenen verstrichen ist, und sich schon jemand als Erbe im Besitze des Nachlasses notorisch befindet; so kann dieselbe nur verhängt werden, wenn der Erbe sich des Durchbringens der Erbschaft verdächtig macht, oder überhaupt für einen solchen zu achten ist, gegen den, oder dessen Vermögen, den Rechten nach, Arrest oder Sicherheitsbestellung gesucht werden kann.

§. 10. In einem solchen Falle muß derjenige, welcher auf die Siegelung anträgt, sein Interesse, und die bei dem Besitzer der Erbschaft obwaltende Unsicherheit bescheinigen; und es muß sowohl bei der vorläufigen Prüfung eines solchen Gesuchs, als wegen Verhängung der Sperre selbst, des über die Rechtmäßigkeit derselben zu veranlassenden Verfahrens, der Wiederaufhebung der Sperre gegen Kaution, und sonst überall, die Vorschrift des XXIX sten Titels der Prozeßordnung, von Arresten, beobachtet werden.[1]

[1] d. h. in den Fällen der §§ 9, 10 findet die Siegelung nur als Ausführung eines Arrestes oder einer einstweiligen Verfügung statt. Dieselbe kann aber nicht mehr vom Nachlaßrichter, sondern nur nach §§ 796 ff. bzw. §§ 814 ff. CPO. von dem nach § 799 bzw. §§ 816, 820, 821 zuständigen Gerichte angeordnet werden.

Besonders auf Instanz der Gläubiger.

§. 11. Wenn die Forderung eines Erbschaftsgläubigers so beschaffen ist, daß deswegen auf das Vermögen des Erblassers selbst ein Arrest Statt gefunden haben würde; so kann ein solcher Gläubiger auch gegen den Erben auf die Siegelung des Nachlasses, oder eines solchen Theils desselben, als zur Deckung seines Anspruchs erforderlich und hinreichend ist,[1] antragen.

[1] d. h. auf Erlaß eines Arrestbefehls zur Sicherung der Zwangsvollstreckung in den Nachlaß nach §§ 796 ff. CPO. bei dem nach § 799 zuständigen Gerichte.

§. 12. Eben so kann ein Gläubiger des Erben, dessen Forderung zum Arreste qualificirt ist, die Verhängung desselben in den seinem Schuldner zugefallenen Nachlaß suchen;[1] doch bleibt den Gläubigern des Erblassers die

Befugniß, auf die Absonderung des Nachlasses von dem eigenen Vermögen des Erben anzutragen, vorbehalten.

[1] Vgl. A. 1 zu § 11 d. T.

Wenn mehrere Erben sind.

§. 13. Sind mehrere Erben vorhanden, und die §. 10. 11. 12. angeführten Gründe, die Siegelung nachzusuchen, treten nur gegen einen oder etliche unter ihnen ein; so kommt es darauf an: ob die sämmtlichen Erben sich im gemeinschaftlichen Besitze des noch ungetheilten Nachlasses befinden; oder ob gewisse Theile des Nachlasses von diesem, andere aber von jenem Erben besessen werden.

Im ersten Falle kann die Versiegelung der ganzen Erbschaft gesucht werden; es wäre denn, daß die Miterben dem Extrahenten tüchtige Kaution, wegen alles Weg- oder Durchbringens von Seiten ihres in Anspruch genommenen Mitgenossen, und für alle Folgen davon, bestellten.

Im zweiten Falle ist nur derjenige Theil des Nachlasses unter die Sperre zu nehmen, welcher von demjenigen Erben, gegen den der Antrag gerichtet ist, besessen wird.

Verlangen die anderen Miterben die Wiederaufsiegelung, und daß ihnen der Besitz, mit Ausschluß des in Anspruch genommenen Konsorten, überlassen werde; so ist ihnen darunter zwar zu willfahren; sie müssen aber, bei Vermeidung doppelter Erstattung, diesem Erben, ohne Vorwissen und Genehmigung des Extrahenten, oder des Gerichts, nichts aus dem Nachlasse verabfolgen.[1]

[1] Soweit dieser § die Vollziehung bzw. die Wiederaufhebung des Arrestes und der einstweiligen Verfügung in Bezug auf den Nachlaß betrifft, treten jetzt die §§ 808, 810, 811, 813, 817, 818 CPO. an seine Stelle.

Welchem Gerichte die Siegelung zukomme.

§. 14. Die Versiegelung kann in der Regel nur bei demjenigen Gerichte,[1] unter welchem der Erblasser seinen persönlichen Gerichtsstand gehabt hat, nachgesucht, und nur von diesem verfügt werden.

[1] Amtsgerichte: § 26 Abs. 2 Ziffer 1 AG. GVG.

§. 15. Wird also die Siegelung bei einem andern Gerichte nachgesucht, und das kompetente Gericht befindet sich an eben dem Orte; so muß ersteres sich aller Verfügung enthalten, und den Supplikanten an den kompetenten Richter lediglich verweisen.[1]

Wird aber an einem Orte, wo das kompetente Gericht sich nicht aufhält, die Versiegelung des daselbst befindlichen Nachlasses, oder eines Theils davon, bei dem ordentlichen Richter desselben Orts nachgesucht; so muß dieser zwar damit einstweilen verfahren, zugleich aber dem eigentlich kompetenten Richter davon unverzüglich Anzeige machen.

Hat der Verstorbene außer seinem Wohnorte, und außer dem Jurisdiktionsbezirke seines persönlichen Gerichts, Häuser oder Landgüter besessen; so ist das Gericht, unter welchem diese Grundstücke liegen, die Siegelung auf denselben vorzunehmen befugt und schuldig; doch muß auch von ihm dem persönlichen kompetenten Gerichte Anzeige darüber geschehen.

[1] Der Fall kann nicht mehr vorkommen, da eine konkurrirende Gerichtsbarkeit zweier Amtsgerichte über denselben Bezirk ausgeschlossen ist.

Besonders bei Sterbefällen der Eximirten.

§ 16 d. T. ist mit dem eximirten Gerichtsstande beseitigt.

Anh. §. 433. Bei Versiegelungen des Vermögens oder Nachlasses eines Regierungsoffizianten muß die betreffende Regierung davon benachrichtigt werden, welcher freisteht, an diejenigen Zimmer und Behältnisse, worin Amtsakten zu vermuthen sind, ihre Siegel ebenfalls anlegen zu lassen.

Der Militairpersonen.

§. 17. Bei dem Absterben solcher Personen, die unter Militairgerichtsbarkeit bis an ihren Tod gestanden haben, muß derjenige Nachlaß, welchen sie bei und um sich gehabt haben, von den Kriegsgerichten versiegelt werden. Wegen des übrigen Nachlasses hingegen kommt die Siegelung demjenigen Civilgerichte zu, unter dessen Jurisdiktion, vermöge des Standes und Ranges der verstorbenen Militairpersonen, ihr Nachlaß aus der durch den Tod aufgehobenen Militairgerichtsbarkeit zurück fällt.

Anh. §. 434. Die Versiegelung des Nachlasses der Militairpersonen gebührt den Civilgerichten, unter welchen der Verstorbene bei seinem Tode gestanden hat.

Anh.-§ 435 ist durch Kabinetsordre v. 8. Jan. 1841 (GS. S. 16) aufgehoben.

---

§. 18. War der Verstorbene im Felde, oder auf Kommando, an einem Orte, wo kein Kriegsgericht sich befindet; so liegt dem kommandirenden Offizier ob, für den Nachlaß, welchen er bei und um sich hat, zu sorgen. Ist auch kein kommandirender Offizier vorhanden, so sind die Civilgerichte des Orts zu dieser Obsorge verpflichtet.[1]

[1] Ist durch den Anh.-§ 434 nicht berührt. Vgl. Märcker S. 182.

Von Siegelungen der Dorfgerichte.

§. 19. Auch Dorfgerichte müssen, in Abwesenheit des Gerichtshalters,[1] den am Orte befindlichen Nachlaß versiegeln; sie müssen aber davon dem Gerichtshalter,[2] zur weitern Besorgung und Verfügung, schleunigst Anzeige machen.[3]

[1] jetzt: wenn kein Amtsgericht am Orte ist.

[2] jetzt: dem Amtsgerichte.

[3] Daneben: Versiegelung durch das Dorfgericht, aber nicht (wie in § 19) kraft eigenen Rechts, sondern als Organ des Gerichts: § 58 der (aber nur für die Bezirke der früheren Appellationsgerichte Halberstadt und Naumburg und des früheren Kammergerichts geltenden) Instruktion v. 11. Mai 1854 (JMBl. S. 334).

Der Notarien.

§. 20. Notarien sind Siegelungen vorzunehmen nicht berechtigt; es wäre denn, daß sie entweder von dem Verstorbenen darum ersucht worden; oder das Gesuch zwar nur von Erben, Gläubigern, oder anderen Interessenten angebracht würde, zugleich aber kein Richter sich am Orte oder in der Nähe befände. Alsdann können sie zwar, mit Beobachtung der zu einem

Notariatsinstrumente gehörigen Förmlichkeiten, zur Versiegelung schreiten; sie müssen aber auch den Vorfall, mit Einsendung des aufgenommenen Protokolls, dem kompetenten Gerichte sofort anzeigen.[1]

[1] Verschieden hiervon ist die Siegelung durch Notare im Auftrage des Gerichts: § 88 AGO. III, 7; § 108 AG. GVG.

Von Versiegelungen durch inkompetente Behörden.

§. 21. Wenn von einem nicht kompetenten Gerichte gesiegelt worden ist, ohne daß selbiges dazu eine in den obigen Vorschriften (§. 15. [16.]) gegründete Veranlassung gehabt hätte; so kann dasselbe dafür keine Gebühren fordern; und der kompetente Richter ist berechtigt, so bald er den Vorfall in Erfahrung bringt, sein Siegel dem bereits vorhandenen beizudrücken; auch kann er, wenn es demnächst zur Wiederaufsiegelung kommt, das Siegel des inkompetenten Gerichts, ohne dessen Zuziehung, mit dem seinigen zugleich abnehmen.

Ist aber die Siegelung von dem inkompetenten Richter auf den Grund der Vorschriften des §. 15. [16.] erfolgt, so hängt es von dem Befinden des kompetenten Gerichts, nach Beschaffenheit der Umstände, ab, es dabei entweder zu belassen, oder sein Siegel beizudrücken. Doch muß in diesem Falle die Abnehmung der Siegel allemal mit Zuziehung desjenigen, der die erste Siegelung verrichtet hat, geschehen.[1]

Eben das findet Statt, wenn der Verstorbene selbst vor seinem Tode auch nur einen Notarius, oder einen Freund, auf welchen er Vertrauen setzt, ersucht hat, seinen Nachlaß zu versiegeln.

[1] Die Vorschriften des zweiten Absatzes beruhen auf der Voraussetzung des Nebeneinanderbestehens mehrerer gleichmäßig örtlich zur Siegelung zuständigen Gerichte; da dieselbe weggefallen ist, so werden die Vorschriften nur noch im Falle des Anh.-§ 433 entsprechend anwendbar sein.

Wenn gesiegelt werden müsse.

§. 22. In Fällen, da die Siegelung von Amts wegen zu verfügen ist, muß der Richter dieselbe sogleich, als er den Sterbefall in Erfahrung bringt, ohne den geringsten Verzug veranlassen. Erfolgt der Tod des Erblassers an eben dem Orte, wo das Gericht sich befindet; so muß die Siegelung noch an demselben Tage, außerdem aber, so bald es nach der Entfernung möglich ist, ins Werk gerichtet werden.

§. 23. Da aber in weitläufigen Jurisdiktionsbezirken, [und besonders in den Departements der Landesjustizkollegien,[1]] die sich ereignenden Sterbefälle, und die dabei eintretenden Umstände, welche eine Versiegelung von Amts wegen nothwendig machen, dem Richter nicht immer sogleich bekannt werden können; so liegt den im Sterbehause gegenwärtigen Verwandten oder Hausgenossen des Verstorbenen, ingleichen seinem Hauswirthe ob, dieserhalb mündliche oder schriftliche Anzeige bei den Gerichten zu thun, wenn sie sich gegen die Erben, oder die Gläubiger des Verstorbenen, außer Verantwortung setzen wollen.

[1] Diese sind (außer bei den in § 27 AG. GVG. bezeichneten Personen) zur Siegelung nicht mehr zuständig.

Durch wen?

§. 24. Zur Versiegelung selbst kann auch nur Eine

gehörig vereidete Gerichtsperson, z. B. ein Sekretarius oder Aktuarius,[1] abgeordnet werden; doch muß derselbe bei dem Aktus die im Sterbehause befindlichen Verwandten, oder Hausgenossen des Verstorbenen, oder allenfalls den Hauswirth, zuziehen.

[1] Gerichtsschreiber bei den Amtsgerichten, § 70 Abs. 1 AG. GVG.; Gerichtsschreibergehülfen nur nach Maßgabe des § 5 des Ges. v. 3. März 1879 (GS. S. 99). — Außerdem: Dorfgerichte (A. 1 zu § 19); Notare (A. 1 zu § 20); Gerichtsvollzieher, § 74 Nr. 3 AG. GVG.

Verfahren bei der Siegelung.

§. 25. Bei der Siegelung muß in der Verlassenschaft nichts gerührt, noch ein Inventarium darüber aufgenommen werden. Der Siegelnde muß sich vielmehr darauf einschränken, daß er die Gewölbe, Stuben, Kammern, Schreibtische, Schränke, Spinden, Kasten, wie nicht weniger die Boden, Scheuren und Keller, und überhaupt alle Behältnisse, in welchen etwas, so zum Nachlasse gehört, befindlich ist, oder vermuthet werden kann, mit dem Gerichtssiegel versiegele.

Nur diejenigen Stuben und Kammern, welche zur Leiche, und zum Gebrauche der etwa im Hause bleibenden Verwandten, Freunde und Bedienten nöthig sind, werden offen gelassen; die in selbigen befindlichen Meublen aber, die nicht niet- und nagelfest, oder zum Gebrauche unentbehrlich sind, besonders die in den offen bleibenden Gelassen sich befindenden Schränke, Schreibtische, Kasten, Kommoden, und andere dergleichen Behältnisse, werden in ein Zimmer, dessen Thüren verschlossen und versiegelt werden können, gebracht. Ueber die in den offen bleibenden zurück gelassenen Sachen wird ein richtiges Verzeichniß aufgenommen; die Aufsicht darüber jemandem von den gegenwärtigen Personen übertragen, und diesem das Verzeichniß zur Mitunterschrift vorgelegt.

Sachen, die außer der Sperre zu lassen sind.

§. **26.** Von den vorgefundenen Geldern und Vorräthen, an Eßwaaren, Getränken, Viehfutter, Leinenzeug, Betten, und was sonst zur täglichen Nothdurft gehört, wird nur so viel, als zum Begräbniß, oder auf eine kurze Zeit zur Unterhaltung des Gesindes und vorräthigen Viehes, oder auch zu den nöthigsten Bedürfnissen des etwa gegenwärtigen Erben. erforderlich ist, heraus gelassen, und jemandem unter den Gegenwärtigen zur Aufsicht und künftigen Berechnung, nach einem darüber aufzunehmenden und von ihm mit zu unterschreibenden Verzeichnisse anvertraut. Auch Sachen, die nicht unter die Sperre genommen werden können, z. B. lebendige Thiere, müssen in ein Verzeichniß gebracht, und die Aufsicht darüber muß irgend einer sichern Person anvertraut werden.

Sachen, die dem Verderben unterworfen sind.

§. **27.** Finden sich in dem Nachlasse Sachen, welche, bei längerer Aufbewahrung, dem Verderben unterworfen sind; so muß der Siegelungskommissarius dieselben zwar ebenfalls vor der Hand unter die Sperre nehmen, zugleich aber dem Gerichte, von welchem er seinen Auftrag hat, ohne den geringsten Zeitverlust, zur schleunigen Verfügung, davon Anzeige machen. Ist die Gefahr des Verderbens so dringend, daß wegen der Entfernung von dem auftragenden Gerichte die Verfügung desselben nicht abgewartet werden kann; so muß der Siegelungskommissarius selbst dafür sorgen, daß dergleichen Sachen unverzüglich so vortheilhaft, als es nach den Umständen möglich ist, veräußert, oder auf andere Art untergebracht werden.

Von der Siegelung auf einem Landgute.

§. 28. Ist die Siegelung auf einem Landgute zu verrichten, so muß der Kommissarius, wegen der im Wohnhause befindlichen Sachen, nach obigen Vorschriften verfahren; sich von dem Wirthschaftsbeamten den letzten Monatsschluß vorlegen lassen; den vorhandenen Kassenbestand revidiren; davon nicht mehr, als zur Fortsetzung der Wirthschaft erforderlich ist, zurück lassen; und das Uebrige in einem möglichst sichern Behältnisse, im Wohnhause, unter dem Siegel niederlegen; die Getreidebestände und andere Wirthschaftsvorräthe revidiren, und davon so viel, als zur Wirthschaftsnothdurft auf eine kurze Zeit erforderlich ist, absondern, und dem Beamten zur Verwaltung und Berechnung übergeben; das Uebrige aber in den Behältnissen, worin es sich befindet, gleichergestalt versiegeln; sich das Inventarium über das vorhandene Vieh. und Wirthschaftsgeräthe aller Arten vorzeigen lassen, und Abschrift davon nehmen; wenn dergleichen Inventarium nicht vorhanden ist, ein vollständiges Verzeichniß darüber anfertigen; übrigens aber den Beamten, zur Fortsetzung der Wirthschaft, auf den bisherigen Fuß, bis auf weitere Verordnung anweisen.

Hat der Verstorbene die Wirthschaft durch sich selbst, und ohne Zuziehung von Wirthschaftsbedienten, geführt; so muß deren vorläufige Fortsetzung dem zurück gebliebenen Ehegatten, oder einem etwa gegenwärtigen majorennen Kinde, oder in deren Ermangelung einem benachbarten sichern Manne und Einwohner des Orts, allenfalls gegen Zusicherung einer verhältnißmäßigen Belohnung, aufgetragen werden.

Ist das Gut verpachtet, so bedarf es nur der Siegelung der etwa daselbst befindlichen, dem Verstorbenen zugehörigen Sachen; da für Alles, was zur Wirthschaft gehört, der Pächter haften muß.

bei Kaufmannshandlungen,

§. 29. Eine zum Nachlasse gehörende Handlung darf der Richter nicht versiegeln, sondern er muß deren Fortsetzung dem von dem Erblasser angenommenen Disponenten[1] übertragen, und nur diesen, wenn es etwa nicht schon geschehen wäre, zur treuen und ordentlichen Verwaltung verpflichten. Ist kein besonderer Disponent[1] vorhanden, so muß sofort ein Aufseher bestellt, und gehörig verpflichtet werden. Einem von dem Erblasser schon bestellten Disponenten[1] wird die Fortsetzung der Handlung völlig auf den bisherigen Fuß überlassen; einem Aufseher hingegen, welchen der Richter von Amts wegen bestellt, wird nur eine gewisse Quantität der vorräthigen Waaren, nach einem darüber aufzunehmenden Verzeichnisse, verabfolgt; das übrige Waarenlager aber mit unter die Sperre genommen.

[1] Vgl. auch Art. 54 Abs. 2 HGB.: Der Tod des Prinzipals hat das Erlöschen der Prokura nicht zur Folge.

bei Professionen und Handwerken,

§. 30. Hat der Erblasser eine Profession, ein Handwerk, oder sonst ein Gewerbe getrieben; so muß die Fortsetzung desselben durch die Siegelung in der Regel nicht gänzlich gehemmt, vielmehr nur ein Aufseher darüber bestellt; von den vorhandenen Materialien und Geräthschaften so viel, als auf einige Zeit zum fortgesetzten Betriebe erforderlich ist, außer der Sperre gelassen, und auch darüber, nach Vorschrift §. 26., ein Verzeichniß aufgenommen werden.

bei öffentlichen Geldern, Papieren und Briefschaften.

§. 31. Geschieht die Versiegelung nur deswegen, weil der Verstorbene, als ein Königlicher oder anderer öffentlicher Bedienter, Gelder oder Briefschaften vermöge seines Amts in seiner Gewahrsam gehabt hat; so darf nur die Kasse, die Schreibstube, der Schrank, oder das sonstige Behältniß, in welchem dergleichen Sachen sich befinden oder zu vermuthen sind, unter die Sperre genommen werden.

Aufsuchung einer vorhandenen letztwilligen Disposition.

§. 32. Thut sich bei der Versiegelung eine Anzeige oder Muthmaaßung hervor, daß etwa an einem Orte ein Testament, oder andere letztwillige Verordnung des Erblassers, oder eine Rekognition[1] über ein gerichtlich niedergelegtes Testament vorhanden sey; so muß derjenige, welcher die Siegelung verrichtet, mit Zuziehung der gegenwärtigen Verwandten, Freunde, oder Bedienten des Verstorbenen, an dem Orte, wo es zu seyn vermuthet wird, darnach suchen; und wenn er etwas dergleichen findet, es dem Gerichte zur weitern Verfügung einliefern.

[1] jetzt: ein Auszug aus dem Verwahrungsbuche für letztwillige Verfügungen.

Aufnehmung des Protokolls über die Siegelung.

§. 33. Ueber die richtig geschehene Versiegelung muß ein genaues Protokoll, mit Specificirung der Anzahl der Siegel, welche nöthig gewesen, so wie mit Benennung der gegenwärtig gewesenen Personen, gehalten, und mit den nach obigen Vorschriften etwa aufgenommenen Verzeichnissen der außer der Sperre gebliebenen Sachen, zu den Akten gebracht werden. Dieß Protokoll muß der Kommissarius, in der Regel, sogleich im Sterbehause aufnehmen. Wenn jedoch die Kürze der Zeit, oder die Umstände des Falles dieß nicht gestatten; so muß er sich wenigstens die Data zu diesem Protokolle, z. B. die Namen der gegenwärtig gewesenen Personen, die Zimmer und Behältnisse, welche versiegelt worden, die Zahl der angelegten Siegel, die Arten und Quantitäten der aus der Sperre gelassenen Sachen ꝛc., auf der Stelle vorläufig notiren, und daraus das Protokoll selbst noch an eben demselben, oder spätestens am folgenden Tage, zu Hause abfassen. Bei dem Protokolle, welches eigentlich nur eine Anzeige über den vorgenommenen Aktus der Siegelung enthält, ist die Mitunterschrift der dabei zugezogenen Personen nicht nothwendig. Hingegen müssen die Verzeichnisse der außer der Sperre gebliebenen Sachen, von demjenigen, dessen

Verwahrung oder Berechnung sie anvertraut worden, unterzeichnet seyn.

Vorsichtsregeln bei Anlegung und Verwahrung der Siegel.

§. 34. Der Kommissarius muß die Siegel dergestalt befestigen, daß sie nicht von selbst abfallen, noch ohne Gewalt abgerissen und wieder aufgeklebt werden können. Auch die Fenster und andere Zugänge, die, außer den Thüren, in die versiegelten Behältnisse führen könnten, müssen hinlänglich verwahrt; die Schlüssellöcher mit anzusiegelnden Streifen bedeckt, und die Schlüssel besonders eingesiegelt werden. Auch muß der Kommissarius die nöthige Vorsicht brauchen, um nicht Thüren, und andere Meublen von Werth, durch das Lack zu verderben, und sich statt dessen, bei solchen Behältnissen, dünnen grünen Wachses bedienen.

Bleiben Erben, Verwandte, oder Freunde im Sterbehause, oder doch am Orte gegenwärtig; so muß der Kommissarius diesen, sonst aber einer andern dazu tauglichen und schicklichen Person, z. B. dem Hauswirthe, die besondere Aufsicht über die Siegel, und daß sie nicht abgerissen werden, auftragen; auch, wie dieses geschehen, im Protokolle bemerken.

Verfahren in der Zwischenzeit, bis zur Wiederaufsiegelung.

§. 35. Die einmal angelegte Siegelung muß in der Regel so lange liegen bleiben, bis nach den unten folgenden Vorschriften die Wiederaufsiegelung und Ausantwortung des Nachlasses, mit oder ohne Inventur, erfolgen kann. In der Zwischenzeit darf sich der Richter keiner Verfügungen über den Nachlaß von Amts wegen anmaaßen; außer was etwa auf die Anzeige des Kommissarii, wegen vorhandener, dem Verderben unterworfener Sachen, nach §. 27., oder wegen anderer unvermeidlicher und dringender Umstände, zur Konservation des Nachlasses nothwendig geschehen muß. Dergleichen nothwendige Verfügungen kann auch ein nicht kompetentes Gericht in Fällen, wo dasselbe nach §. 15. [16.] die Siegelung verrichtet hat, treffen. Was aber bei Siegelungen, die bloß zur Sicherheit minorenner, oder sonst unter Vormundschaft stehender Erben verhängt worden, in dieser Zwischenzeit von dem vormundschaftlichen Gerichte zu besorgen sey, ist in den Gesetzen bestimmt. (A. L. R. Th. II. Tit. XVIII. §. 363—367.)[1]

[1] Jetzt entscheidet das Ermessen des Vormundschaftsgerichts, § 15 VO.

Von der Wiederaufsiegelung; wenn, und

§. 36. Die Wiederaufsiegelung findet überhaupt alsdann Statt, wenn die Ursache der angelegten Sperre aus dem Wege geräumt ist. Sie ist also in der Regel sogleich zu verfügen, als die Erben, oder der in den gesetzlich bestimmten Fällen (A. L. R. Th. I. Tit. IX. §. 461 u. f. §. 475 u. f.) bestellte Verlassenschaftskurator,[1] dieselbe nachsuchten.

[1] jetzt: Nachlaßpfleger, § 89 VO.

von wem sie geschehen müsse.

§. 37. Die Wiederaufsiegelung kann nur von dem Gerichte, welchem der Verstorbene in Ansehung seiner Person unterworfen gewesen, verfügt werden. Jedes andere Gericht, auch wenn es nach Vorschrift §. 15. [16.]

zur Anlegung der Siegel an sich berechtigt gewesen, muß dennoch, wegen der Wiederaufsiegelung, die Verfügung des kompetenten persönlichen Gerichts abwarten. In wie fern dabei das andere Gericht, welches etwa zuerst gesiegelt hat, zugezogen werden müsse, ist §. 21. verordnet.

Anh. §. 436. Bei der Entsiegelung des Nachlasses eines Regierungsoffizianten müssen die Akten und Papiere, so sich darunter befinden, dem zuzuziehenden Abgeordneten der Regierung ausgehändigt werden. Auch ist in einem solchen Falle die Entsiegelung vorzüglich zu beschleunigen.

Diese Vorschrift ist gleichfalls zu beobachten, wenn der Verstorbene zwar an sich ein Justizbedienter, aber in anderer Rücksicht einer Regierung zugleich untergeordnet war, und Geschäfte in Händen hatte, welche zu ihrem Ressort gehören.

Strafe unbefugter oder zu frühzeitiger Aufsiegelung.

§. 38. Wer sich unterfängt, ohne Verfügung des kompetenten Gerichts die aufgedrückten Siegel abzureißen, soll, wenn auch die Verlassenschaft unberührt geblieben wäre, nach Bewandtniß der Umstände mit 10 bis 50 Rthlr. fiskalischer Geld- oder verhältnißmäßiger Gefängnißstrafe belegt werden.[1] Ist die Verlassenschaft sogar berührt und eröffnet worden, so muß er, außer der Strafe, den Erben allen Verlust, den sie durch das Juramentum in litem erhärten können,[2] vergüten. Hat er aus dem Nachlasse etwas entwendet, so finden die Vorschriften der Kriminalgesetze wider ihn Anwendung.

Selbst wenn sämmtliche Erben sich unter einander vereinigen, den gerichtlich versiegelten Nachlaß unter sich ohne gerichtliche Uebergabe oder Auffiegelung theilen zu wollen; oder wenn ein Erbe gegen den andern die Verlassenschaft erstritten hätte: so sollen nichts desto weniger der- oder diejenigen, die sich unterfangen, die gerichtlichen Siegel eigenmächtig abzunehmen, oder abnehmen zu lassen, mit vorgedachter fiskalischer Geld- oder Gefängnißstrafe[1] belegt werden.

[1] jetzt: mit Gefängniß bis zu sechs Monaten, § 136 des Strafgesetzbuchs.

[2] jetzt richtet sich der Beweis nach den Vorschriften der CPO., vgl. insbesondere § 260.

Verfahren bei der Wiederaufsiegelung.

§. 39. Die Wiederaufsiegelung besteht in Abnehmung der aufgedrückten Siegel. Diese müssen daher zuvor: ob sie noch alle unverletzt sind, nach Anleitung des Siegelungsprotokolls, untersucht, und der Befund in dem über die gegenwärtige Handlung aufzunehmenden Protokolle bemerkt werden. Ist von dem Kollegio, welchem der Erblasser in Ansehung seines Amts unterworfen war, besonders gesiegelt worden; und will dieses, ohne die allgemeine Aufsiegelung abzuwarten, die unter die Sperre genommenen Amtssachen heraus nehmen: so muß es der Behörde, von welcher die allgemeine Siegelung veranlaßt worden, davon Nachricht geben;

damit dieses seine Siegel, so weit es nöthig, abnehmen, und dieselben, nach erfolgter Separation und Herausgabe der Amtssachen, wiederum aufdrücken könne.

Ausantwortung des Nachlasses, mit oder ohne Inventur.

§. **40**. An wen der aufgesiegelte Nachlaß verabfolgt werden, und ob die Ausantwortung desselben mit oder ohne Inventur erfolgen solle, ist nach Unterschied der Fälle, und nach den darauf gerichteten gesetzlichen Vorschriften zu bestimmen. Allgemein wird hier nur festgesetzt:

a) Daß, wenn der Erbe selbst, oder auch nur Einer unter mehreren Miterben, die gerichtliche Inventur verlangt, dieselbe ohne den geringsten Anstand verfügt werden müsse.

b) Daß, wenn zur Zeit der Wiederaufsiegelung ein Streit über die Erbschaft, es sey zwischen mehreren Erbschaftsprätendenten, oder auch zwischen den Erben und Gläubigern vorwaltet, der Richter die Inventur von Amts wegen veranlassen könne, so bald er pflichtmäßig findet, daß sie nöthig sey, um der Verdunkelung oder Schmälerung des Nachlasses, bis zum Ausgange des Prozesses, vorzubeugen.

§. **41**. Soll kein Inventarium aufgenommen werden, so geschieht die Abnehmung der Siegel auf einmal, und zu gleicher Zeit. Das darüber angefertigte Protokoll muß aber von dem, welchem der Nachlaß ausgeantwortet wird, mit unterschrieben werden.

§. **42**. Soll die Inventur zugleich geschehen, so muß die Aufsiegelung dergestalt vorgenommen werden, daß die in den aufzusiegelnden Behältnissen befindlichen Sachen nach und nach aufgeschrieben, und, bis dieses vollständig geschehen, die Behältnisse oder Zimmer, worin sie befindlich sind, wieder versiegelt werden. In diesem Falle kann also die Entsiegelung nicht auf Einmal geschehen.

Inventur. Durch wen sie vorzunehmen;

§. 43. Die Aufnehmung eines gerichtlichen Inventarii muß durch eine dazu abgeordnete vereidete Gerichtsperson, mit Zuziehung eines gehörig verpflichteten Protokollführers, geschehen. Doch können die Gerichte dergleichen Handlung auch einem [Justizkommissario und] Notario auftragen, welcher dabei die gewöhnlichen Instrumentszeugen zuziehen muß.[1]

Ueber den Nachlaß gemeiner Leute auf dem Lande, so wie in Städten, wo keine eigene Gerichte sind, können die Verzeichnisse durch die Dorfgerichte, oder durch ein Mitglied des Polizeimagistrats, unter Direktion und nach der Anweisung des Gerichtshalters,[2] aufgenommen werden.

[1] Vgl. auch § 88 AGO. III, 7. — Die Inventur kann auch einem Gerichtsschreiber bei einem Amtsgerichte bzw. einem Gerichtsschreibergehülfen, sowie einem Gerichtsvollzieher übertragen werden. (Vgl. die in A. 1 zu § 24 d. T. angef. Gesetzesstellen.)

[2] jetzt: des Amtsgerichts.

besonders bei Militairpersonen.

§ 44 d. T. bezog sich nur auf den Fall des durch Anh.-§ 434 aufgehobenen § 17 d. T. und ist daher zusammen mit letzterem § gleichfalls beseitigt.

Wer dabei zuzuziehen.

§. 45. Von der vorzunehmenden Inventur muß den bekannten, und in der Nähe des Orts befindlichen Erben oder Miterben Nachricht gegeben werden. Ist es noch nicht bekannt, wer Erbe sey, so geschieht die Benachrichtigung an die nächsten bekannten anwesenden Verwandten. Sind auch diese nicht bekannt, so muß ein Verlassenschaftskurator[1] bestellt seyn, welcher also der bevorstehenden Inventur beiwohnen muß. Sind die Erben zu weit entfernt, als daß sie bei der nicht füglich länger auszusetzenden Inventur persönlich erscheinen, oder einen Bevollmächtigten dazu ernennen könnten; so muß ihnen zu dieser Handlung ein Mandatarius ex officio bestellt werden.

[1] jetzt: Nachlaßpfleger, § 89 VO.

§. 46. Wenn von den vorstehend bezeichneten Interessenten jemand auch schon nach angefangener Inventur sich meldet, so muß derselbe unbedenklich zugelassen werden. Außer diesen aber, und außer den vereideten Taxatoren, muß der Kommissarius keinen fremden Personen die Gegenwart bei der Inventur gestatten.

Verfahren bei der Inventur überhaupt;

§. 47. Alle an dem Orte, wo der Erblasser gewohnt hat, gestorben ist, oder ein unbewegliches Gut besessen hat, befindliche Mobilien und Effekten, sie mögen Namen haben wie sie wollen, müssen genau, mit Bemerkung des Maaßes, des Gewichts, der Anzahl und Beschaffenheit, auch der von den Taxatoren geschehenen Würdigung, aufgezeichnet werden; ohne daß der Kommissarius sich einer Entscheidung: ob etwa dieses oder jenes zur Erbschaft nicht gehöre, anmaaßen, und es aus diesem Grunde aus dem Inventario weglassen darf; doch muß er die desfalls etwa geschehenen Anzeigen in dem Inventario mit bemerken.

Die Aufzeichnung geschieht übrigens, nach Anweisung §. 42., von Zimmer zu Zimmer, so wie die Mobilien und Effekten in einem jeden derselben sich befinden, und mit Bemerkung ihrer Lage. Aus diesen Lokalverzeichnissen werden hiernächst, in dem Inventario selbst, die Sachen von einerlei Art unter gewisse Titel zusammen geschrieben; die Taxe eines jeden Stücks wird ausgeworfen; und die Summe des Werths nach der Taxe, von jedem Titel, bei dem Abschlusse desselben, zusammen gezogen.

insonderheit bei Zubehörungen,

§. 48. Bewegliche Sachen, die als Zubehör zu einer unbeweglichen Sache, oder zu einer Gerechtigkeit gehören, z. B. das Wirthschaftsinventarium eines Grundstücks, die Geräthschaften von Fabriken, Kramladen, Apotheken rc., werden besonders verzeichnet, und diese Verzeichnisse dem Hauptinventario beigelegt.

bei Büchern,

§. 49. Bücher brauchen nicht taxirt zu werden, sondern es ist genug, wenn nur die Titel derselben, mit der Angabe des Formats, der Edition und des Bandes verzeichnet sind. Auch ist es, wenn weitläufige Bibliotheken vorhanden sind, nicht nöthig, den Abschluß des

Inventarii so lange, bis der Katalogus geendigt worden, auszusetzen.

bei Häusern, Landgütern, und anderen unbeweglichen Sachen,

§. 50. Häuser, Landgüter, und andere unbewegliche Sachen, werden nur nach ihrem Namen, ihrer Qualität, ihrer Lage und Beschaffenheit, in das Inventarium eingetragen. Erhellet aus den Erwerbungsurkunden ein gewisser Werth, oder ist sonst dergleichen Werth im Hypothekenbuche[1] eingetragen, so wird selbiger ausgeworfen. Konstirt kein solcher Werth, das Gut ist aber verpachtet, so wird nach dem Ertrage des Pachtgeldes der auszuwerfende Werth bestimmt. Ist auch auf diese Art kein Werth auszumitteln, so kann der Kommissarius keinen im Inventario auswerfen; denn die Aufnehmung einer Taxe findet bei Gelegenheit der Inventur niemals Statt, sondern es ist die Sache der Interessenten, wenn sie dergleichen in der Folge nöthig finden, das Erforderliche deshalb bei dem Richter nachzusuchen.

[1] jetzt: Grundbuche.

bei Briefschaften und Skripturen,

§. 51. Die vorhandenen Urkunden und Briefschaften muß der Kommissarius mit möglichster Aufmerksamkeit durchgehen, und diejenigen, welche auf den statum activum et passivum des Nachlasses irgend einige Beziehung haben, von den übrigen Papieren absondern.

Letztere müssen, so weit es nöthig ist, sortirt, und ihrer in dem Inventario nur unter gewissen allgemeinen Titeln, z. B. Wirthschafts- oder Hausrechnungen, Familienkorrespondenz, gelehrte Korrespondenz 2c., gedacht werden.

Dabei muß jedoch der Kommissarius sich hüten, daß er nicht aus übertriebener Aengstlichkeit zu weit gehe, oder gar aus unbescheidener Neugier, unter dem Vorwande der Inventur, von vertrauten Familien- und anderen das Vermögen des Erblassers gar nichts angehenden Korrespondenzen Kenntniß nehmen zu wollen, sich anmaaße. Hat daher der Erblasser in seinen Papieren eine gewisse Ordnung beobachtet, und seine Korrespondenzen in gewisse Packete oder Fächer, nach Unterschied der Gegenstände oder Subjekte, zusammen gelegt; so müssen dergleichen Packete bei der Inventur undurchsucht bleiben, und im Inventario, obgedachtermaaßen, nur unter allgemeinen Rubriken aufgeführt werden.

Hingegen sind diejenigen Dokumente, welche entweder das Eigenthum, die Gerechtsame, Lasten, oder Pflichten der zum Nachlasse gehörigen oder anderer Grundstücke, auf welche dem Verstorbenen ein Anspruch zustand, betreffen; oder woraus Aktivforderungen desselben an Andere, sie seyen von welcher Art sie wollen, hervor gehen, umständlich, mit Bemerkung der Person des Ausstellers, der Zeit und des Orts, auch einer kurzen Angabe ihres wesentlichen Inhalts, im Inventario zu verzeichnen.

Betreffen dergleichen Dokumente Geldforderungen, so muß die verschriebene Summe im Inventario ausgeworfen werden.

Finden sich Umstände, aus welchen zu erhellen scheint, daß eine solche Forderung zweifelhaft oder inexigibel sey; so sind auch diese dabei zu bemerken.

wegen der Schulden.

§. 52. Die auf dem Nachlasse haftenden Schulden muß der Kommissarius ebenfalls, so viel es sich thun läßt, vollständig verzeichnen. Er muß daher, wenn Immobilien vorhanden sind, sich Hypothekenscheine [1] darüber ertheilen lassen; die darin vermerkten Schulden in das Inventarium eintragen, und die Scheine selbst beilegen. Er muß die eingegebenen Rechnungen, Mahnbriefe, die von dem Verstorbenen selbst geführten Rechnungsbücher, und andere schriftliche Nachrichten und Anzeichnungen über die Passivschulden, genau nachsehen; auch von den Erben, Verwandten, Hausgenossen und Domestiken, sich dasjenige anzeigen lassen, was ihnen von Schulden und Ansprüchen an die Verlassenschaft bekannt sey. Aus allen diesen Nachrichten muß er ein Verzeichniß der angezeigten, oder sonst sich hervor gethanen Schulden anfertigen; dasselbe in einem besondern Titel dem Inventario anhängen; und mit Absonderung der liquiden Posten von den noch illiquiden oder ungewissen, bei jeder der letzteren die Ursachen anzeigen, warum sie vor der Hand noch als ungewiß zu betrachten sey.

[1] beglaubigte Abschriften der Grundbuchblätter oder -artikel.

Form des Inventarii.

§. 53. Alle gerichtliche Inventaria sollen nach dem

hier beigedruckten Formulare angefertigt und abgeschlossen werden.

Protokoll über die Inventur.

§. 54. Der Kommissarius muß über den ganzen Aktus der Inventur ein genaues Protokoll halten, und darin die Personen, die sowohl als Interessenten, als in der Eigenschaft von Taxatoren und Sachverständigen, der Inventur beigewohnt haben; die Verpflichtung der Letzteren, in so fern sie nicht etwa (welches ebenfalls zu bemerken) ein= für allemal vereidet sind; die Ordnung, wie bei der Aufzeichnung verfahren worden; was, wenn die Inventur mehrere Tage gedauert hat, an jedem Tage geschehen sey; die Aussagen und Angaben der Erben, der Hausgenossen und Domestiken, der sich gemeldeten Kreditoren, und Anderer, welche über den oder jenen den Aktiv= und Passivzustand des Nachlasses betreffenden Punkt vernommen worden sind, und andere dergleichen zur Sache gehörige Nachrichten, treulich verzeichnen.

Aus diesem Protokolle wird hiernächst das Inventarium selbst formirt, und nebst dem Protokolle dem Gerichte übergeben.

Von mehreren Specialinventariis.

§. 55. Wenn der Verstorbene an mehr als Einem Orte Vermögen zurück gelassen hat, z. B. wenn er einen doppelten Wohnsitz hatte, oder wenn er, außer seinem gewöhnlichen Wohnorte, Landgüter besaß, auf welchen ein Theil seiner Mobilien und Effekten, seiner Brief=

schaften u. s. w. sich befand; so wird dennoch, wenn die ganze Inventur einem und eben demselben Kommissario aufgetragen ist, nur Ein Inventarium errichtet, in welchem die an den verschiedenen Orten aufgenommenen Verzeichnisse, unter den gehörigen Titeln, mit der Bemerkung: an welchem Orte diese Stücke sich befinden, zusammen geschrieben werden. Haben hingegen mehrere Kommissarien ernannt, und also auch mehrere Inventaria aufgenommen werden müssen; so hängt es, nach Beschaffenheit der Umstände, von dem Gutfinden des Erben, und dem Ermessen des Richters ab: in wie fern es nöthig sei, alle diese besondere Inventaria in Ein einziges allgemeines Inventarium zusammen zu fassen. Wenn aber auch dies nicht geschehen soll, so muß dennoch, um einen Abschluß des ganzen Nachlasses zu erhalten, in demjenigen Specialinventario, welches die meisten und hauptsächlichsten Vermögensstücke enthält, ein Extrakt aus den übrigen Inventariis, sowohl in Ansehung der das Aktivvermögen betreffenden Titel, als in Ansehung des Titels der Schulden, hinzu gefügt; darnach der Abschluß gemacht, und die übrigen Specialinventaria diesem Hauptinventario beigeheftet werden.

Genaue Beobachtung obiger Vorschriften.

§. 56. Wenn die Verfertiger des Inventarii obigen Vorschriften nicht völlig nachgekommen sind, so ist zwar das Inventarium nicht für ganz ungültig zu achten; ist aber die Unterlassung aus Vorsatz, grobem oder mäßigem Verschulden geschehen, so müssen sie für den Schaden haften, welcher daraus den Interessenten entstehen kann. Auch sind diese sowohl, als die Gerichte selbst, befugt, dergleichen verdächtigen oder sorglosen Kommissarien den Manifestationseid[1] abzufordern.

[1] Vgl. A. zur Ueberschrift von Th. I Tit. 22.

Inventarium

des

Nachlasses

des, den in verstorbenen

N. N.

verfertigt, den

von N. N.

Inventarium.[1]

	Tit. I. An unbeweglichen Gütern und liegenden Gründen.			
	Unter diesen Titel gehören Landgüter, Haus, Hof, Aecker, Mühlen, Gärten, Wiesen, Teiche, Weingärten, Kothe, Pfannen- oder Soolengüter, und dergleichen.			
	Wobei so viel möglich aus den Briefschaften der Besitztitel mit Anführung der Urkunden anzumerken.			
	Summa .			
	Tit. II. An Aktivis und ausstehenden Forderungen.			
1				
2				
	Summa .			
	Tit. III. An baarem Gelde.			
	Hierbei müssen die Münzsorten genau angemerkt, und von jeder Art besondere Posten verzeichnet werden.			
1	An			
2	An			
	Summa .			

[1] An Stelle der drei Spalten für den Betrag sind seit der Einführung der Reichsmarkrechnung selbstverständlich zwei getreten.

	Tit. IV. An goldenen, silbernen, und anderen Medaillen, und seltenen Münzen.			
1				
2				
3				
	Summa .			
	Tit. V. An Juwelen und Kleinodien.			
1				
2				
3				
	Summa .			
	Tit. VI. An Uhren, Tabatieren, und anderen kleinen kostbaren oder künstlichen Stücken.			
1				
2				
3				
	Summa .			
	Tit. VII. An Gold- und Silbergeschirr.			
1				
2				
3				
	Summa .			

	Tit. VIII. An Porcellan.			
1				
2				
3				
	Summa .			
	Tit. IX. An Gläsern.			
1				
2				
	Summa .			
	Tit. X. An Zinn, Kupfer, Metall, Messing, Blech und Eisen.			
1				
2				
3				
	Summa .			
	Tit. XI. An Leinenzeug und Betten.			
1				
2				
3				
	Summa .			
	Tit. XII. An Meubles und Hausgeräthe.			
1				
2				
3				
	Summa .			

	Tit. XIII. An Kleidungsstücken.			
1				
2				
3				
	Summa .			
	Tit. XIV. An Wagen und Geschirr.			
1				
2				
3				
	Summa .			
	Tit. XV. An Pferden.			
1				
2				
3				
	Summa .			
	Tit. XVI. An allerhand Vorrath zum Gebrauch.			
1				
2				
3				
	Summa .			

	Tit. XVII. An Vorrath und Waaren, zum Verkauf und Handel.			
	Wenn deren viel vorhanden, z. B. bei einem Kaufmann, Handelsmann, Krämer ꝛc.; so ist es bequemer, davon ein ganz besonderes Inventarium aufzunehmen, und nur die Summe davon in dem Generalinventario anzumerken.			
	Summa .			
	Tit. XVIII. An Gemälden, Zeichnungen, Kupferstichen und mathematischen Instrumenten, und Gewehren.			
1				
2				
3				
	Summa .			
	Tit. XIX. An Büchern und Manuskripten.			
1				
2				
3				
	Ist der Büchervorrath ansehnlich, so ist es bequemer, einen besondern Katalogus davon zu machen, und dem Generalinventario nur den Betrag davon einzurücken.			
	Summa .			

	Tit. XX. An Briefschaften und Dokumenten.			
1				
2				
3				
	Summa .			
	Tit. XXI. An Passivis und Schulden.			
1				
2				
3				
	Diese sind entweder, wenn sie aus den Briefschaften und Rechnungen offenbar sogleich erhellen, oder wie sie angegeben werden, zu verzeichnen.			
	Summa .			

Sollten sich bei einer ansehnlichen Erbschaft Sachen finden, so unter keinen dieser Titel zu bringen; so sind besondere Titel dieserwegen einzurücken. Es sind auch die Titel in besondere Abtheilungen sodann abzusondern, wenn z. B. bei dem Titel X. XI. XII. XVI. XVII. XVIII. von jeder Art der darunter gerechneten Sachen sehr viele vorhanden sind.

Bei einer geringen Verlassenschaft können diejenigen Titel ganz ausgelassen werden, wovon nichts vorhanden ist. In Ansehung des Tit. I. II. III. XX. XXI. aber ist jederzeit nothwendig, daß ausdrücklich im In=

ventario angeführt werde, ob etwas oder nichts davon vorhanden sey.

Recapitulatio.

Tit. I.	pag.				
Tit. II.	pag.				
Tit. III.	pag.				
Tit. IV.	pag.				
Tit. V.	pag.				
Tit. VI.	pag.				
Tit. VII.	pag.				
Tit. VIII.	pag.				
Tit. IX.	pag.				
Tit. X.	pag.				
Tit. XI.	pag.				
Tit. XII.	pag.				
Tit. XIII.	pag.				
Tit. XIV.	pag.				
Tit. XV.	pag.				
Tit. XVI.	pag.				
Tit. XVII.	pag.				
Tit. XVIII.	pag.				
Tit. XIX.	pag.				
Tit. XX.	pag.				
		Summa Summarum .			
	Hiervon geht ab				
Tit. XXI. . . .					
		Verbleibt Summa des Nachlasses .			

Sechster Titel.

Von dem Verfahren bei Aufnehmung gerichtlicher Taxen.

Veranlassung zur Aufnehmung von Taxen.

§. 1. Gerichtliche Taxen werden hauptsächlich zum Behufe eines zu veranlassenden gerichtlichen Verkaufs;[1] außerdem aber auch bei Auseinandersetzungen zwischen Miterben und anderen Miteigenthümern oder Gesellschaften; ingleichen zur Bestimmung der an einer Sache entstandenen Beschädigungen, oder der dabei sich findenden Meliorationen oder Deteriorationen, aufgenommen.

[1] Nothwendig ist die Aufnahme einer Taxe hier nur noch bei freiwilligen Subhastationen, wenn nicht alle Interessenten darauf verzichten (§§ 67, 68 I, 52). Bei nothwendigen Subhastationen und beim gerichtlichen Verkaufe von Mündelgrundstücken ist sie nicht mehr erforderlich, Subhastationsordnung v. 15. März 1869; § 44 VO.

Gegenstände.

§. 2. Sowohl Landgüter, als Häuser und andere Grundstücke, einzelne für sich bestehende Gerechtigkeiten, Schiffe und andere bewegliche Sachen, können der Gegenstand solcher Taxen seyn.

Von wem gerichtliche Taxen aufzunehmen.

§. 3. Die Aufnehmung einer jeden gerichtlichen Taxe muß unter Direktion einer vereideten Gerichtsperson geschehen; die Zuziehung eines besondern Protokollführers ist dabei nicht nothwendig.

Wer dabei zuzuziehen. Taxatoren.

§. 4. Dagegen müssen allemal sachverständige Taxatoren zugezogen werden.

Dergleichen Taxatoren müssen

1) in Ansehung ihrer Tüchtigkeit und Sachkenntniß durch eine bei der Behörde angestellte Prüfung, oder durch glaubwürdige Zeugnisse, oder durch notorische davon abgelegte Proben legitimirt; sie müssen

2) in Ansehung ihrer bei der Taxe zu beobachtenden Sorgfalt, Gewissenhaftigkeit und Unparteilichkeit gehörig vereidet seyn. Diese Vereidung geschieht ein- für allemal, wenn gewissen Personen die Aufnehmung aller bei einem Gerichte, oder an einem Orte, und in einer Gegend, vorkommenden Taxen gewisser Objekte, als ein wirkliches Amt übertragen wird. Wenn es aber irgendwo an dergleichen förmlich bestellten Taxatoren ermangelt, so muß der gerichtliche Kommissarius die von ihm auszuwählenden Sachverständigen zu der gegenwärtigen Handlung besonders verpflichten.

Der Eid, mit welchem die gerichtlichen Taxatoren zu belegen sind, ist in der Prozeßordnung vorgeschrieben. (Th. I. Tit. X. §. 202.)[1]

[1] Dieser Eid, welcher dahin geht,

> daß sie (die Taxatoren) von dem, was ihnen zu taxiren vorgelegt worden, den wahren eigentlichen Werth, so viel sie nach ihrem besten Wissen und Gewissen, auch reifer Ueberlegung, davon einsehen, verstehen und glauben, angegeben, auch dieses weder aus Feindschaft u. s. w. unterlassen haben;

muß als noch maßgebend erachtet werden, da der Sachverständigeneid der CPO. (§ 375 Abs. 1) nur für bürgerliche Rechtsstreitigkeiten bestimmt ist, und § 4 d. T. nicht etwa vorschreibt, auf die Taxatoren fänden die Vorschriften über Sachverständige im Prozesse Anwendung, sondern die konkrete Eidesnorm des § 202 I, 10 in Bezug nimmt. § 4 AG. CPO. bezieht sich nur auf bürgerliche Rechtsstreitigkeiten, welche nicht vor die ordentlichen Gerichte gehören.

§. 5. Die bei Aufnehmung einer Taxe zuzuziehenden Sachverständigen müssen mit keinem der Parteien, oder Interessenten, in Ansehung der Verwandtschaft, und sonst, in einem solchen Verhältnisse stehen, daß sie im Prozesse, als Zeugen für oder wider denselben, verwerflich seyn würden.[1]

[1] Verwerfliche Zeugen giebt es nach der CPO. nicht mehr. Da die Sachverständigen in Prozessen aber in der AGO., soweit sie nicht Gehülfen des Richters waren (wie in § 38 I, 9; § 384 I, 10), überhaupt als Zeugen behandelt wurden (§ 202, 203 Nr. 4 I, 10; Anh.=§ 84), so besagt der obige § 5 nur, daß die Verwerfung der Sachverständigen bei Taxen insoweit stattfinde, als sie in einem Civilprozeß verwerflich sein würden. Man wird daher § 371 CPO. auch hier anzuwenden berechtigt sein.

Zahl derselben.

§. 6. Die Zahl der zuzuziehenden Taxatoren ist nach den Umständen und Erfordernissen der verschiedenen vorkommenden Fälle zu bestimmen. Bei Inbegriffen mehrerer ungleichartiger Sachen müssen zu jeder Art derselben besondere mit der nöthigen Sachkenntniß versehene Taxatoren gebraucht werden. In Fällen, wo die Bestimmung des Werthes nicht sowohl auf festen und sicheren, aus Vermessungen, Rechnungen, Zeugenaussagen ꝛc., Maaß, Gewicht u. s. w. zu entnehmenden Datis, als vielmehr auf einem nach dem Augenscheine, besonderer Kunstkenntniß, Kunstgefühle ꝛc. sich bestimmenden Arbitrio beruhet, sind wenigstens drei Taxatoren erforderlich; die entweder über den anzunehmenden Werth sich vereinigen müssen, oder aus deren verschiedenen zusammen zu rechnenden Angaben der Werth, nach einem Durchschnitte, festgesetzt wird.

Wo es bisher üblich gewesen, daß zu gewissen Abschätzungen mehrere Klassen, oder sogenannte Schütten von Taxatoren, deren jede aus drei Personen besteht, gebraucht worden, hat es auch ferner dabei sein Bewenden.

In allen Fällen ist die Zuziehung auch nur Eines vereideten Taxators hinreichend, wenn die Kosten der Zuziehung mehrerer, mit dem wahrscheinlichen Werthe des Objekts in keinem Verhältnisse stehen möchten.

Bekanntmachung des Termins zur Taxe an die Interessenten.

§. 7. Der zur Abschätzung anberaumte Termin muß den Interessenten bekannt gemacht, und dieselben müssen dazu vorgeladen werden. Diese Vorladung hat jedoch bloß zur Absicht, die Interessenten von der bevorstehenden Abschätzung zu benachrichtigen. Wenn also dieselben in dem anberaumten Termine weder persönlich, noch durch zulässige Bevollmächtigte erscheinen; so muß das Geschäft, ohne weiter auf sie zu warten, dennoch seinen Fortgang erhalten. Daß dieses geschehen werde, ist den Interessenten in der Vorladung ausdrücklich anzudeuten.

Obliegenheiten des gerichtlichen Kommissarii.

§. 8. Der gerichtliche Kommissarius [1] muß die ganze Handlung der Taxation dirigiren. Er muß darauf sehen, daß den Sachverständigen die abzuschätzenden Objekte gehörig und vollständig vorgelegt oder angewiesen werden; und daß dieselben die gehörige Sorgfalt und Genauigkeit anwenden, um sich von der Beschaffenheit des Objekts, und denjenigen Eigenschaften,

Vorzügen oder Mängeln desselben, welche auf die Bestimmung seines Werths Einfluß haben können, vollständig zu unterrichten. Wenn Data und Nachrichten, woraus bei einem Gegenstande, oder bei einer Rubrik, die Gründe der nähern Bestimmung zu entnehmen sind, durch Zeugen ausgemittelt werden sollen; so muß der gerichtliche Kommissarius[1] selbst diese Zeugen ordnungsmäßig abhören; dabei aber entweder die Taxatoren mit zuziehen, oder sich doch von ihnen die Thatsachen, worauf es ankommt, und die den Zeugen etwa besonders vorzulegenden Fragen, an die Hand geben lassen. Wenn diese Data aus Rechnungen, Wirthschaftsregistern, oder anderen Schriften zu entnehmen sind; so muß er für deren Aufsuchung und Herbeischaffung sorgen, überhaupt aber dahin sehen, daß die vorgeschriebene Taxordnung von den Taxatoren genau und gewissenhaft befolgt, und keins der vorhandenen Hülfsmittel, die zu einer wahren und richtigen Bestimmung des Werths beförderlich seyn können, übersehen und vernachlässigt werde.

Dagegen muß der Kommissarius[1] sich nicht anmaaßen, die Taxatoren in einer gewissenhaften, nach ihrer eigenen freien Einsicht und Ueberzeugung zu machenden Anwendung ihrer Sach- und Kunstkenntniß im geringsten einschränken, oder ihnen dabei etwas vorschreiben zu wollen. Er muß ihnen aus vermeintlicher eigener Kenntniß keine Suggestionen machen; ihnen bei Niederschreibung ihrer Angaben nicht in die Rede fallen, oder sie sonst irren; vielmehr sich damit begnügen, diese ihre Angaben treulich zu verzeichnen; und ihnen, wo es nöthig ist, besonders aber, wenn etwas Ungewöhnliches dabei vorkommt, oder wenn die Angaben mehrerer zu einerlei Objekt bestellter Taxatoren beträchtlich von einander abweichen, die Gründe davon abzufordern, und niederzuschreiben.

[1] Die Taxaufnahme ist ein Akt der freiwilligen Gerichtsbarkeit, für welchen das Amtsgericht zuständig ist (§ 26 AG. GVG.). Dieselbe geschieht also durch den Amtsrichter als Einzelrichter.

Taxationsprotokoll.

§. 9. Der Kommissarius[1] muß über den ganzen Aktus der Abschätzung ein vollständiges Protokoll halten, und darein verzeichnen:

1) Was für Personen, sowohl an Taxatoren, als Interessenten, der Verhandlung beigewohnt haben.

2) Ob die Taxatoren schon überhaupt, und wo sie solchergestalt vereidet sind, oder wie sie zu der gegenwärtigen Handlung verpflichtet worden.

3) In dem Protokolle muß ferner eine genaue Beschreibung des abzuschätzenden Gegenstandes, nach solchen Eigenschaften und Merkmalen, woran derselbe von anderen gleicher Art unterschieden werden kann; ingleichen die Veranlassung der aufzunehmenden Taxe, ob sie z. B. des Verkaufs, oder der Auseinandersetzung wegen, aufgenommen werde, enthalten seyn.

4) Es muß historisch angeführt sein: in welcher Ordnung, und nach welcher Methode bei der Aufnehmung der Taxe überhaupt verfahren, und wenn die Handlung

mehrere Tage gedauert hat, was an jedem derselben gethan worden.

5) Es muß ferner angezeigt seyn, wie in Ansehung eines jeden besondern Objekts, oder einer jeden einzelnen Rubrik, bei der Ausmittelung des Werths oder Ertrags, ingleichen der von letzterm zu machenden Abzüge, verfahren; woher die Data zu deren Bestimmung entnommen; was z. B. für Zeugen vorgeschlagen, wie sie abgehört, und was von ihnen ausgesagt; welche Rechnungen, und aus was für Jahren sie zugezogen worden, was aus diesen Rechnungen sich ergeben habe, was etwa in Beziehung auf die Vollständigkeit, Glaubwürdigkeit oder Zuverlässigkeit dieser Rechnungen besonders zu bemerken vorgekommen; wohin bei jedem Objekt, oder bei jeder Rubrik, die Angaben der Taxatoren ausgefallen; wenn besonders diese Angaben verschieden sind, was ein jeder zu Begründung der seinigen angeführt habe; und was etwa noch sonst für Umstände, die auf das vorliegende Geschäft und dessen Beurtheilung Einfluß haben, vorgekommen sind.

6) Rechnungsextrakte, Saattabellen, Erndte-, Dresch- und Hebungsregister, Charten und Vermessungsregister, sind Beilagen dieses Protokolls, welche in dem Protokolle selbst, da, wo Nachrichten und Data, so aus ihnen entnommen sind, vorkommen, bestimmt allegirt werden müssen.

7) Das Protokoll muß von dem Kommissario[1] und den zugezogenen Taxatoren, ingleichen von den etwanigen Zeugen, unterschrieben werden. Auch die gegen-

wärtigen Interessenten sind zur Mitunterschrift aufzufordern; doch ist dieselbe nicht nothwendig.

[1] Vgl. A. 1 zu § 8 d. T.

Taxationsinstrument.

§. 10. Aus diesem Protokolle muß der Kommissarius[1] das Taxationsinstrument selbst entwerfen, [und dasselbe mittelst Berichts dem Gerichte übergeben[2]]. Finden sich bei dieser Ausarbeitung Anstände und Zweifel, so muß er mit den Taxatoren darüber Rücksprache nehmen, und die nöthigen Erläuterungen von ihnen fordern. Bei weitläufigen Taxen, wo es auf Berechnung mehrerer Positionen, in Ansehung des Ertrags, der Abzüge u. s. w. ankommt, muß er sich zur Anfertigung des Taxationsinstruments der Hülfe eines vereideten Rechnungsverständigen bedienen.

[1] Vgl. A. 1 zu § 8 d. T.

[2] fällt fort, da der Amtsrichter kraft eignen Rechtes instrumentirt.

Aufnehmung desselben.

§. 11. Das eingereichte Taxationsinstrument wird von dem Gerichte unter seinem größern Insiegel[1] ausgefertigt. Ob und an welche Interessenten Kommunikation davon geschehen müsse; in wie fern den Interessenten frei stehe, Erinnerungen gegen die Taxe zu machen; und wie darauf weiter zu verfahren sey, ist nach Verschiedenheit der Fälle und Veranlassungen, wozu die Taxe aufgenommen worden, in den Gesetzen und in der Prozeßordnung[2] bestimmt.

[1] Vgl. A. 2 zu § 54 II, 2.

[2] Die CPO. und die GO. kennen förmliche Taxaufnahmen als Prozedurhandlungen nicht mehr.

1) Von Abschätzung adlicher Güter.

§. 12. So viel insonderheit I. die Taxen adlicher Güter betrifft, so sollen dieselben allemal nach dem wahren und wirklichen Ertrage aufgenommen werden.

Der Kommissarius[1] muß dabei eine vollständige Beschreibung des abzuschätzenden Gutes, nach seiner Qualität, seiner Lage, seinen Grenzen, seiner Entfernung von großen, mittleren und kleineren Städten, von schiffbaren Kanälen und Flüssen, und nach anderen Umständen, welche etwa die Kultur, oder den Absatz der Produkte besonders erleichtern und begünstigen, oder hindern und erschweren, voraus schicken. Die Beschaffenheit der Gebäude und ihr Baustand muß im Allgemeinen beschrieben, und eben so der Zustand der Gutseinwohner, und ihr Verhältniß gegen den Gutsbesitzer, ob sie z. B. dienstpflichtig sind, oder nicht, ob ihre Stellen, Gebäude und Inventarium ihnen eigenthümlich, oder in wie fern sie der Herrschaft gehören; ob die Unterhaltung der Gebäude und des Inventarii ihnen selbst, oder der Herrschaft obliege, im Allgemeinen angegeben werden. Auch ist nachzufragen, und im Protokolle zu bemerken: ob die Aecker, Wiesen, Hütungen und Holzungen der Gutsherrschaft von denjenigen, welche den Unterthanen gehören, separirt sind, oder mit ihnen noch im Gemenge liegen. Besonders ist anzumerken: ob die Grenzen richtig sind; oder ob und mit welchen Nachbarn Grenzstreitigkeiten obwalten; ob dem Gute Hutungs-, Holzungs-, Mastungs-, [Jagd-[2]] oder andere dergleichen Gerechtigkeiten auf benachbarte Güter zustehen; oder ob dergleichen an das Gut im Wege Rechtens prätendirt werden. Auch solche Regalien und besondere Gerechtsame des Guts, welche keinen nach Gelde zu berechnenden Ertrag gewähren, sind in dem Protokolle mit aufzuführen, und umständlich zu beschreiben. Eben so muß der Kommissarius[1] die ihm zukommenden Nachrichten von dem ehemaligen Werthe, wofür das Gut in den letzten Jahren gekauft, oder in der Erbtheilung übernommen worden, von den vorgewesenen Verpachtungen, und von anderen Ereignissen, wodurch der Zustand des Guts neuerlich eine wesentliche Veränderung erlitten hat, in dem Protokolle historisch bemerken.

[1] Vgl. A. 1 zu § 8.

[2] Jagdgerechtigkeiten giebt es nach § 2 des Ges. v. 31. Okt. 1848 (GS. S. 343) nicht mehr.

Anh. §. 437. Wenn aus dem Hypothekenbuche,[1] oder aus anderen unverdächtigen Angaben hervor geht, daß das zu subhastirende adliche Gut einen Werth von 500 Rthlr. nicht übersteigt;[2] so können der Schulze oder[3] die Gerichtsleute des Orts, wo das zu veräußernde Grundstück belegen ist, oder in Ermangelung der Gerichtsleute zwei dazu ausersehene Wirthe dieses oder eines benachbarten Ortes, über die Beschaffenheit, den Ertrag und den Werth des von ihnen zu diesem Behuf genau zu besichtigenden Grundstücks eidlich vernommen werden, welche Vernehmung alsdann die Stelle der Taxe vertritt.

[1] jetzt: Grundbuche.

[2] Das abgekürzte Taxverfahren ist unter theilweiser Abänderung der Vorschriften dieses § auf Grundstücke ausgedehnt, deren Werth den Betrag von 15 000 ℳ nicht übersteigt, durch die Ges. v. 15. Juni 1840 (GS. S. 131) und 4. Mai 1857 (GS. S. 445).

[3] Druckfehler für „und", allg. Verf. v. 27. Juli 1857 (JMBl. S. 282).

§. 13. Was die Grundsätze betrifft, nach welchen die verschiedenen Wirthschaftsrubriken in der Einnahme, und die bei einer jeden zu machenden Abzüge; die von dem ganzen Ertrage abgehenden Onera und Ausgaben; der dem Kapital hinzutretende Werth der Wohngebäude, und anderer keinen eigentlichen Ertrag gewährenden, aber doch den Kaufswerth erhöhenden Regalien und Zubehörungen; ingleichen die von dem Kapital der Taxe abzuziehenden Bau-, Reparatur- und Retablissementskosten, ausgemittelt und angeschlagen werden sollen: so können darüber hier keine allgemeine Vorschriften ertheilt werden. Da schon in den meisten Provinzen Kreditsysteme errichtet, und die Justizkollegia angewiesen sind, die Taxen adlicher Güter entweder durch die Kreditdirektionen aufnehmen, oder doch die Abschätzungsprincipia derselben dabei zum Grunde legen zu lassen; so hat es dabei auch ferner sein Bewenden. In den übrigen Provinzen aber sollen die Stände aufgefordert werden, sich mit den Landesjustizkollegien zusammen zu thun, und vollständige, den Umständen und der Landesverfassung angemessene Taxordnungen zu entwerfen. Bis dahin hat es bei der bisherigen Observanz einer jeden Provinz ebenfalls sein Bewenden.[1]

[1] Die einzelnen Taxordnungen sind angeführt bei v. Rönne, AGO. S. 685.

2) Anderer Landgüter.

§. 14. Anlangend II. die Taxen anderer Landgüter, die zwar nicht adlicher Qualität, aber doch ein freies Eigenthum ihrer Besitzer, und keiner Gutsherrschaft unterthänig sind, so sind dabei im Wesentlichen eben die Grundsätze anzuwenden, welche bei der Abschätzung adlicher Güter in der Provinz zur Richtschnur dienen; wobei die Verschiedenheiten und Abweichungen, aus der verschiedenen Qualität der Güter, sich von selbst ergeben.

[Unterthänige Bauergüter, die ihren Besitzern eigenthümlich gehören, und nach der Landesart mit beträchtlichen Realitäten an Ackerwerk, Viehzucht rc. versehen sind, werden eben so nach dem Ertrage taxirt.[1]]

Bei solchen Bauerstellen aber, die [entweder Laßgüter sind, oder sonst[1]] ihren Besitzern nicht eigenthümlich gehören; ingleichen bei allen kleinen Rustikalbesitzungen, auf welchen kein Gespann gehalten wird, findet keine eigentliche Ertragstaxe Statt. Dagegen muß eine richtige und vollständige Beschreibung des Guts, nach den dazu gehörenden Realitäten, Gebäuden, Inventarienstücken u. s. w., ingleichen den davon zu entrichtenden Abgaben, Diensten und Pflichten, aufgenommen, und aus diesen Datis, mit gehöriger Rücksicht auf den am Orte, oder in der Gegend gewöhnlichen Kaufpreis der Grundstücke von dieser Art und

Beschaffenheit, ein ungefährer Werth nach dem pflichtmäßigen Ermessen der Taxatoren bestimmt werden.

In Provinzen, wo in Ansehung der Rustikalgüter gewisse Grundtaxen eingeführt sind, nach welchen dieselben von einem der Söhne des bisherigen Besitzers übernommen, und die übrigen Kinder abgefunden werden, hat es dabei auch ferner sein Bewenden.

[1] Die eingeklammerten Stellen sind in Folge der neueren Agrargesetzgebung aufgehoben.

Anh. §. 438. Wenn bei der Taxe eines Guts, welches dem Besitzer nur auf gewisse Jahre zur Kultur und Benutzung gegeben war, die Frage entsteht: wie der durch eine gewöhnliche Taxe ausgemittelte reine Ertrag nach der Dauer des Nutzungsrechts zu Kapital zu schlagen sey; so muß der Kapitalswerth durch die Revenüensumme mit Abrechnung des Interusurii bestimmt werden.

3) Der Häuser in den Städten.

§. 15. So viel III. die Häuser in den Städten anlangt, so können dieselben nicht nach dem bloßen Ertrage gewürdigt werden.

Ist die Taxe eines Hauses aufzunehmen, so muß

1) der Kommissarius[1] dasselbe nach seiner Lage, Beschaffenheit, Länge, Breite und Höhe, nach seinem Baustande, nach der Anzahl und Einrichtung der darin befindlichen Wohnungen, und anderer Behältnisse, umständlich beschreiben.

2) Die zum Hause gehörenden Pertinenzstücke, an

Gärten, Wiesen, Aeckern ꝛc., ingleichen die damit verbundenen Gerechtigkeiten, z. B. das Reihebrauen, die Befugniß, eine gewisse Anzahl Vieh auf die gemeine Stadtweide mit vorzutreiben, den ganzen Holzbedarf, oder eine gewisse Quantität desselben, aus der gemeinen Stadthaide zu nehmen ꝛc., müssen bestimmt angegeben werden.

3) Eben so muß der Kommissarius nach den auf dem Hause haftenden oder daran prätendirten Dienstbarkeitsrechten und Servituten sich sorgfältig erkundigen.

4) Die von dem Hause zu entrichtenden Abgaben, öffentliche und gemeine Lasten, müssen ebenfalls möglichst genau verzeichnet werden.

5) Sodann sind die in dem Hause befindlichen Materialien, Kunst- und Handwerksarbeiten aller Art, nach dem gegenwärtigen Zustande derselben, durch vereidete Werkmeister zu revidiren und abzuschätzen. Eben so ist,

6) besonders in großen Städten, der bisherige Ertrag der Miethen nach einem mehrjährigen Durchschnitte auszumitteln. Aus diesen Datis muß

7) durch die Taxatoren eine Taxe des Hauses, in seinem gegenwärtigen Zustande, nach einem vernünftigen und billigen Ermessen derselben bestimmt; übrigens aber

8) die zu dem Hause gehörigen, und nach Nr. 2. ausgemittelten unbeweglichen Pertinenzstücke oder Gerechtigkeiten besonders angeschlagen, und der Taxe des Hauses selbst zugesetzt werden.

[1] Vgl. A. 1 zu § 8 d. T.

4) Anderer Grundstücke.

§. 16. IV. Bei den Taxen anderer Grundstücke kommt es darauf an: ob der gemeine Werth derselben in dem Nutzen bestehe, den sie ihrem Besitzer gewähren; oder ob sich der davon zu erwartende Vortheil hauptsächlich nur auf Vergnügen und Annehmlichkeiten einschränke.

Bei Grundstücken der ersten Art, z. B. bei Mühlen, nutzbaren Obst-, Küchen- und Gemüsegärten, muß der reine Ertrag ausgemittelt, und darnach der Anschlag bestimmt werden.

Bei Grundstücken der zweiten Art, z. B. bloßen Lust- und Ziergärten, findet keine gerichtliche Taxe Statt; sondern es tritt an deren Stelle eine umständliche Beschreibung nach der Länge, Größe und innern Einrichtung. Nach diesen Datis, und zugleich mit Rücksicht auf die am Orte vorhandene Bevölkerung, auf den Grad der Wohlhabenheit und des Luxus unter den Einwohnern, und auf den gewöhnlichen Preis, welchen solche Grundstücke an diesem Orte zu gelten pflegen, muß ein ungefährer Werth von den Taxatoren, nach vernünftigem Ermessen, bestimmt werden.

Die bei einem solchen Grundstücke befindlichen Gebäude müssen ebenfalls beschrieben, und, wenn dazu Orangerie oder seltene Gewächse gehören, muß ein Verzeichniß derselben, mit einer ungefähren Angabe des Werths der einzelnen Stücke, der Taxe beigefügt werden.

5) Von Gerechtigkeiten.

§. 17. V. Bei einzelnen, für sich bestehenden Gerechtigkeiten ist darauf Rücksicht zu nehmen: ob dieselben an und für sich einen gewissen Ertrag gewähren; oder ob sie dem Besitzer bloß eine Gelegenheit darbieten, sich durch Anwendung seiner Wissenschaft, Kunst und Industrie Vortheile zu verschaffen;[1] oder endlich, ob es bloße Ehrenrechte sind, mit welchen kein nach Gelde zu bestimmender Vortheil verbunden ist.

Bei Gerechtigkeiten der ersten Art, z. B. Zollgerechtigkeiten, Fischereigerechtigkeiten rc., wird der Ertrag ausgemittelt, und die Taxe darnach bestimmt. Bei Gerechtigkeiten der zweiten Art, z. B. Barbier- und Badstuben, Krug- und Schankgerechtigkeiten, Kramgerechtigkeiten,[1] Apotheken rc., findet keine eigentliche Ertragstaxe Statt; sondern es müssen in einer aufzunehmenden Beschreibung die näheren Bestimmungen und der Umfang eines solchen Rechts angegeben, und mit Rücksicht auf den gewöhnlichen Werth, den dergleichen Gerechtigkeiten an einem Orte, nach dem Verhältniß der Bevölkerung und des Wohlstandes, so wie auch der mehr oder weniger eingeschränkten Zahl der Berechtigten, zu haben pflegen, ein ungefähres Taxquantum von den Sachverständigen angegeben werden. Gehören zu einer solchen Gerechtigkeit gewisse bewegliche Zubehörungen, Utensilien und Geräthschaften, so ist ein Verzeichniß derselben der Taxe beizufügen; Vorräthe von Waaren, Materialien rc. werden besonders taxirt.

Auf eben die Art wird bei der Abschätzung von Gerechtigkeiten, die keinen nach Gelde zu berechnenden Vortheil gewähren, sondern in bloßen Ehrenrechten bestehen, verfahren.

[1] Ueber das Fortbestehen von Real-Gewerbeberechtigungen vgl. §§ 10, 48 der Gewerbeordnung v. 21. Juni 1869 (BGBl. S. 245).

6) **Von Schiffen.**

§. 18. VI. Schiffe können niemals nach ihrem Ertrage, sondern sie müssen lediglich nach dem Werthe der darin befindlichen Materialien, an Holz, Eisen, Kupfer rc., ingleichen des Zubehörs an Tauen, Segeln, Ankern rc., durch Sachverständige abgeschätzt werden. Dabei sind jedesmal die Bauart des Schiffes, der Ort, wo, und die Zeit, wann es erbauet worden, zu bemerken. Von den obgedachten Zubehörungen ist der Taxe ein Verzeichniß beizufügen.

7) **Von beweglichen Sachen.**

§. 19. VII. Bei beweglichen Sachen kann nur die Substanz der Stücke selbst abgeschätzt werden. Gold und Silber wird nach dem Gewichte taxirt, und dabei die Probe bemerkt. Bei Juwelen und Kostbarkeiten, ingleichen bei Kunstwerken, bei welchen es weniger auf die Materie, als auf die Form und künstliche Bearbeitung ankommt, müssen, wenn der wahrscheinliche Werth nicht unbeträchtlich ist, zur Abschätzung wenigstens drei Sachverständige gebraucht, und die Taxe muß nach dem Durchschnitte ihrer Angaben bestimmt werden. Bei anderen beweglichen Sachen ist die Zuziehung auch nur Eines Taxators, welcher von Gegenständen dieser Art die nöthige Sachkenntniß besitzt, hinreichend.

Wenn mehrere Stücke von gleicher Art vorhanden sind, z. B. mehrere brillantene Ringe rc.; so müssen denselben, mittelst eines an jedem Stücke mit dem Gerichtssiegel zu befestigenden Fadens, Nummern dergestalt angehängt werden, daß keine Verwechselung erfolgen könne.

Dritter Theil.

Von den Pflichten der bei der Justiz angesetzten Personen.

Der dritte Theil der AGO. enthielt in äußerlich ungeschiedener Verbindung Vorschriften über Gerichtsverfassung, über die Dienst- und Geschäftsverhältnisse der Justizbeamten, insbesondere auch disziplinarische Bestimmungen, endlich Geschäftsinstruktionen. Durch die Neuorganisation der Gerichte, wie sie durch das GVG. und das AG. GVG. und die kleineren Ergänzungsgesetze zu letzterem geregelt wurde, sind nicht bloß die eigentlichen Organisationsvorschriften des dritten Theils beseitigt, sondern zunächst jedenfalls auch die sämmtlichen rein instruktionellen Bestimmungen aufgehoben, da sie auf's engste mit der früheren Gerichtsverfassung zusammenhingen und die von ihnen betroffenen Verhältnisse jetzt der Regelung im Wege der Justizverwaltung unterstehen. Allein auch die Vorschriften über die Dienstverhältnisse der Justizbeamten können selbst da, wo sie durch die erwähnten Organisationsgesetze nicht ausdrücklich berührt worden sind, für fortbestehend nicht erachtet werden; denn Justizbeamte im Sinne der AGO. giebt es nicht mehr, da die Neuorganisation an die Stelle der dort bezeichneten Beamtenkategorieen andere gesetzt hat. Es entsteht auch materiell durch den Wegfall jener Vorschriften keine Lücke; dieselben stellten sich nur als spezielle Anwendungen der allgemeinen Bestimmungen über die Pflichten der Staatsbeamten dar; sie hatten vielfach einen nur exemplifizirenden, nicht einen disponirenden Karakter. Die unveränderten allgemeinen Vorschriften sind jetzt überall in die Lücke getreten, welche durch den Wegfall der Bestimmungen dieses Theils der AGO. entstanden ist. Vgl. §§ 68 ff. ALR. II, 10; Kabinetsorder vom 21. November 1835 (GS.

S. 237 — betr. die Amtsverschwiegenheit); § 1 des Ges. v. 7. Mai 1851 (GS. S. 218); § 2 des Ges. v. 21. Juli 1852 (GS. S. 465) u. a. m.

Wenn sonach, ähnlich wie der erste, so der ganze dritte Theil der AGO. einschließlich des ihm angehängten Allgemeinen Registratur- und Kanzellei-Reglements als aufgehoben erachtet werden muß, so daß nur die Untersuchung erübrigt, ob nicht in ihm einzelne Vorschriften enthalten sind, auf welche die vorstehend entwickelten Gesichtspunkte nicht Anwendung leiden, so muß hiervon der siebente Titel, soweit er von den Notaren handelt, grundsätzlich ausgenommen werden, da eine völlige Neuorganisation des Notariatsinstituts nicht stattgefunden, sondern nur eine Spezialgesetzgebung modifizirend eingegriffen hat. Es ist daher bei diesem Titel — entsprechend dem beim zweiten Theile eingeschlagenen Verfahren — nur zu prüfen, inwieweit einzelne Bestimmungen desselben aufgehoben sind. Soweit der siebente Titel hingegen von den Justizkommissarien in ihrer Eigenschaft als Rechtsanwälten handelt, ist er durch die Neuorganisation der Rechtsanwaltschaft, insbesondere ihr Ausscheiden aus dem Kreise des Staatsdienstes, und durch die Neuregelung der Rechtsanwaltsthätigkeit im Ganzen aufgehoben.

Erster Titel.

Von den Landesjustizkollegien überhaupt, deren Verrichtungen und Pflichten.

(Zu §. 14.)

Anh. §. 440. [Bei der Unterschrift der Eingaben [1] muß bemerkt werden, ob der Supplikant die Vorstellung selbst verfertigt und unterschrieben hat, oder von wem dieses geschehen; und bei Vorstellungen, die im Namen ganzer Gemeinden eingereicht werden, müssen insbesondere diejenigen Wirthe oder Gemeindeglieder, welche die Vorstellung veranlaßt haben, ihre eigenen Namen darunter setzen.[2]]

Diejenigen, welche Vorstellungen nicht deutlich fassen und schreiben können, und, der erfolgten Warnung ungeachtet, nicht unterlassen, solche für Andere zu fertigen und zu schreiben, werden mit Gefängnißstrafe von 14 Tagen bis 4 Wochen, oder mit verhältnißmäßiger Geldstrafe belegt, und sollen diese Strafen im Wiederholungsfalle verdoppelt werden.

Diejenigen aber, die solche Vorstellungen für Verwandte, Freunde und Bekannte fertigen dürfen, dieses aber nicht in der gehörigen Form thun, oder eine schon zurück gewiesene Vorstellung wiederholen, sollen zuerst mit 8- bis 14tägiger Strafe in einem Gefängnisse, Arbeits- oder Besserungshause bestraft, und im Wiederholungsfalle mit der doppelten Strafe belegt werden. Bei ferneren Wiederholungen soll die vorher ausgestandene Strafe jedesmal mit 8 bis 14 Tagen erhöhet werden.[3]

[1] Gemeint sind Beschwerden gegen den Inhalt einer Verfügung (§ 13 d. T.).

[2] Diese Formvorschrift ist nicht mehr in Geltung.

[3] Die Strafandrohung hingegen ist, wie sie neben dem Preußischen Strafgesetzbuch fortgalt (vgl. die Entscheidung des Obertribunals bei Hartmann, die neben dem Strafgesetzbuch ꝛc. geltenden Strafgesetze, 2. Aufl. [1873] S. 7), weder durch das StrGB. aufgehoben worden, noch hing sie so eng mit aufgehobenen Verfahrensvorschriften zusammen, daß sie durch deren Beseitigung berührt wäre.

(Zu §. 15.)

Anh. §. 442. [Wer mit Uebergehung einer Behörde oder mit Unterlassung der bestimmten Form Beschwerden und Gesuche anbringt, hat zu gewärtigen, daß ihm seine Vorstellung ohne Verfügung zurück gegeben wird.][1]

Wer sich dadurch nicht bedeuten läßt, und sein unförmliches Gesuch wiederholt, desgleichen, wer einmal beschieden worden, und sein Gesuch ohne besondern Grund wiederholt, soll zur Strafe auf 14 Tage bis 4 Wochen in ein Gefängniß, Arbeits- oder Besserungshaus gebracht werden.

Im Wiederholungsfalle wird die ausgestandene Strafe verdoppelt, und bei jeder fernern Wiederholung wird die vorher ausgestandene Strafe wieder mit 14 Tagen bis 4 Wochen erhöhet.

Bei Vermögenden wird eine verhältnißmäßige Geldstrafe festgesetzt.[2]

[Diese Strafen werden von dem betreffenden Ministerium unmittelbar oder von der Behörde durch ein bloßes Dekret festgesetzt, sobald die verbotene Wiederholung des Gesuchs durch Vernehmung des Beschwerdeführers oder auf andere Weise festgestellt worden, und es werden solche durch die Behörde zum Vollzug gebracht, welcher deshalb Auftrag geschieht.][3]

[1] Aufgehobene Verfahrensvorschrift.

[2] Vgl. A. 3 zu Anh.-§ 441.

[3] Jetzt können die Strafen nur im ordentlichen Strafprozesse verhängt werden, § 6 EG. StPO.

Anh. §. 443. Diejenigen, welche Seine Königliche Majestät oder das Ministerium mit persönlichem Suppliciren belästigen, und sich nicht bedeuten lassen, in ihre Heimath zurück zu kehren und daselbst die Resolution abzuwarten, werden dahin durch die Polizeibehörden zurück gebracht. Wenn sie dennoch sich wieder einfinden, und das Suppliciren fortsetzen; so werden sie nach der in §. 442. des Anhangs enthaltenen Bestimmungen bestraft und behandelt.[2]

Gemeinden und Gemeinde-Deputirte, die ihren Wohnort verlassen, um bei Seiner Königlichen Majestät oder dem Ministerio Vorstellungen selbst zu überreichen und persönlich zu suppliciren, sollen von den Gerichts- und Polizeibehörden, deren Bezirk sie passiren, angehalten und in ihre Heimath zurück geschafft werden, nachdem zuvörderst die Vorstellung, die sie eingeben wollen, ihnen abgenommen, sie nach Befinden über den Inhalt derselben näher zu Protokoll vernommen, und solche zur Post gegeben worden.[1] Wenn sie dennoch; sich persönlich einfinden, um zu suppliciren so werden sie mit den vorerwähnten Gefängniß- oder Geldstrafen belegt.[2]

[1] Aufgehobene Polizeivorschriften.

[2] Vgl. A. 3 zu Anh.-§ 441.

§. 30. Diejenigen Parteien, welche sich der vorgeschriebenen Ordnung nicht unterwerfen, sondern entweder die Kollegia und deren Vorgesetzte mit offenbar grundlosen und widerrechtlichen Beschwerden gegen bessere Wissenschaft und Ueberzeugung belästigen; oder nachdem sie ihres Unrechts gehörig bedeutet worden, mit ihren Klagen dennoch fortfahren, und durch wiederholtes ungestümes Suppliciren, etwas, so gegen Recht und Ordnung ist, durchzusetzen und zu erzwingen suchen; oder die endlich gar das Justizdepartement, oder Sr. Königlichen Majestät Allerhöchste Person mit falschen und unrichtigen Darstellungen ihrer Angelegenheiten, oder mit unwahren und erdichteten Beschuldigungen und Verunglimpfungen der Kollegien und Gerichte zu behelligen sich unterfangen, sollen als muthwillige oder boshafte Querulanten angesehen, ihnen der Prozeß gemacht, und über ihre Bestrafung rechtlich erkannt werden.

§. 31. Gegen einen solchen unbefugten Querulanten soll, nach Beschaffenheit der Umstände, des mehr oder minder offenbaren Ungrunds seiner Beschwerden, und des dabei erwiesenen Grades von Bosheit und Hartnäckigkeit, Gefängniß-, Festungs- oder Zuchthausstrafe [1] von 14 Tagen bis zu Sechs Monaten Statt finden. [2]

[1] Auf Zuchthausstrafe von der in diesem § bestimmten Dauer darf nach § 6 EG. StrGB. nicht mehr erkannt werden.

[2] Die §§ 30, 31 d. T. sind noch in Geltung und finden auch Anwendung auf die muthwillige, boshafte und unbefugte Behelligung der Staatsanwaltschaft mit Strafanträgen. Urtheil des Kammergerichts v. 28. Mai 1881 bei Johow u. Küntzel, Bd. 1 Nr. 145 S. 288.

Siebenter Titel.

Von dem Amte der Justizkommissarien und Notarien.[1]

[1] Die maßgebenden Vorschriften über die Organisation der Rechtsanwaltschaft enthält die Rechtsanwaltsordnung vom 1. Juli 1878 (RGBl. S. 177). Ueber die Thätigkeit der Rechtsanwälte sind in den verschiedenen Prozeßgesetzen Bestimmungen getroffen. Dagegen sind die Verhältnisse der Notare einer erschöpfenden Neuregelung bisher nicht unterzogen; die Grundlage für die Dienst- und Geschäftsverhältnisse derselben bieten daher noch immer die auf das Notariat bezüglichen Vorschriften dieses Titels. Dabei ist überall, wo in dem Titel von Justizkommissarien die Rede ist, selbstverständlich zu lesen „Notare".

Bestimmung der Justizkommissarien.

§§ 1, 2 enthalten eine allgemeine, auf die anwaltschaftliche Thätigkeit sich beziehende Angabe der Bestimmung der Justizkommissarien.

§. 3. Diesen Justizbedienten wird der Name von Justizkommissarien, und denjenigen unter ihnen, welche zugleich die den Notariis publicis angewiesenen Geschäfte mit besorgen sollen, die Benennung von Notarien beigelegt. In so fern sich der eine oder der andere unter ihnen durch treue, fleißige, und rechtschaffene, dem Publiko geleistete Dienste besonders auszeichnen würde, behalten Se. Königliche Majestät Sich vor, denselben mit dem Charakter eines Justizkommissionsraths[1] begnadigen zu lassen.

[1] jetzt: Justizraths; Kabinetsorder v. 1. Nov. 1835 (GS. S. 230).

Anh. §. 462. Die [Justizkommissarien und] Notarien sind als wirkliche Staatsdiener anzusehen.

§ 4 bezieht sich auf die ausschließliche Befugniß der Justizkommissarien, als Prozeßvertreter zu fungiren.

§. 5. An welchen Orten Justizkommissarien, und wie viele derselben an einem Orte zu bestellen, muß nach Erforderniß der Umstände, der Bevölkerung, des Verkehrs und Gewerbes, der häufiger oder seltener vorkommenden mehr oder minder wichtigen Prozesse, und der daraus sich ergebenden größern oder geringern Bedürfniß des Publici bestimmt; dabei aber dahin gesehen werden, daß es auf der einen Seite dem Publiko an einer hinlänglichen Auswahl solcher Männer, deren es sich in seinen Rechtsangelegenheiten bedienen könne, nicht gebreche, auf der andern Seite aber auch durch eine zu große Vermehrung derselben, und den daraus entstehenden Mangel hinlänglicher Subsistenz, zur Erregung und Unterhaltung der Streitsucht unter den Einwohnern, zu Betrügereien und Unterschleifen und zu anderen dergleichen unerlaubten Handlungen, wozu Nahrungslosigkeit und Noth mannigfaltigen Reiz enthalten, kein Anlaß gegeben werde.

---

§ 6 bezieht sich auf die Vertheilung der mehreren an einem Orte bestellten Justizkommissarien unter verschiedene Gerichte.

§. 7. Ueberhaupt ist die Prozeßpraxis eines jeden Justizkommissars auf den Ort oder Distrikt eingeschränkt, wo er dazu in seiner Bestallung angesetzt worden ist. In Ansehung seiner übrigen auch der Notariatsgeschäfte hingegen, erstreckt sich seine Befugniß über den ganzen

Gerichtsbezirk des Landesjustizkollegii,[1] bei welchem er bestellt ist.[2]

[1] jetzt: Oberlandesgerichts.

[2] Gilt noch in Ansehung der Notare. Vgl. Nr. 1 der allgemeinen Verfügung v. 3. Juli 1879 (JMBl. S. 153).

Kollegia der Justizkommissarien.

Die Vorschriften über diese niemals in's Leben getretene Einrichtung und somit der § 8 d. T. sind durch die Verordnung v. 30. April 1847 (GS. S. 196) auch formell aufgehoben worden.

Von Justizkommissarien, die zugleich Notarien sind.

§. 9. Die Funktion eines Justizkommissarii, und die eines Notarii, dürfen nicht nothwendig mit einander verbunden seyn; vielmehr erfordert dieses letztere Amt, außer der nöthigen Geschicklichkeit und gewöhnlich gutem moralischem Charakter, einen vorzüglichen Grad von Erfahrung, Geschäftskenntniß, und durch mehrjährige Beobachtung geprüft erfundenen Rechtschaffenheit und Zuverlässigkeit. Es sollen daher junge Leute, von denen man sich wegen dieses letztern Erfordernisses noch nicht so überzeugend versichert halten kann, vorerst nur als Justizkommissarien angesetzt,[1] und ihnen das Notariat erst in der Folge, wenn sie sich dazu noch mehr qualificirt haben, anvertraut werden.[2]

[1] jetzt: als Rechtsanwälte zugelassen.

[2] Anstellung besonderen Notarien in Städten von 50000 und mehr Einwohnern: § 30 Abs. 3 der Verordnung v. 2. Jan. 1849 (GS. S. 1).

Nebenbedienungen der Justizkommissarien.

An Stelle des § 10 ist die auch auf die Notare — als unmittelbare Staatsbeamte — anwendbare Kabinetsorder v. 13. Juli 1839 (GS. S. 235) getreten.

§. 11. Damit auch sowohl das Publikum wissen möge, in welchen Vorfallenheiten und Geschäften es sich an die Justizkommissarien zu verwenden habe; als auch diese selbst von den Obliegenheiten ihres Amtes, und den Schranken desselben, sich richtige und vollständige Begriffe bilden können; so soll im gegenwärtigen Titel näher gehandelt werden:

I) von Ansetzung und Bestellung der Justizkommissarien;

II) von ihren Verrichtungen und Pflichten;

III) von der Einrichtung und Verfassung ihrer Kollegien.

Erster Abschnitt.

Von Ansetzung und Bestellung der Justizkommissarien und Notarien.

Statt der §§ 12, 13 („Erfordernisse") und 14 („Prüfung") d. T. sowie des Anh.=§ 463 gilt jetzt das Ges. v. 6. Mai 1869 (GS. S. 656); die Bestellung (§§ 15, 16 d. T.) erfolgt durch den Justizminister im Namen des Königs, § 36 Abs. 1 der Verordnung vom 2. Januar 1849 (GS. S. 1).

Zweiter Abschnitt.

Von den Verrichtungen der Justizkommissarien, und ihren Pflichten.

§. 17. Die Verrichtungen der Justizkommissarien sind von vierfacher Art:

I. daß sie den Parteien in ihren rechtlichen Angelegenheiten, auf Verlangen, mit Rath und Gutachten an die Hand gehen;

II. daß sie von denselben in dergleichen Geschäften,

besonders wenn dieselben gerichtlich vollzogen werden sollen, Aufträge und Vollmachten übernehmen;

III. daß sie in wirklichen Prozessen die Angelegenheiten der Parteien als deren Rechtsbeistände oder Bevollmächtigte besorgen;

IV. daß sie als Notarii Kontrakte und andere Instrumente errichten und unter den Parteien vollziehen, welche den Glauben und die Kraft öffentlicher Urkunden haben sollen.[1]

[1] Es gelten nur noch die Vorschriften ad IV. Daher sind auch die nachstehend abgedruckten §§ über die allgemeinen Obliegenheiten der Justizkommissarien nur in der Beschränkung auf Notare noch in Kraft.

Allgemeine Obliegenheiten.

§. 18. Die Justizkommissarien haben bei diesen Verrichtungen theils gewisse allgemeine, theils bei den verschiedenen Arten derselben gewisse besondere Pflichten und Obliegenheiten zu beobachten.

§. 19. Zu ihren allgemeinen Pflichten gehört:

1) eine genaue und sorgfältige Beobachtung der Gesetze überhaupt;
2) eine strenge und gewissenhafte Redlichkeit;
3) eine unverdrossene Bereitwilligkeit, dem Publiko mit ihrem Amte zu Statten zu kommen.

Gesetzmäßigkeit.

§. 20. In Ansehung der ersten Hauptpflicht sind die Justizkommissarien schuldig, sich die Vorschriften der Gesetze sorgfältig bekannt zu machen, und dieselben bei allen ihren Amtsverrichtungen beständig vor Augen zu haben.

§. 21. Sollte daher ein Justizkommissarius etwas vornehmen, und insonderheit bei Gerichten nachsuchen oder antragen, was den klaren Vorschriften der Gesetze zuwider wäre; so soll er deshalb mit einer proportionirlichen Geldstrafe belegt, im Wiederholungsfalle aber auf seine Entlassung angetragen werden.[1]

[1] Die Notare unterstehen jetzt in disziplinarer Hinsicht:

a) bezüglich der zulässigen Arten der Disziplinarstrafen: dem § 12 der Verordnung vom 30. April 1847 (GS. S. 196);

b) bezüglich des Verfahrens: den Vorschriften des zweiten und dritten Abschnitts des Gesetzes, betr. die Dienstvergehen der Richter 2c., vom 7. Mai 1851 (GS. S. 218) und des dieselben abändernden Ges. v. 9. April 1879 (GS. S. 345). Vgl. § 21 des letztangeführten Gesetzes.

§. 22. Wenn ein Justizkommissarius in seinen Amtsgeschäften, es sey aus Unwissenheit, oder aus Leichtsinn und Fahrlässigkeit, solche Fehler begeht, woraus Nullitäten in den von ihm vollzogenen Handlungen, oder irgend ein anderer Nachtheil für die Parteien, welche sich und ihr Interesse ihm anvertraut haben, entsteht; so soll derselbe nicht nur schuldig seyn, allen solchergestalt verursachten Schaden zu erstatten; sondern es soll auch, bei einem daraus sich veroffenbarenden höhern Grade von Unwissenheit, Faulheit, oder Nachlässigkeit, darauf, daß er seines Amtes, als dazu untüchtig, entsetzt werde, gehörigen Orts der Antrag geschehen.[1]

[1] Vgl. A. 1 zu § 21 d. T.

Redlichkeit.

§. 23. Die gewissenhafte Redlichkeit, deren sich ein Justizkommissarius in allen seinen Geschäften befleißigen muß, verbindet denselben, [das Interesse derjenigen Partei, die ihn zu ihrem Konsulenten oder Bevollmächtigten erwählt hat, treu und eifrig wahrzunehmen;] wenn Parteien einen Aktus vor ihm in der Qualität eines Notarii vollziehen wollen, bei Abfassung der Protokolle und Instrumente, den Hergang der Sache richtig, vollständig, und der Wahrheit gemäß darin vorzutragen, und die Versprechungen, Angelöbnisse und Verabredungen der Interessenten nach ihrem eigentlichen Sinne und Meinung zu verzeichnen; solchen Parteien die Vorschriften der Gesetze deutlich und richtig zu erklären, und sie vor deren Uebertretung oder Verabsäumung, ingleichen vor allem andern Schaden und Nachtheil, ehrlich und freimüthig zu warnen; von den bei solchen Gelegenheiten zu seiner Kenntniß gelangenden Geheimnissen der Familien, und der Interessenten selbst, nichts zu verrathen, noch sonst einen übeln Gebrauch davon zu machen; vielmehr darüber die unverbrüchlichste Verschwiegenheit zu beobachten; insonderheit aber sich unter keinerlei Vorwande als ein Werkzeug der Bosheit, der Arglist, der Chikane, des Betrugs, des Wuchers, oder anderer dergleichen unerlaubter Kunstgriffe, gebrauchen zu lassen.

§. 24. Vergehungen wider diese Hauptpflicht müssen um so strenger und nachdrücklicher geahndet werden, je nothwendiger es ist, den Bürgern des Staats, die sich in ihren wichtigsten und geheimsten Angelegenheiten der Redlichkeit und Sorgfalt dieser Justizkommissarien anvertrauen sollen, dabei Sicherheit und Zuverlässigkeit zu verschaffen. Wenn daher nur irgend ein Verdacht eines hinterlistigen, betrügerischen, oder sonst unlautern Betragens gegen einen Justizkommissarius sich hervor thut; so muß das Gericht dem Grunde desselben von Amts wegen sofort näher nachforschen; die Verantwortung des Verdächtigen erfordern; den Vorfall, welcher zu dergleichen Argwohn Anlaß gegeben hat, genau und sorgfältig, doch ohne die Förmlichkeiten eines ordentlichen Inquisitionsprozesses, untersuchen; und von dem Befunde, mit Beischluß der darüber aufgenommenen Protokolle, an den Chef der Justiz gutachtlich berichten; welcher Letztere sodann, nach Bewandtniß der Umstände, bestimmen wird, wie dergleichen Vergehen bestraft, und ob der beschuldigte Justizkommissarius seines Amts, als dessen unwürdig, sofort entsetzt; oder ob gegen ihn, wenn die Sache sich nach Vorschrift des Allgemeinen Landrechts Th. II. Tit. XX. §. 1334. zu einer noch härtern Bestrafung qualificirt, der förmliche Inquisitionsprozeß verhängt, unterdessen aber er von seinen Funktionen suspendirt werden solle.[1]

[1] Der § muß insofern als noch geltend betrachtet werden, als er den Gerichten die Pflicht auferlegt, von Amts wegen die Grundlagen zu der Prüfung zu beschaffen, ob Anlaß zu einem Disziplinarverfahren (vgl. A. 1 zu § 21 d. T.) oder zu einem Strafverfahren vorliegt.

Anh. § 464 bezog sich lediglich auf die Thätigkeit der Justizkommissarien als Rechtsanwälte.

Bereitwilligkeit.

§. 25. Vermöge der den Justizkommissarien, als ihre dritte Pflicht, obliegenden Bereitwilligkeit, dem Publiko mit ihrem Amte zu dienen, müssen dieselben jedermänniglich, welcher sich an sie wendet, damit auf eine gesetzliche Art zu Statten kommen; und ihre Assistenz aus bloßer Bequemlichkeit, Menschenfurcht, oder anderen Nebenrücksichten, niemandem versagen.

[Eben dieß sind sie auch gegen arme Parteien unentgeldlich zu thun verbunden, wenn sich diese an sie wenden, oder von den Gerichten, oder dem Direktor, an sie verwiesen werden.[1]]

[1] Gilt nicht von der Notariatsthätigkeit.

§. 26. Nur in folgenden Fällen sind sie nicht nur befugt, sondern auch schuldig, die Parteien abzuweisen, und sich mit den Angelegenheiten derselben nicht zu befassen.

a) Wenn Parteien die Assistenz und den Dienst eines Justizkommissarii zu einer widerrechtlichen, betrüglichen, und auf die Verkürzung eines von ihnen, oder auch eines Dritten, abzielenden Handlung begehren sollten.

Anmuthungen dieser Art müssen die Justizkommissarien nicht nur standhaft abweisen, sondern auch den Requirenten das Unerlaubte und Strafbare ihres Vorhabens nachdrücklich vorhalten; [übrigens aber von einem dergleichen Vorfalle dem Direktor ihres Kollegii unverzüglich Anzeige machen; welcher alsdann die übrigen Justizkommissarien davon sofort benachrichtigen, und sie warnen muß, sich mit dergleichen Parteien in einer solchen Sache durchaus nicht einzulassen.[1]]

b) . . . .[2]

c) Wenn ein Justizkommissarius mit Amtsgeschäften dergestalt überladen ist, daß er neue ihm zukommende Requisitionen und Aufträge, mit der erforderlichen Sorgfalt, Attention und Bedachtsamkeit, nicht würde befolgen noch ausrichten können; so muß er sich durch den Eigennutz nicht verleiten lassen, mehr Geschäfte, als er bestreiten kann, zu übernehmen; sondern er muß dergleichen Parteien an andere seiner Kollegen verweisen; und soll, wenn er in einer Sache etwas versieht oder vernachlässigt, der Vorwand überhäufter Arbeiten ihm niemals zu einiger Entschuldigung gereichen.

d) . . . .[3]

Soll in einer andern Angelegenheit, worin der Justizkommissarius dem einen Interessenten vorher beiräthig gewesen ist, eine Notariatshandlung von ihm vorgenommen werden; so muß er dieß Verhältniß dem andern Interessenten ohne Rückhalt eröffnen. Findet dieser dennoch keinen Anstand dabei, die Handlung durch ihn vollziehen zu lassen; so kann er dieselbe zwar unbedenklich vornehmen, er muß aber dabei, so bald er als Notarius handelt, die Rechte beider Theile mit gleicher Sorgfalt wahrnehmen, und, bei Strafe der Kassation, sich nicht dazu gebrauchen lassen, den einen Theil zu Gunsten des andern zu übervortheilen.[4]

Noch weniger ist es für eine Prävarikation zu achten, wenn Parteien in einer solchen Angelegenheit mit gutem Vorbedacht und Ueberlegung, sich an einen und eben denselben Justizkommissarius wenden, und ihn um die Vollziehung eines Aktus gemeinschaftlich requiriren; oder wenn sie auf denselben als ihren Schiedsrichter kompromittiren; in welchem letztern Falle derselbe die Obliegenheiten eines solchen Schiedsrichters genau beobachten muß. [Uebrigens versteht es sich von selbst, daß in Fällen, wo Justizbediente überhaupt, wegen naher Verwandtschaft, oder bei der Sache habenden Interesse, sich ihres Amts zu enthalten schuldig sind, auch ein Justizkommissarius sich keiner Notariatsverrichtungen anmaaßen dürfe.][5]

[1] Vgl. die Anmerkung, betr. § 8 d. T.

[2] Buchst. b) bezog sich nur auf die Thätigkeit der Justizkommissare als Rechtsanwalt.

[3] Das Gleiche gilt von Abs. 1 des Buchst. d).

[4] Deckt sich nicht mit § 6 des Ges. v. 11. Juli 1845. (GS. S. 487).

[5] Statt dessen jetzt § 5 des in A. 4 angef. Ges.

Besondere Pflichten der Justizkommissarien.

§. 27. Bisher ist von den Verrichtungen und Pflichten der Justizkommissarien überhaupt gehandelt worden. Nunmehr sollen die verschiedenen Arten ihrer Geschäfte, und ihre besonderen Obliegenheiten bei jedem derselben, näher bestimmt werden.

§§ 28 bis 44 d. T. beziehen sich nur auf die in § 17 d. T. unter Ziffer I bis III bezeichneten Verrichtungen.

IV. Als Notarien.

§. 45. IV) Es ist nunmehro noch der Vierte Theil von dem Amte der Justizkommissarien übrig, wo sie eigentlich als Notarien anzusehen sind, vor welchen gewisse Handlungen dergestalt vorgenommen werden können, daß denselben durch ihre Zuziehung öffentliche Glaubwürdigkeit erworben und beigelegt wird.

§. 46. Welche Handlungen dieser Art von [Justizkommissarien, als] Notarien, auf Verlangen der Parteien vorgenommen werden können; und welche, in so fern nicht die Interessenten den Weg der gerichtlichen Vollziehung wählen wollen, nothwendig von einem [Justizkommissario und] Notario aufzunehmen sind, ist im Zweiten Theile dieser Gerichtsordnung im Ersten Titel näher bestimmt.

§. 47. Die Justizkommissarien konkurriren dabei in einer dreifachen Rücksicht; in so fern sie nämlich dergleichen Kontrakte, oder andere Instrumente, als Konsulenten der Parteien entwerfen und anfertigen; in so fern sie, als Mandatarien derselben, deren gerichtliche Vollziehung und Konfirmation, wo solche nöthig ist oder verlangt wird, besorgen; und in so fern sie dergleichen Kontrakt, dessen gerichtliche Konfirmation weder nothwendig, noch von dem Kontrahenten beliebt ist, vor sich selbst, in der Qualität von Notarien, unter gewissen Feierlichkeiten vollziehen lassen.

Um also diese Materie, und die dabei von den Justizkommissarien wahrzunehmenden Pflichten vollständig abzuhandeln, müssen:

a) die Aufnehmung des Kontrakts;

b) die Anfertigung des Instruments darüber;

c) die Vollziehung desselben von den Parteien,

von einander unterschieden werden.

1. Bei Aufnehmung der Handlungen.

§. 48. Bei der Aufnehmung solcher Handlungen, und der Protokolle darüber; bei deren Vorlesung und Unterschrift; ingleichen bei der Abfassung der Kontrakte und sonstigen Urkunden selbst, müssen die Justizkommissarien die in gleicher Beziehung den Gerichten im Zweiten und Dritten Titel des Zweiten Theils gegebenen allgemeinen und besonderen Vorschriften und Anweisungen ebenfalls beobachten.[1]

[1] Vgl. bezüglich §§ 23, 43 II, 2: Johow, Bd. 1 S. 121 ff.

---

§§ 49 bis 77 d. T. sind durch § 45 des Ges. v. 11. Juli 1845 (GS. S. 487) aufgehoben.

---

§ 78 (Von Wechselprotesten) ist durch Art. 87 bis 90 WO. aufgehoben.

Von Vidimationen und Renovationen der Instrumente.

§. 79. 5) Können die [Justizkommissarien als] Notarien auch zum Vidimiren und Kollationiren der Instrumente gebraucht werden.

Wenn ihnen dergleichen aufgetragen wird, so müssen sie Beides, Original und Abschrift, aufmerksam durchlesen, von einer Periode zur andern mit einander sorgfältig vergleichen, und bei richtigem Befunde die Uebereinstimmung unter der Abschrift attestiren; auch wenn im Originale sichtbare Mängel, als Rasuren, Korrekturen, Interlineationen u. dgl. befindlich sind, dieses am Rande der Abschrift, oder unter derselben, durch eine umständliche Registratur genau bemerken.

§. 80. Zu einer dergleichen bloßen Vidimation ist die Zuziehung eines zweiten Notarii oder der Zeugen nicht erforderlich, sondern die bloße Unterschrift des vidimirenden Notarii und die Beidrückung seines Siegels hinreichend.

Uebrigens finden auch dabei die Vorschriften des Zweiten Theils Tit. III. §. 27—29. Anwendung.

§. 81. Vidimationen und Renovationen gerichtlich aufgenommener und konfirmirter Instrumente können mit voller Wirkung nur gerichtlich erfolgen. Privatinstrumente hingegen können auch durch einen Notarius mit vollem Effekt der Gleichstellung mit dem Original vorgenommen werden, wenn dieser dabei die in der angeführten Stelle den Gerichten ertheilten Vorschriften beobachtet.

Von Zeugenverhören.

Hierauf bezogen sich §§ 82 bis 87 d. T. Nach § 83 d. T. waren es folgende Fälle, in welchen Zeugenverhöre von den Notarien sollten vorgenommen werden können:

a) wenn ihnen dieselben von den kompetenten Gerichten aufgetragen werden;
b) wenn dadurch in Possessorio summariissimo bloß der gegenwärtige Besitzstand bescheinigt werden soll;
c) wenn eine Prozeßführende Partei, zum Behuf eines Prorogationsgesuchs, die persönlichen Hindernisse oder Ehehaften, welche dieß Gesuch begründen sollen, zu bescheinigen hat;
d) wenn die Abhörung zum Behuf eines bei einem fremden Gericht außerhalb Landes schwebenden Prozesses verlangt wird.

Die Fälle zu a) bis c) sind jedenfalls durch §§ 320, 340 CPO. beseitigt. Wird zur Glaubhaftmachung (§ 266 CPO.) auf die durch ein Notariatsprotokoll konstatirte Erklärung einer Person Bezug genommen, so ist dies keine Zeugenvernehmung durch den Notar, der nur die vor ihm abgegebene Erklärung zu konstatiren, nicht den Zeugen zu befragen hat. Der Fall zu d) würde dagegen an sich noch vorkommen können und somit der auf ihn bezügliche § 87 d. T. noch gelten:

> Im letztern Falle sub d) finden eben diese Vorschriften Anwendung. Doch kann der Notarius dergleichen Zeugen alsdann eidlich abhören, wenn bei dem fremden Gerichte, wo der Prozeß schwebt, auf dergleichen Notariatszeugenverhöre, in so fern sie eidlich aufgenommen sind, nach dasigem Gerichtsgebrauche reflektirt wird.

Die in Bezug genommenen („eben diese") Vorschriften ordnen an: Beobachtung der Vorschriften der Prozeßordnung über Zeugenverhöre, uneidliche Vernehmung. Oppenhoff (Kommentar z. Str.GB. Anm. 4 zu § 154) führt diesen Fall als noch geltend an; v. Rönne (AGO. S. 780) bemerkt, die Vorschrift habe „keine praktische Bedeutung mehr". Vom Standpunkt des einheimischen Rechts würden nur die Fragen interessiren:

a) ob der Notar durch eidliche Zeugenvernehmung in diesem Falle sich einer Anmaßung des richterlichen Amtes schuldig und somit nach § 132 StrGB. strafbar mache;

b) ob ein vor dem Notar geleisteter falscher Eid als Meineid nach § 154 Str.GB. zu erachten sei.

Sollte ein Fall der in Rede stehenden Art thatsächlich vorkommen, so wird die erste Frage zu verneinen, die zweite (mit Oppenhoff) zu bejahen sein.

Von Siegelungen und Inventuren.

§. 88. 7) Können den Justizkommissarien, in der Qualität von Notarien, auch Siegelungen[1] und Inventuren von den Gerichten aufgetragen werden. Geschieht dieses, so müssen sie bei Vollziehung des Auftrags einen vereideten Protokollführer gebrauchen; übrigens aber alle gesetzliche Solennitäten und Erfordernisse eines solchen Aktus gehörig beobachten.

Unter dieser Voraussetzung hat das von einem Notario aufgenommene Inventarium alle Kraft und Wirkung eines gerichtlichen. Es muß jedoch dasselbe von dem kommittirenden Gerichte genau revidirt, sodann bestätigt, und in der Konfirmation des ergangenen Auftrags ausdrücklich erwähnt werden.

In welchen Fällen ein Notarius ohne dergleichen Auftrag ein Inventarium aufnehmen könne, und was solches für Wirkung habe, ist oben §. 37.[2] verordnet; und in welchen Fällen Siegelungen von ihnen vorgenommen werden können, ist im Zweiten Theile Tit. V. §. 20. festgesetzt.

[1] Vgl. § 108 AG. GVG.

[2] Handelt nur von der Aufnahme eines Privatinventars unter Assistenz eines Rechtsanwalts.

Von anderen gerichtlichen Aufträgen.

§. 89. Eben so können

8) die Justizkommissarien, als Notarien, von den Gerichten auch noch zu Besorgung anderer Aufträge, z. B. zu Insinuationen, Eidesabnahmen, Dirigirung von Exekutionen,[1] Auktionen u. s. f. gebraucht werden; wobei sie die solche Geschäfte bestimmenden Vorschriften der Gesetze gehörig beobachten müssen.

[1] Die vorbenannten Geschäfte können nicht mehr durch Notare vorgenommen werden; vgl. bezüglich der Insinuationen § 152 Abs. 1 CPO.; § 1 AG. CPO.; bezüglich der Eidesabnahmen: §§ 320, 441 CPO.; § 4 AG. CPO. (dessen Vorschriften jedoch nicht außerhalb bürgerlicher Rechtsstreitigkeiten gelten); bezüglich der Exekutionen: § 674 Abs. 1 CPO.

Dritter Abschnitt.

Von den Kollegien der Notarien, deren Einrichtung und Verfassung.

Betreffs der auf die bezeichneten Kollegien bezüglichen §§ 90 bis 115 d. T. vgl. die Anmerkung, betreffend § 8 d. T.

§§ 116, 117 d. T. betrafen die Gebühren der Justizkommissarien. Für die Notare ist jetzt das Ges. v. 11. Mai 1851 (GS. S. 651) maßgebend.

§ 118 d. T. und Anh.-§ 471 bezogen sich auf den Diensteid der Notare. Dieselben haben als Staatsdiener jetzt den in der Verordnung v. 6. Mai 1867 (GS. S. 715) vorgeschriebenen Eid zu leisten.

B. Preußische Konkursordnung vom 8. Mai 1855.

I.

Einführungsgesetz.

Gesetz, betreffend die Einführung der Konkurs-Ordnung in den Landestheilen, in welchen das Allgemeine Landrecht und die Allgemeine Gerichts-Ordnung Gesetzeskraft haben.

Vom 8. Mai 1855.

(GS. S. 317.)

Wir **Friedrich Wilhelm**, von Gottes Gnaden, König von Preußen rc. rc.

verordnen für diejenigen Landestheile, in welchen das Allgemeine Landrecht und die Allgemeine Gerichts-Ordnung Gesetzeskraft haben, unter Zustimmung der Kammern, was folgt:

Artikel I. Die Konkurs-Ordnung tritt in den Landestheilen, in welchen das Allgemeine Landrecht und die Allgemeine Gerichts-Ordnung Gesetzeskraft haben,[1] mit dem 1. Oktober 1855. in Kraft.

[1] Die Konkursordnung ist außerdem eingeführt: in den Hohenzollernschen Landen durch Ges. v. 31. Mai 1860 (GS. S. 214) und im Bezirk des ehemaligen Justizsenats zu Ehren-

breittstein durch Ges. v. 3. Febr. 1864 (GS. S. 40). — Im Folgenden ist, entsprechend dem Plane des Werks, nur der Geltungsbereich berücksichtigt, welchen die Pr. KO. durch das Gesetz v. 8. Mai 1855 erhielt. Wie sich derselbe nach der jetzigen Gerichtsorganisation bestimmt, s. oben S. 1 f.

Art. II, III dieses Gesetzes bestimmten lediglich über die Aufhebung älterer Vorschriften.

Art. IV bis VII enthielten Uebergangsbestimmungen.

Die angeführten Artikel haben heute kein praktisches Interesse mehr.

Artikel VIII. Die Bestimmungen in den §§. 261. bis 265. Titel 1. Theil II. des Allgemeinen Landrechts über die Rechte der Ehefrau an dem aus dem Konkurse ihres Mannes geretteten eingebrachten Vermögen bleiben in Kraft, wogegen die §§. 266. bis 268. a. a. O.[1] aufgehoben werden.[2]

[1] Dieselben bezogen sich auf den Fall, daß dem in Konkurs verfallenen Ehemanne, durch Gesetze oder Verträge, ein Erbrecht auf das Eingebrachte, dessen Entziehung nicht von dem Willen der Frau abhängt, versichert ist.

[2] Vgl. A. 1 zu Art. XI.

Artikel IX. Die in den §§. 500. bis 506. Titel 16. Theil I. des Allgemeinen Landrechts enthaltenen Bestimmungen über das Absonderungsrecht[1] der Erbschaftsgläubiger in dem Konkurse über das Vermögen des Erben finden auch auf Legatare Anwendung.[1]

[1] Diese Bestimmung ist aufrecht erhalten durch § 43 KO. Vgl. auch A. 1 zu Art. XI.

Artikel X. Unter den im §. 49. der Konkurs-Ordnung genannten gemeinen Lasten sind nur die im

§. 48. Titel 1. der Hypotheken=Ordnung vom 20. Dezember 1783.[1] bezeichneten zu verstehen.[2]

[1] Derselbe lautet:

Unter den einzutragenden beständigen Lasten oder Abgaben, sind jedoch keinesweges zu verstehen, gemeine Lasten und Pflichten, welche nach der Verfassung des Orts, des Kreises, oder der Provinz, von allen Grundstücken derselben Art, an den Landesherrn, die Obrigkeit, die Kirche, oder Geistlichkeit zu entrichten sind; als Contribution, Lehns=Canon, Steuern, Dienste, Servis, Feuer=Societäts=Gelder, Hufen= und Giebelschoß, Dezem=, Kirchen=, Pfarr= und Küster=Gebühren, und andere nachbarliche Prästationen; da dergleichen Abgaben von dem im Hypotheken=Buche eingetragenen Werth des Guts schon abgezogen sind; ein Käufer aber, oder wem sonst daran gelegen ist, sich darach besonders zu erkundigen hat.

[2] Diese authentische Auslegung des § 49 Pr. KO. ist durch die Aufhebung der Hypothekenordnung nicht berührt worden.

Artikel XI. Außer den in dem Allgemeinen Landrecht und in anderen Gültigkeit behaltenden Gesetzen aufgeführten gesetzlichen Titeln zum Pfandrecht bleiben nur noch folgende ferner in Kraft:

1) für den Fiskus und die mit fiskalischen Rechten versehenen Anstalten in dem Vermögen ihrer Schuldner wegen aller Ansprüche an dieselben, mit Ausnahme der Geldstrafen;

2) für die Gemeinde=, Kreis= und Provinzialverbände, die landschaftlichen Kreditverbände, die Domkapitel, Kollegiatstifter, Klöster, Kirchen, Schulen und milden Stiftungen, in dem Vermögen ihrer verwaltenden Beamten, wegen der Ansprüche aus der Verwaltung, ingleichen in

dem Vermögen ihrer Mitkontrahenten wegen der Ansprüche aus den mit denselben geschlossenen Kontrakten;

3) für die Dienstherrschaften in dem Vermögen ihrer Hausoffizianten und Dienstboten wegen der denselben zum Behuf ihrer Dienstverrichtungen anvertrauten Gelder und Effekten;

4) für die Konkursmassen in dem Vermögen der dieselben verwaltenden Personen wegen der Ansprüche aus der Verwaltung.[1]

[1] Die Vorschriften der Art. VIII, IX, XI sind als materielles Recht nicht aufgehoben; v. Wilmowski, A. zu § 11 AG. KO. (S. 572 f.)

Artikel XII. Der gesetzliche Titel zum Pfandrecht, welcher der Ehefrau in dem Vermögen ihres Ehemannes zusteht, ist vom 1. Oktober 1855. an dahin beschränkt, daß die Ehefrau nur die Befugniß hat, ihre Ansprüche wegen des gesetzlich in die Verwaltung des Mannes gekommenen Vermögens innerhalb eines Jahres nach dem Beginn der Verwaltung des Mannes in das Hypothekenbuch[1] über die Grundstücke desselben einzutragen zu lassen.

Erwirbt der Ehemann erst nach dem Beginn seiner Verwaltung des Vermögens der Ehefrau Grundstücke, so kann die Ehefrau noch binnen Jahresfrist seit der Erwerbung der Grundstücke ihre Ansprüche in das Hypothekenbuch[1] derselben eintragen lassen.

Hat jedoch die Ehefrau einen gesetzlichen Titel zum Pfandrecht schon vor dem 1. Oktober 1855. erworben, so kann sie von demselben noch während der Dauer eines Jahres, von dem gedachten Tage an gerechnet, nach Maaßgabe der bisherigen Vorschriften Gebrauch machen.[2]

[1] jetzt: Grundbuch.

[2] Die Vorschriften gelten noch als materielles Recht; v. Wilmowski, A. 8 zu § 25 KO. S. 174.

Art. XIII hob Spezialbestimmungen über den Erwerb eines Pfandrechts in der Stadt Danzig und in deren ehemaligem Gebiete auf.

Art. XIV — abgeändert durch Art. 31 des EG. HGB. v. 24. Juni 1861 — enthielt eine Erläuterung zu den aufgehobenen §§ 113, 116 Pr. KO.

Artikel XV. In den besonderen Rechten und Privilegien der bestehenden Kreditverbände bei der Sequestration und Subhastation der zu denselben gehörigen Güter wird durch die Bestimmungen der Konkurs-Ordnung nichts geändert.

Art. XVI ist durch § 116 SO. aufgehoben.

Art. XVII hob die Güterabtretung auf; vgl. jetzt § 4 EG. KO.

Art. XVIII enthielt Uebergangsbestimmungen.

Urkundlich unter Unserer Höchsteigenhändigen Unterschrift und beigedrucktem Königlichen Insiegel.

Gegeben Charlottenburg, den 8. Mai 1855.

(L. S.) **Friedrich Wilhelm.**

v. Manteuffel. v. d. Heydt. Simons.
v. Raumer. v. Westphalen. v. Bodelschwingh.
Gr. v. Waldersee.

Für den Minister für die landwirthschaftlichen Angelegenheiten:
v. Manteuffel.

II.

Abänderungsgesetz.

Gesetz, die Abänderung einiger Bestimmungen der Konkursordnung vom 8. Mai 1855. betreffend.

Vom 12. März 1869.

(GS. S. 465.)

Wir **Wilhelm**, von Gottes Gnaden König von Preußen ꝛc.

verordnen, unter Zustimmung der beiden Häuser des Landtages Unserer Monarchie, für diejenigen Landestheile, in denen die Konkursordnung vom 8. Mai 1855. (Gesetz-Samml. S. 321.) Geltung hat, was folgt:

Artikel I. In der Konkursordnung vom 8. Mai 1855. werden die §§. 17. 56. 128. 138. 149. 155. 163. 181. 182. 183. 184. 189. 193. 201. 208. 209. 244. 280. und zwar jeder einzeln in der Art abgeändert, wie derselbe nachstehend unter seiner bisherigen Nummer umgestaltet ist.[1]

[1] Von den abgeänderten §§ ist nur § 56 noch in Geltung. Derselbe ist unten in der neuen Fassung abgedruckt.

Art. II bezog sich auf die Verweisungen in anderen Gesetzen.

Art. III schaltete einen neuen, jetzt aufgehobenen § 136a ein.

Art. IV bestimmte über das Inkrafttreten und enthielt Uebergangsvorschriften.

Art. V bis VII s. unten in A. 1 zu § 56.

Urkundlich unter Unserer Höchsteigenhändigen Unterschrift und beigedrucktem Königlichen Insiegel.

Gegeben Berlin, den 12. März 1869.

(L. S.) **Wilhelm.**

Gr. v. Bismarck-Schönhausen. Frh. v. d. Heydt. v. Roon. Gr. v. Itzenplitz. v. Mühler. v. Selchow. Gr. zu Eulenburg. Leonhardt.

III.

Konkurs-Ordnung.

Vom 8. Mai 1855.

(GS. S. 321.)[1]

---

[1] Eine Uebersicht der noch geltenden Bestimmungen s. bei v. Wilmowski, A. 2 zu § 4 EG. KO. (S. 527 f.).

Wir **Friedrich Wilhelm**, von Gottes Gnaden, König von Preußen ꝛc. ꝛc.

verordnen, unter Zustimmung der Kammern, was folgt:

Erster Titel.

Von den Rechtsverhältnissen im Konkurse.

Die Abschnitte I (Gegenstand und Wirkungen des Konkurses im Allgemeinen), II (Wirkung der Konkurseröffnung auf die vor derselben von dem Gemeinschuldner eingegangenen Rechtsgeschäfte), III (Vindikations-Ansprüche), IV (Ansprüche der Gläubiger auf abgesonderte Befriedigung) und V (Ansprüche der Massegläubiger) sind ausdrücklich aufgehoben durch § 55 Nr. 1 AG. KO.

Sechster Abschnitt.

Rangordnung der Realgläubiger in Beziehung auf Immobilien.[1]

[1] Aufrecht erhalten für den Fall des Konkurses durch § 39 KO. Auch anwendbar im Falle der Subhastation außerhalb des Konkurses: § 60 Abs. 1 SO.; § 757 Abs. 1 CPO.

§. 46. Bei der Vertheilung der Kaufgelder eines Grundstücks unter die Realgläubiger kommen, nach Berichtigung der Masseschulden, die Forderungen in der Reihenfolge und in dem Umfange zur Hebung, welche nachstehend festgesetzt sind:

§. 47. I. Rückstände der zur Erfüllung der Deichpflicht erforderlichen Beiträge und Leistungen aus den beiden letzten Jahren.

Es macht hierbei keinen Unterschied, ob die Beiträge und Leistungen von der Regierung ausgeschrieben sind, oder aus der auf einem Deichverbande beruhenden Deichpflicht entspringen (§§. 9. 18. des Gesetzes über das Deichwesen vom 28. Januar 1848., Gesetz-Sammlung S. 54.).

§. 48. II. Rückstände direkter, auf dem Grundstücke lastender Abgaben, welche zu den Staatskassen fließen, aus den beiden letzten Jahren.

Hierher gehören auch die an die Rentenbank und beziehungsweise an die Tilgungskassen abgetretenen Renten, sowie gleichmäßig die an den Domainenfiskus zu entrichtenden Ablösungsrenten (§§. 7. 18. 58. 64. des Gesetzes vom 2. März 1850., Gesetz-Sammlung S. 112.).

§. 49. III. Rückstände aus den beiden letzten Jahren von den auf dem Grundstücke haftenden gemeinen Lasten.[1]

Hierher gehören namentlich alle nach Gesetz oder Verfassung auf dem Grundstücke haftenden Abgaben und Leistungen, welche aus dem Kommunal-, Kreis- und Provinzialverbande, oder aus dem Kirchen-, Pfarr- und Schulverbande entspringen, oder an Kirchen, Pfarren und Schulen, oder an Kirchen- und Schulbediente zu entrichten sind; oder welche aus der Verpflichtnng zu öffentlichen Wege-, Wasser- oder Uferbauten entstehen; oder welche an Meliorationsgenossenschaften oder andere gemeinnützige, unter der Autorität des Preußischen Staats bestehende Institute, namentlich an Vereine behufs gemeinschaftlicher Uebertragung der durch Brand, Hagelschlag oder Viehsterben entstandenen Schäden zu gewähren sind.

[1] Vgl. Art. X EG. Pr. KO.

§. 50. IV. Rückstände aus dem letzten Jahre an Lohn, Kostgeld und anderen Emolumenten des Gesindes, sofern dasselbe zur Bewirthschaftung des Grundstücks gehalten wird und das Grundstück ein zur Landwirthschaft bestimmtes Gut ist.

Mit denselben Einschränkungen gehören hierher auch die Forderungen der Wirthschafts- und Forstbeamten und aller übrigen zur Verwaltung des Grundstücks oder der damit verbundenen Rechte, oder zum Betriebe der damit verbundenen ländlichen Nebengewerbe in dauerndem Dienst- oder Arbeitsverhältnisse zum Besitzer stehenden Personen wegen ihrer Dienstleistungen.

§. 51. V. Alle nicht zu den öffentlichen und gemeinen Abgaben und Leistungen (§§. 47. bis 49.) gehörenden Reallasten, wenn dieselben oder die Rechtsverhältnisse, aus welchen sie entspringen, in dem Hypothekenbuche[1] eingetragen sind.

Unter dieser Voraussetzung gehören hierher auch die aus dem aufgehobenen Obereigenthum des Lehnsherrn, Grundherrn und Erbzinsherrn, sowie die aus dem aufgehobenen Eigenthum des Erbverpächters entsprungenen und fortbestehenden Reallasten (§. 5. des Gesetzes vom 2. März 1850., Gesetz-Sammlung S. 82.).

Unter mehreren eingetragenen Lasten bestimmt sich die Rangordnung derselben nach der Eintragung in das Hypothekenbuch.[1] [2]

[1] jetzt: Grundbuch.

[2] jetzt: § 17 GEG. Vgl. auch § 36 GEG.

§. 52. An der Stelle, an welcher eine Reallast (§. 51.) anzusetzen ist, kommen in der nachstehenden Reihenfolge zur Hebung:

1) die noch unberichtigten laufenden Prästationen;
2) die Rückstände von Prästationen aus den beiden letzten Jahren;
3) das Kapital, welches zur Ablösung der Last in dem Falle erforderlich ist, wenn der Ersteher des Grundstücks die Last nicht übernimmt.

§. 53. VI. Die auf dem Grundstücke hypothekarisch versicherten Forderungen[1] in der Rangordnung, welche durch die Eintragung in das Hypothekenbuch[2] bestimmt wird.[3]

[1] jetzt: eingetragenen Hypotheken und Grundschulden.
[2] jetzt: Grundbuch.
[3] jetzt: § 34 GEG.

§. 54. An der Stelle, an welcher eine Hypothekenforderung (§. 53.)[1] anzusetzen ist, werden in der nachstehenden Reihenfolge berichtigt:

1) die Kosten der Liquidation, Kündigung, Ausklagung und Beitreibung, ingleichen sonstige Kosten, insofern die Hypothek dafür haftet;[2]
2) die noch unberichtigten laufenden Hypothekenzinsen[1] oder anderen Prästationen;
3) die Rückstände von Hypothekenzinsen[1] oder anderen Prästationen aus den beiden letzten Jahren;
4) das Kapital der Forderung.

[1] Was in diesem § von Hypothekenforderungen bestimmt ist, gilt jetzt von Hypotheken und Grundschulden.
[2] Vgl. jetzt § 30 GEG.

§. 55. Die Rangordnung zwischen Reallasten (§. 51.) und Hypothekenforderungen[1] (§. 53.) wird durch die Eintragung in das Hypothekenbuch[2] bestimmt.[3]

[1] jetzt: Hypotheken und Grundschulden.
[2] jetzt: Grundbuch.
[3] jetzt: § 36 GEG.

§. 56.[1] Wenn eine Forderung ungetheilt auf mehreren Grundstücken haftet, die sämmtlich oder von denen eins oder mehrere zur Konkursmasse gehören, so ist bei Vertheilung der Kaufgelder nach folgenden Grundsätzen zu verfahren:

1) Der Gläubiger ist berechtigt, sich an die Kaufgelder jedes einzelnen Grundstücks wegen seiner ganzen Forderung zu halten.

2) Soweit der Gläubiger aus den Kaufgeldern Eines Grundstücks seine Befriedigung erhält, erlischt die Korrealhypothek auf den mitverhafteten Grundstücken, und ist die Löschung derselben im Hypothekenbuche[2] vom Subhastationsrichter von Amtswegen zu beantragen.[3]

[1] Die im Texte abgedruckte Fassung erhielt § 56 erst durch das Gesetz v. 12. März 1869 (oben S. 267). Früher lautete derselbe, wie folgt:

Wenn eine Forderung ungetheilt auf mehreren zur Konkursmasse gehörigen Grundstücken haftet, so ist bei Vertheilung der Kaufgelder nach folgenden Grundsätzen zu verfahren:

1) Der Gläubiger ist berechtigt, sich an die Kaufgelder jedes einzelnen Grundstücks wegen seiner ganzen Forderung zu halten.

2) Kommen die Kaufgelder aller oder einiger Grundstücke gleichzeitig zur Vertheilung, so müssen von der Masse eines jeden dieser Grundstücke die der Forderung vorgehenden Posten abgerechnet und die verbleibenden Reste der einzelnen Massen zusammengerechnet werden; nach dem Verhältniß dieser Summe zu den einzelnen Masseresten ist alsdann die Forderung aus den einzelnen Massen antheilig zu berichtigen. Sind die Grundstücke nur nach einem Gesammtgebote zugeschlagen, so werden die Taxwerthe der einzelnen Grundstücke der Berechnung zum Grunde gelegt.

3) Erfolgt die Vertheilung der Kaufgelder eines oder einiger Grundstücke früher, als die der übrigen, so

wird von den Kaufgeldern der letzteren soviel auf die Forderung vertheilt, als daraus bei gleichzeitiger Vertheilung der Kaufgelder sämmtlicher verkauften Grundstücke auf die Forderung gefallen sein würde (Nr. 2.). Der ermittelte Antheil kommt, nach Befriedigung der Forderung, den Gläubigern zu gut, welche auf den Grundstücken, deren Kaufgelder früher vertheilt worden sind, hinter der Forderung eingetragen waren und einen Ausfall erlitten haben. Dieser Anspruch der ausgefallenen Gläubiger ist sogleich nach jeder früheren Kaufgeldervertheilung in das Hypothekenbuch der übrigen Grundstücke bei der Forderung von Amtswegen einzutragen.

4) Verlangt der Gläubiger, vermöge des ihm nach Nr. 1. zustehenden Rechts, eine andere als die unter Nr. 2. und 3. vorgeschriebene antheilige Befriedigung aus einer oder der anderen Masse, so wird dadurch gleichwohl in dem Beitragsverhältnisse der einzelnen Massen unter sich nichts geändert, und es muß den Massen, welche zur Befriedigung des Gläubigers über ihren Antheil hergegeben haben, dieser Mehrbetrag aus den Massen, welche gar nichts oder weniger als ihren vollen Antheil hergegeben haben, verhältnißmäßig erstattet werden.

Diese ältere Fassung hat für vor dem 1. Juli 1869 nach einer Korrealhypothek eingetragene Forderungen noch gegenwärtig Bedeutung in Folge der Art. V bis VII des Gesetzes v. 12. März 1869 (s. oben S. 267), welche durch § 42 Abs. 3 GEG. ausdrücklich in Kraft erhalten sind. Sie lauten:

Art. V. Der §. 56. der neuen Fassung kommt auch hinsichtlich derjenigen Hypotheken, welche vor dem 1. Juli 1869. hinter einer Korrealhypothek eingetragen sind, zur Anwendung, jedoch mit der Beschränkung, daß der Gläubiger einer solchen Hypothek im Kaufgelderbelegungs-Termine darauf anzutragen berechtigt ist, den ihm nach §. 56. der bisherigen Fassung von der Masse des mitverhafteten Grundstücks gebührenden Antheil zu ermitteln und ihm zu überweisen. In dem Falle der Nr. 3. des §. 56. der bisherigen Fassung wird der ermittelte Antheil im Hypothekenbuche des mitverhafteten Grundstücks an der Stelle der Korrealhypothek für den Gläubiger eingetragen.

Bei dieser Ermittelung gilt als Kaufgeldmasse eines mitverhafteten, aber nicht zur Subhastation stehenden Grundstücks diejenige Summe, welche sich zu dem Betrage der auf diesem Grundstücke haftenden Grund- und Gebäudesteuer ebenso verhält, wie der Kaufpreis des subhastirten Grundstücks zu dem Betrage der auf diesem haftenden Grund- und Gebäudesteuer, oder wenn bereits mehrere mithaftende Grundstücke subhastirt sind, wie die Summe der Kaufpreise zu der Summe der Steuerbeträge. Hierbei ist derjenige Steuerbetrag maaßgebend, welcher am 1. Juli 1869. auf den Grundstücken haftet.

Der Eigenthümer des mitverhafteten Grundstücks und die auf demselben hinter der Korrealhypothek eingetragenen Gläubiger sind befugt, in dem Ermittelungsverfahren ihr Interesse wahrzunehmen und werden deshalb von den anzusetzenden Terminen benachrichtigt.

Art. VI. Nach der Vorschrift des Artikels V. werden auch bei den auf Grund des §. 56. der bisherigen Fassung in dem Hypothenbuche eingetragenen Vermerken die den betheiligten Gläubigern zustehenden Summen auf den Antrag eines Gläubigers oder des Eigenthümers ermittelt und an der Stelle des Vermerks eingetragen. Der Antrag ist bei dem Subhastationsrichter, auf dessen Ersuchen der Vermerk eingetragen worden, zu stellen.

Art. VII. Für das Ermittelungsverfahren, mit Ausnahme der Prozeßhandlungen über hervortretende Streitpunkte, und für die Umschreibung in dem Hypothekenbuche, werden Gerichtskosten nicht angesetzt. Baare Auslagen sind von den Extrahenten einzuziehen.

[2] jetzt: Grundbuche.

[3] Diese Vorschriften sind über den Fall des Konkurses hinaus ausgedehnt durch § 42 GEG., dessen beiden ersten Absätze lauten:

Wenn eine Hypothek oder Grundschuld ungetheilt auf

mehreren Grundstücken haftet, so ist der Gläubiger berechtigt, sich an jedes einzelne Grundstück wegen seiner ganzen Forderung zu halten.

Soweit der Gläubiger aus dem einen Grundstück seine Befriedigung erhalten hat, erlischt die Hypothek oder Grundschuld auf dem mitverhafteten Grundstück. Der Eigenthümer desselben erlangt nicht das Recht, über diese Post zu verfügen, oder sie für sich zu liquidiren.

§. 57. Aus den Revenüen des Grundstücks werden zunächst die laufenden öffentlichen und gemeinen Abgaben und Leistungen, die Verwaltungsausgaben und die in Bezug auf die Revenüenmasse erwachsenen sonstigen Kommunkosten bestritten.

Demnächst werden die laufenden Hypothekenzinsen [1] und anderen auf dem Grundstücke haftenden laufenden Prästationen nach der Rangordnung der Realrechte (§§. 51. 53. 55.) an den Fälligkeitsterminen berichtigt, soweit die jedesmaligen Revenüenbestände hinreichen.

Hierbei sind in Ansehung der Forderungen, welche ungetheilt auf mehreren zur Konkursmasse gehörigen Grundstücken haften, die Revenüen eines jeden Jahres nach den Grundsätzen zu vertheilen, welche bei der Kaufgeldervertheilung zur Anwendung kommen (§. 56. Nr. 1. 2. und 4.[2]).

Der etwa verbleibende Revenüenüberschuß fließt zur Kaufgeldermasse.

[1] jetzt: und Grundschuldzinsen.

[2] Die Verweisung auf § 56 Nr. 4 ist seit der neuen Fassung dieses § gegenstandslos geworden.

§. 58. Wenn Hypothekengläubiger [1] wegen der Zinsen und Kapitalien ihre Befriedigung lediglich aus den Revenüen zu fordern haben, so muß deren Vertheilung in der Weise geschehen, daß solche Gläubiger auch wegen der Rückstände und der Kapitalien in dem für die Vertheilung der Kaufgelder bestimmten Umfange (§. 54.) befriedigt werden, bevor ein ihnen nachstehender Gläubiger auf laufende Zinsen etwas erhalten kann.[2]

[1] jetzt: und Grundschuldgläubiger.

[2] Die Zulässigkeit einer Revenüenhypothek (außer an Lehns- und Fideikommißgütern) seit dem Inkrafttreten des GEG. ist bestritten; vgl. v. Rönne, ALR. Bd. 2 S. 377, Bd. 4 S. 897.

§. 59. Die laufenden Abgaben, Lasten, Hypothekenzinsen[1] und anderen Prästationen nehmen von dem letztverflossenen Fälligkeitstermin vor der Beschlagnahme der Revenüen oder der Einleitung der Sequestration ihren Anfang. Hat aber die Beschlagnahme der Revenüen oder die Einleitung der Sequestration vorher nicht stattgefunden, so beginnen sie mit dem letztverflossenen Fälligkeitstermin vor der Konkurseröffnung oder vor dem früheren Tage der verfügten nothwendigen Subhastation.

Die Rückstände (§§. 47. bis 50. 52. 54.) werden von denselben Zeitpunkten zurückgerechnet.

[1] jetzt: und Grundschuldzinsen.

§. 60. In einem größeren, als dem vorstehend festgesetzten Umfange haben die Forderungen der Realgläubiger keinen Anspruch auf abgesonderte Befriedigung aus der Grundstücksmasse.

§. 61. Mehrere an derselben Stelle anzusetzende Forderungen werden, wenn die Masse zu ihrer vollständigen Tilgung nicht hinreicht, nach Verhältniß ihrer festgestellten Beträge gleichmäßig berichtigt.

§. 62. Besteht eine Forderung in dem Anspruche auf fortlaufende Hebungen, so kann der Betrag der künftigen Hebungen für den ganzen Zeitraum ihrer Dauer behufs der Sicherstellung durch Auswerfung eines Kapitals liquidirt werden.

Fortlaufende Hebungen von unbestimmter Dauer werden nach dem Satze zu vier vom Hundert zu Kapital gerechnet.

§. 63.[1] Die Vorschriften des gegenwärtigen Abschnitts finden auch bei der Vertheilung der Kaufgelder und Revenüen von solchen Schiffsmühlen und Gerechtigkeiten Anwendung, welche die Eigenschaft unbeweglicher Sachen haben.

Ein Gleiches gilt bei nicht verliehenem Berg- und Hütteneigenthum.

Dagegen behält es in Ansehung des verliehenen Berg- und Hütteneigenthums bei den über die Theilnahmerechte der Berggläubiger bestehenden besonderen Vorschriften sein Bewenden.[2]

[1] Sowohl § 39 KO. als § 757 Abs. 2 CPO. überlassen die Bestimmung darüber, welche Gegenstände in Ansehung der Zwangsvollstreckung zum unbeweglichen Vermögen gehören, der Landesgesetzgebung. Nach § 1 Abs. 1 des Ges. v. 4. März 1879 (GS. S. 102) gehören hierzu außer Grundstücken diejenigen Sachen und Rechte, deren Zwangsverkauf nach den bestehenden Vorschriften in dem für den Zwangsverkauf von Grundstücken bestimmten Verfahren erfolgt. Dies ist nach § 1 Nr. 2, 3 SO. auch bei Schiffsmühlen und selbständigen Gerechtigkeiten, welche die Eigenschaft unbeweglicher Sachen haben, sowie bei verliehenen Bergwerken und unbeweglichen Bergwerksantheilen der Fall. Ueber die Anwendbarkeit der Vorschriften des Textes

auf das Bergwerkseigenthum s. § 53 des Allgemeinen Berggesetzes v. 24. Juni 1865 (GS. S. 705).

[2] Hierzu vgl. § 249 des angeführten Berggesetzes:

Die besonderen Vorschriften über die Theilnahmerechte der Berggläubiger bei der Vertheilung der Kaufgelder und Revenüen von Bergwerken im Konkurse und in der nothwendigen Subhastation sind aufgehoben.

Dagegen wird den Bergarbeitern in Beziehung auf die Rückstände aus dem letzten Jahre an Lohn und anderen Emolumenten das Vorrecht des § 50 der Konkursordnung v. 8. Mai 1855. . . . . beigelegt.

Siebenter Abschnitt.

Rangordnung der Realgläubiger in Beziehung auf Seeschiffe[1] und andere zur Frachtschiffahrt bestimmte Schiffsgefäße.[2]

[1] Art. 29 EG. HGB. schreibt vor:

Welche Forderungen die Rechte eines Schiffsgläubigers gewähren, wie weit das dingliche Recht der Schiffsgläubiger sich erstreckt und in welcher Reihenfolge dieselben zur Hebung kommen, bestimmt sich in Betreff der Seeschiffe nicht mehr nach den Vorschriften der §§. 64. bis 71. der Konkursordnung v. 8. Mai 1855., sondern nach den Vorschriften des zehnten Titels des fünften Buchs des Handelsgesetzbuchs.

[2] Da die zur Frachtschiffahrt bestimmten Schiffsgefäße nach § 1 Nr. 4 SO. in Verbindung mit § 1 Abs. 1 des Gesetzes v. 4. März 1879 (GS. S. 102) in Ansehung der Zwangsvollstreckung zum unbeweglichen Vermögen gehören, haben die (nach § 104 SO. auch für die Subhastation außerhalb des Konkurses maßgebenden) Vorschriften dieses Abschnitts nach § 39 KO., § 757 CPO. noch Geltung.

§. 64. Zu der Masse, welche zur abgesonderten Befriedigung der Schiffsgläubiger dient, gehören: das Schiff selbst nebst Zubehör, sowie die für das Schiff gezeichnete Versicherung und die von demselben verdienten Frachtgelder.

Die Forderungen der Schiffsgläubiger kommen daraus in nachstehender Reihenfolge zur Hebung:

§. 65. I. Die Bergegelder; ingleichen die Kosten zur Verwahrung des Schiffes nebst Zubehör seit der letzten Einbringung in den Hafen.

§. 66. II. Lootsen-, Tonnen-, Hafen- und andere Ungelder zur letzten Einbringung des Schiffes in den Hafen.

§. 67. III. Die Heuer des Schiffers und des Schiffsvolks von der letzten Reise.

§. 68. IV. Die nachstehenden Forderungen mit der Maaßgabe, daß die später entstandene Forderung der früher entstandenen vorgeht:

1) der Beitrag des Schiffes zu der auf der letzten Reise vorgefallenen großen Haverei;
2) die kreditirten Lieferungen und Leistungen, welche dem Schiffer während der Dauer der letzten Reise zur Anschaffung von Lebensmitteln oder zur Reparatur und Ausrüstung des Schiffes gewährt und zu diesen Zwecken wirklich verwendet worden sind;
3) die von dem Schiffer durch Darlehns- und Pfandverträge zur Fortsetzung der letzten Reise im Nothhafen gültig aufgenommenen Gelder, sowie die von dem Schiffer zu demselben Zweck im Nothhafen genommene Bodmerei (eigentliche Bodmerei), ingleichen der zu erstattende Werth der Waaren, welche vom Schiffer behufs der

Fortsetzung der letzten Reise im Nothhafen von der Ladung gültig veräußert worden sind.

Jedoch haben die unter Nr. 2. und 3. aufgeführten Forderungen nur dann einen Anspruch auf abgesonderte Befriedigung aus der Schiffsmasse, wenn sie binnen Jahresfrist gerichtlich geltend gemacht werden. Die Frist beginnt in Ansehung der kreditirten Lieferungen und Leistungen mit dem Ablauf des Tages, an welchem das Schiff in den Hafen zurückgekehrt ist, in Ansehung der aufgenommenen Gelder mit dem Ablauf des Rückzahlungstermins und in Ansehung der veräußerten Waaren mit dem Ablauf des Tages, an welchem die Löschung der Ladung erfolgt ist.

§. 69. V. Die Forderungen, für welche das Schiff verpfändet worden ist, ohne daß die Bedingungen des §. 68. Nr. 3. vorliegen, in der Rangordnung, welche durch die Zeitfolge der einzelnen Verpfändungen bestimmt wird.

Hierher gehören namentlich die mit einem gültigen Pfandrecht versehenen Bodmereischulden der Rheder (uneigentliche Bodmerei), sofern die Forderungen binnen Jahresfrist nach eingetretenem Zahlungstermin gerichtlich geltend gemacht werden.

§. 70. Bei der Vertheilung der Masse werden die Kosten und sämmtliche noch nicht verjährte Zinsen am Orte des Kapitals angesetzt. Bei Bodmereiforderungen

(§. 68. Nr. 3; §. 69.) genießen jedoch Zinsrückstände nur aus dem letzten Jahre vor der Konkurseröffnung oder dem früheren Tage der verfügten nothwendigen Subhastation das Vorzugsrecht des Kapitals; ältere Zinsrückstände haben keinen Anspruch auf abgesonderte Befriedigung aus der Schiffsmasse.

§. 71. Mehrere an derselben Stelle anzusetzende Forderungen werden, wenn die Masse zu ihrer vollständigen Tilgung nicht hinreicht, nach Verhältniß ihrer festgestellten Beträge gleichmäßig berichtigt.

Die Abschnitte VIII (Rangordnung der Konkursgläubiger), IX (Ansprüche der Ehefrau des Gemeinschuldners), X (Kompensation), XI (Befugniß der Gläubiger zur Anfechtung der vor der Konkurseröffnung vorgefallenen Rechtshandlungen) dieses Titels sind ausdrücklich aufgehoben durch § 55 Nr. 1 AG. KO.

Dasselbe gilt von den Vorschriften des zweiten und dritten Titels (von dem Verfahren im kaufmännischen Konkurse; — von dem Verfahren im gemeinen Konkurse). Jedoch sind diese Titel nur unbeschadet der Bestimmungen des § 15 AG. KO. außer Kraft gesetzt, welcher, in Ausführung des in § 106 KO. enthaltenen Vorbehalts für die Landesgesetzgebung, verordnet:

> Inwiefern die Eröffnung oder Aufhebung des Konkursverfahrens in das Grund- oder Hypothekenbuch einzutragen und wie eine solche Eintragung zu bewirken ist, bestimmt sich nach den bestehenden Vorschriften. Die Vorschriften finden auf die Wiederaufnahme und auf die Einstellung des Verfahrens entsprechende Anwendung.
>
> Die Eintragung erfolgt, sofern sie nicht auf Ersuchen des Konkursgerichts geschieht, auf Vorlegung einer unter Bezeichnung des Konkursverwalters durch den Gerichtsschreiber

beglaubigten Abschrift der Formel des Beschlusses des Konkursgerichts.

Hierdurch ist aufrecht erhalten:

§. 150. Die Beschlagnahme der Immobilien (§. 137.) erfolgt durch Entsetzung des Gemeinschuldners aus dem Besitze, durch Beschlagnahme der Einkünfte mittelst Administration oder Sequestration,[1] und durch Eintragung der Konkurseröffnung in die Hypothekenbücher.[2] Bei dieser Eintragung genügt der Vermerk der Konkurseröffnung, die Angabe des Zeitpunktes derselben und die Bezeichnung des Konkursgerichts.[3]

Soweit das Konkursgericht selbst zur Vornahme dieser Handlungen nicht zuständig ist, hat das Gericht oder der Kommissar dieselben bei den zuständigen Behörden zu beantragen.[4]

[1] Insoweit sind jetzt §§ 107, 116 KO. an Stelle dieses § getreten.

[2] jetzt: in das Grundbuch.

[3] Ueber das Verfahren bei der Eintragung vgl. auch § 91 GBO.

[4] Jetzt sind § 14 GEG. und § 41 GBO. maßgebend.

Der vierte Titel (von dem erbschaftlichen Liquidationsverfahren) ist ausdrücklich aufgehoben durch § 18 Abs. 1 des Gesetzes, betreffend die Zwangsvollstreckung gegen Benefizialerben und das Aufgebot der Nachlaßgläubiger im Geltungsbereiche des ALR., v. 28. März 1879. (GS. S. 293).

Fünfter Titel.

Von dem Prioritätsverfahren in der Exekutionsinstanz.

Die Abschnitte I (von dem Prioritätsverfahren bei Exekutionsvollstreckungen in das bewegliche Vermögen) und II (von dem

Prioritätsverfahren bei Exekutionsvollstreckungen in Besoldungen und andere an die Person des Schuldners gebundene fortlaufende Einkünfte) sind in Folge von § 14 Abs. 1 EG. CPO. außer Kraft getreten.

Abschnitt III (von der Vertheilung der Kaufgelder bei nothwendigen Subhastationen) und IV (von dem Aufgebote der bei der Kaufgeldervertheilung im Falle der nothwendigen Subhastation gebildeten Spezialmassen) sind durch § 116 Abs. 2 SO. ausdrücklich aufgehoben.

Fünfter Abschnitt.

Von der Vertheilung der Revenüen von Immobilien.[1]

[1] In Geltung geblieben zufolge § 757 CPO., § 39 KO., § 7 Ges. v. 4. März 1879 (GS. S. 102).

---

§. 416. Wenn die Beschlagnahme der Revenüen oder die Einleitung der Sequestration eines Grundstücks im Wege der Exekution stattfindet, so werden die Revenüen unter die Realgläubiger nach den Grundsätzen vertheilt, welche im Falle des Konkurses maaßgebend sind (§§. 57. bis 59.).

Ein Gleiches gilt bei verliehenem und nicht verliehenem Berg= und Hütteneigenthum, sowie bei solchen Schiffsmühlen und Gerechtigkeiten, welche die Eigenschaft unbeweglicher Sachen haben (§. 63.).[1]

[1] Vgl. A. 1, 2 zu § 63.

§. 417. Nach erfolgter Beschlagnahme der Revenüen oder Einleitung der Sequestration ist ein Termin zur Regulirung der Revenüenvertheilung vor einem Kommissar des Gerichts[1] anzuberaumen.

Zu diesem Termin sind der Schuldner, der Extra=

hent und alle aus dem Hypothekenbuch[2] ersichtlichen Realgläubiger vorzuladen, sofern der Aufenthalt derselben bekannt ist.

Die Vorladung geschieht unter der Verwarnung, daß der Ausbleibende die auf Grund der vorzunehmenden Regulirung erfolgenden Zahlungen nicht anfechten kann.

[1] jetzt: vor dem Amtsgerichte, welches nach § 755 Abs. 1 bzw. § 684 Abs. 1, 2 CPO. für die Zwangsvollstreckung zuständig ist. Der Amtsrichter fungirt als Einzelrichter, § 22 Abs. 2 GVG.

[2] jetzt: Grundbuch.

§. 418. In dem Termin (§. 417.) vernimmt der Kommissar[1] die Interessenten über die Ansprüche, welche an die Revenüen gemacht werden.

Er entwirft, nöthigenfalls mit Hülfe eines Rechnungsverständigen, einen Plan zur Vertheilung der Revenüen; er führt darin die sämmtlichen Forderungen nach Maaßgabe des Hypothekenbuchs[2] auf und berechnet für jede Forderung den aus den Revenüen zu berichtigenden Betrag unter Angabe des Fälligkeitstermins; er hört die Interessenten mit ihren Erklärungen über den Plan.

Entstehen Streitigkeiten, welche nicht beigelegt werden können, so ist bei jeder Post zu vermerken, wer die Richtigkeit, das Hypothekenrecht[3] oder das Vorrecht derselben bestreitet (§§. 392. 393.).[4]

[1] jetzt: der Amtsrichter.

[2] jetzt: Grundbuchs.

[3] jetzt: oder Grundschuldrecht (§ 18 GEG).

[4] Nach § 117 Abs. 1 KO. sind an Stelle der angeführten §§ 392, 393 die §§ 70, 71 KO. getreten. Der letztere §, welcher die Befugniß der Gläubiger betraf, Forderungen als ungültig anzufechten,

ist inzwischen durch das Reichsgesetz, betreffend die Anfechtung von Rechtshandlungen eines Schuldners außerhalb des Konkursverfahrens, v. 21. Juli 1879 (RGBl. S. 277) beseitigt und ersetzt werden.

§. 419. Auf Grund der stattgefundenen Regulirung (§. 418.) hat das Gericht den bestellten Administrator oder Sequester mit einer Zahlungsanweisung zu versehen. In derselben muß der auf jede Forderung zu zahlende Betrag, der Fälligkeitstermin, der Empfangsberechtigte und die Folgeordnung der einzelnen Zahlungen genau bestimmt werden.

Die unstreitigen Beträge sind an die Gläubiger, deren Aufenthalt bekannt ist, durch den Administrator oder Sequester unmittelbar zu berichtigen.

Für jede zur Hebung stehende streitige Post, sowie für jede Post, deren Eigenthümer der Existenz oder dem Aufenthalte nach unbekannt ist, wird die Zahlung zum gerichtlichen Depositum geleistet[1] und mit dem Betrage eine Spezialmasse angelegt. Wegen Ausschüttung der angelegten Spezialmassen ist nach den für den Fall der Kaufgeldervertheilung vorgeschriebenen Grundsätzen zu verfahren (§§. 394.[2] 405. ff.[3]).

[1] jetzt: nach Maßgabe der HO. hinterlegt.

[2] Zufolge § 117 Abs. 1 SO. sind an die Stelle dieser aufgehobenen Vorschrift § 72 Abs. 2 und § 73 SO. getreten. Jetzt sind dieselben durch § 18 des Gesetzes v. 4. März 1879 (GS. S. 102) ersetzt bzw. modifizirt.

[3] Jetzt kommen zufolge § 117 Abs. 1 SO. die §§ 80 ff. SO., modifizirt durch § 19 des Ges. v. 4. März 1879 (GS. S. 102), zur Anwendung.

§. 420. Der nach Befriedigung der Realgläubiger etwa verbleibende Revenüenüberschuß fließt zur Kauf=

geldermasse, wenn die nothwendige Subhastation des Grundstücks eingeleitet worden ist.

Ist letzteres nicht der Fall, so wird der Revenüenüberschuß unter die persönlichen Gläubiger vertheilt, welche die Revenüen im Wege der Exekution in Beschlag genommen haben. Wenn der Revenüenüberschuß zur vollständigen Befriedigung dieser Gläubiger nicht hinreicht, so findet das im zweiten Abschnitt des gegenwärtigen Titels vorgeschriebene Prioritätsverfahren statt. [1]

[1] Die Beschlagnahme des Revenüenüberschusses ist keine Maßregel der Zwangsvollstreckung in das Grundstück, sondern sie ist nur als Pfändung des Anspruchs des Schuldners auf Auszahlung des Ueberschusses aufzufassen. Daraus folgt, daß sie nicht unter den Vorbehalt der § 757 CPO., § 39 KO. fällt, vielmehr als gewöhnliche Forderungspfändung zu behandeln ist. Vgl. Heidenfeld bei Gruchot Bd. 26 S. 511 f. und, für den ähnlichen Fall des § 60 Abs. 2 Nr. 2 SO., Kurlbaum, die Preußische SO. 2c., (1879) S. 68 f. Der zweite Absatz des § 420 ist daher als geltendes Recht nicht mehr anzusehen, vielmehr durch §§ 729 ff., 758 ff. CPO. ersetzt.

Sechster Titel.

Von der gerichtlichen Zahlungsstundung und von der Rechtswohlthat der Kompetenz.

Der erste Abschnitt (von der gerichtlichen Zahlungsstundung) ist durch § 14 Nr. 4 EG. CPO. aufgehoben.

Zweiter Abschnitt.

Von der Rechtswohlthat der Kompetenz.

An die Stelle des § 434 (Kompetenz aus fortlaufenden Einkünften, welche ein Schuldner aus Stiftungen oder sonst durch die

Fürsorge und Freigebigkeit eines Dritten bezieht) ist § 749 Nr. 3 CPO. getreten.

§. 435. [1] Die nachbezeichneten Gläubiger sind verpflichtet, ihrem Schuldner, ohne Unterschied des Gegenstandes der Exekutionsvollstreckung, eine Kompetenz zu bewilligen:

1) Verwandte des Schuldners in aufsteigender und absteigender Linie;
2) vollbürtige und halbbürtige Geschwister des Schuldners;
3) der Ehegatte des Schuldners während der Ehe.

Diese Verpflichtung fällt jedoch weg, wenn es im Falle der Bewilligung der Kompetenz dem Gläubiger selbst an dem nöthigen Unterhalte fehlen würde, oder wenn der Schuldner im Stande ist, seinen Unterhalt auf eine seinen Verhältnissen angemessene Art selbst zu erwerben.

[1] Die Reichsgesetzgebung hat die landesrechtlichen Vorschriften über die aus dem persönlichen Verhältnisse zwischen Schuldner und Gläubiger entspringende Kompetenz unberührt gelassen. Vgl. Begründung des Entwurfs der CPO. S. 410; Förster-Eccius, § 110 (Bd. 1 S. 864 ff.); Struckmann u. Koch, A. 1 zu § 686 (S. 630); v. Wilmowski u. Levy, A. 2 zu § 686 (S. 785); v. Wilmowski, A 1 zu § 152 (S. 443 f.). Dagegen hält den § 435 für aufgehoben Dernburg, Bd. 2 § 110 A. 5 (S. 261).

§. 436. Ueber die Bewilligung der Kompetenz und den Betrag derselben entscheidet das Gericht auf den Antrag des Schuldners nach billigem Ermessen.

Die Entscheidung erfolgt im schleunigen Prozesse.

Es finden nur die Rechtsmittel der Appellation und

der Nichtigkeitsbeschwerde statt. Die Rechtsmittel haben keine aufschiebende Wirkung.[1]

[1] Die beiden letzten Absätze sind aufgehoben; da die Geltendmachung der Rechtswohlthat der Kompetenz nicht als Einwendung gegen die Art und Weise der Zwangsvollstreckung, sondern als Geltendmachung eines selbständigen, dem klägerischen Anspruch entgegenstehenden Rechts sich darstellt, so kann dessen Verfolgung nur unter den Beschränkungen und in den Formen des über die Einwendungen gegen den vollstreckbaren Anspruch selbst bestimmenden § 686 CPO. stattfinden (also im Wege der Klage bei dem Prozeßgericht erster Instanz). Vgl. die in A. 1 zu § 435 angeführten Schriftsteller. Für die Einstellung der Zwangsvollstreckung im Falle der Geltendmachung der Rechtswohlthat sind daher jetzt §§ 688, 689 CPO. maßgebend.

§. 437. Die Gläubiger können auf gänzliche oder theilweise Entziehung der Kompetenz antragen, wenn der Schuldner zu besseren Vermögensumständen gelangt.

Das Verfahren hierüber richtet sich nach den für die Bewilligung der Kompetenz ertheilten Vorschriften (§. 436.).[1]

[1] Wie an Stelle dieser Vorschriften die der CPO. getreten sind, so kann auch der Anspruch auf Entziehung der Kompetenz nur auf dem Wege der — im ordentlichen Prozesse zu verhandelnden — Klage verfolgt werden. Abs. 2 dieses § ist aufgehoben.

§. 438. In Ansehung der Kompetenz, welche dem Besitzer eines Lehns aus den Einkünften desselben gebührt, kommen die darüber bestehenden besonderen Bestimmungen zur Anwendung.[1]

[1] Diese Bestimmungen haben auch jetzt noch Geltung, weil sie dem materiellen Recht angehören. Förster-Eccius § 110 A. 7 (Bd. 1 S. 867). Dernburg Bd. 1 § 371 A. 14 (S. 915).

§ 439 enthielt einen Vorbehalt zu Gunsten der älteren Vorschriften über die Zulässigkeit und den Umfang der Beschlagnahme von Besoldungen, Dienstemolumenten, Wartegeldern und Pensionen. An Stelle derselben ist jetzt § 749 Nr. 5 bis 8 CPO. getreten.

Schlußbestimmung.

§. 440. Das gegenwärtige Gesetz erlangt für die verschiedenen Landestheile mit dem Zeitpunkte Gesetzeskraft, für welchen dasselbe durch besondere Gesetze eingeführt wird.[1]

[1] Vgl. oben S. 262 f.

Der der Pr. KO. angehängte Tarif zur Bestimmung der Belohnung und Entschädigung des Verwalters der Konkursmasse, sowie der Entschädigung der Mitglieder des Verwaltungsraths ist mit den §§ 134, 219, auf welche er sich bezog, aufgehoben.

Urkundlich unter Unserer Höchsteigenhändigen Unterschrift und beigedrucktem Königlichen Insiegel.

Gegeben Charlottenburg, den 8. Mai 1855.

(L. S.) **Friedrich Wilhelm.**

v. Manteuffel. v. d. Heydt. Simons. v. Raumer.
v. Westphalen. v. Bodelschwingh.
Gr. v. Waldersee. Für den Minister für die landwirthschaftlichen Angelegenheiten: v. Manteuffel.

Sachregister.

Die Verweisungen in nachstehendem Register beziehen sich lediglich auf die noch gültigen Stellen des abgedruckten Gesetzestextes.

Verweisungen nur in Ziffern haben den Text der AGO. zum Gegenstande, z. B. II, 3, 5. 6. = Theil II Titel 3 §§ 5. 6; I, 37 = Theil I Titel 37 (der ganze Titel). Die Einleitung in den ersten Theil der AGO. ist mit E., die §§ des Anhangs sind durch A. bezeichnet. Letzteren ist, wenn sie nicht im Texte auf den im Register unmittelbar vorher angeführten § des ursprünglichen Gesetzes folgen, die Verweisung auf den §, hinter welchen sie eingeschaltet sind, in Klammern beigefügt, z. B. A. 384 (I, 51, 115) = Anh.-§ 384 zu Theil I Titel 51 § 115.

Verweisungen auf die Pr. KO. sind durch ein K., solche auf das EG. Pr. KO. durch ein EK. vor der Paragraphen- bzw. Artikel-Ziffer gekennzeichnet.

A.

B.

C.

D.

E.

F.

G.

H.

J.

N.

O.

P.

Q.

R.

S.

T.

U.

V.

W.

Z.

Nachträge.

Zu S. 28. Nicht § 774, sondern §§ 780 bis 783 CPO. hält für anwendbar auf das Verfahren bei Abnahme eines civilrechtlich gebotenen Offenbarungseides: Mugdan bei Gruchot, Bd. 26 S. 274 ff.

Zu S. 52, A. 1 zu Anh.-§ 201. Die am Schlusse der Anmerkung bekämpfte Ansicht Dernburgs wird anscheinend auch getheilt von Droop bei Gruchot, Bd. 26 S. 290 A. 2.

Berichtigungen.

S. 29 Z. 13 v. o. lies § 56 AGO. II, **5** statt II, 2

S. 35 Z. 12 v. o. lies § **3** statt § 2

S. 68 Z. 8 v. u. ist vor „Verfahren" einzuschalten: „Prozeß-"

S. 122 Kolumnenüberschrift lies Anh.-§ 421 zu § **17** statt zu § 12.

S. 122. Vor Zeile 15 v. o. ist einzuschalten: „Zu § 17"

S. 255 Z. 15 v. o. in A. 2 zu § 26 III, 7 lies „Rechtsanwälte" statt Rechtsanwalt.

G. Pätz'sche Buchdruckerei (Otto Hauthal) in Naumburg a/S.

FSC
www.fsc.org
MIX
Papier | Fördert
gute Waldnutzung
FSC® C083411

Kolibri 360 GmbH
Ferdinand-Jühlke-Straße 7
99095 Erfurt, Deutschland
produktsicherheit@kolibri360.de